県別 罵《ば》詈《り》雑《ぞう》言《ごん》辞典

真田信治・友定賢治［編］

東京堂出版

はじめに

日本語には、「悪口」が少ないと言われることがあります。敬語が豊富で複雑であるというのと対照的であるのですが、はたしてそれは本当なのでしょうか。このような言説は、調査の難しさもあって、確かな根拠に基づくものとは言えないのです。

たとえば、『浮世風呂《うきよぶろ》』や落語の『野崎詣り《のざきまいり》』などからすれば、江戸の町には豊富な悪口があったのではないかと思われます。夏目漱石の『坊ちゃん』に出てくる、「ハイカラ野郎の、ペテン師の、イカサマ師の、猫被りの、香具師の、モモンガーの、岡っ引きの、わんわん鳴けば犬も同然な奴とでも言うがいい」は、漱石の創作ではなく、江戸っ子の言語生活の反映なのではないでしょうか。また、各地で行われている「悪口祭」は、五穀の豊穣を祈るものと言われますが、そこにはおおらかな悪口文化が認められるのです。さらに、性向語(人の生まれつきの性格や日ごろの態度、振る舞いなどを評価して表現する語)については、ある地域共同体に五〇〇語以上もがあり、その八割はマイナス評価語であるという報告があります。

もしかすると、日本の各地には豊かな「悪口ことば」が存在しているのではないか、使わないようにという「たしなみ」によって隠在しているのではないか。そもそも、各地の方言辞典に記載されているわずかの例を除けば、全国各地にどのような「悪口」があるのか、まったく明らかになってはいないのです。

そこで、恣意的な資料収集ではなく、各地の方言研究者にそれぞれ主要な地点を選定してもらい、その地での罵詈雑言を共通の調査票に基づいて調査してもらって、その結果を県別に排列して分析してみようという意図で本辞典を企画しました。

なお、東京堂出版からは、すでに奥山益朗氏によって『罵詈雑言辞典』が刊行されていますが、それは地方別に方言を収集しようとしたものではありません。また、長野伸江『賞賛語《ほめことば》・罵倒語《けなしことば》辞典』(小学館)や川崎洋『かがやく日本語の悪態』(草思社)なども、やはり方言を主たる対象としたものではありません。現代的な状況では、いわゆる「イジメ」のなかで、陰湿なことばが使われています。ネット上でも同様です。それらは、相手の存在そのものを抹消しようとするもので、方言に見られるものとはまったく異なる性格のものです。それら現代的な陰湿な言葉とは異なる、方言における悪態から、豊かな日本の言語文化を感じ取り、県民性をはじめとする日本語の地域的多様性を味わう旅をしていただきたいと思います。罵詈雑言が栄えている地域とそうでない地域の対立も確認できるでしょう。

県別では、まずケンカ場面の個々の文脈に対する表現を地図上にプロットしてみてください。地域的バラエティの豊かさに圧倒されるはずです。アホ・バカに相当する基本の罵倒語をめぐる関西のアホ類を取り囲む形でのバカ類の周圏的な分布模様については、松本修『全国アホ・バカ分布考』(太田出版)の内容を追認することになりましたが、本辞典ではさらに、「語形」と「用法」(「強調の段階」「決まり文句」「特徴」など)に関して、各地での構造をより掘り下げて記述しています。

語彙別の項目でも、新しい地域的な差異がいくつか明らかになりました。東西対立にしぼって例を挙げると、

①〈根性悪〉を東日本では「根性悪」と言うのですが、西日本では「性根悪」が目立ちます。また、〈おしゃべり〉については、東日本では「くちゃべり」が、西日本では「しゃべり」が目立ちます。
② 東日本に特有の語として、〈大食漢〉のことを「おーまくらい」というのがあります。
③ 西日本に特有の語として、〈厚化粧の女性〉のことを「白壁」というのがあります。

このほかにも地域的特徴をもった表現が多く収集されています。北海道・東北での「かばねやみ(怠け者)」、関西・四国での「しぶちん(けち)」、中国地方での「しおからご(腕白坊主)」などがそれです。

本辞典の執筆には主として執筆者一覧に掲げたメンバーが当たりました。編集の作業は、このメンバーが調査報告した第一原稿を、編者と東京堂出版の上田京子氏が、重複や整合性、記述量の均等化などについて検討の上、それを各執筆者に確認しつつ調整してまとめるという形で進めました。先学の研究結果も参考にさせていただきましたが、この辞典で提示した内容は基本的にはフィールドワークによる新しい研究の成果と言えます。

データ収集の過程を含め、関係者には多大な労力をおかけすることになってしまいました。ここに改めて感謝の意を表する次第です。

二〇一一年八月

真田信治
友定賢治

都道府県別目次

◉各県構成要素

各県のケンカ基本シナリオ

A：おい、こらっ、酒が足りないぞ。酒ぐらい用意しておけ。
B：いいかげんにしろよ。いつまで飲んでるんだ。
A：だまれっ、なにか文句があるのか。
B：おまえこそ、誰に向かって言ってるんだ。
A：なにー、やるのか。
B：おう、いつでも相手になってやる。
A：おまえ、えらそうにするなよ。たたきのめすぞ。
B：やれるもんなら、やってみろ。このバカ。
A：なにー、バカだと。きさまー。よくもぬかしやがったな。
B：うるさい。

ケンカの際の捨て台詞、決まり文句、脅し文句

「おまえなんか、もう知らない」「なんだよ、おまえ」「なんか、文句あるのか」などの各県表現。

アホ・バカに相当する基本の罵倒語

語形、用法（強調の段階、用法、決まり文句、特徴）
「あほ」「ばか」「でれすけ」「はんかくさい」「だら」「あんごー」など基本の罵倒語について各県の表現を詳しく解説。

語彙別目次

県別　罵詈雑言辞典◉凡例

一、本書は、四七都道府県での罵詈雑言・悪態表現を共通の調査票に基づき調査し、都道府県別、語彙別にまとめたものである。

二、都道府県別項目には、共通ケンカシナリオの方言訳、ケンカの際によく使われる文句、アホ・バカに相当する基本の罵倒語の語形・用法、「殴るぞ」などの言いまわし、「どすけべ」などの強調表現ほかをまとめ、各県の悪態表現に加えて、地域のことばの特徴や県民性なども垣間見えるように配慮した。

三、語彙別項目には、「根性悪」「けち」「怠け者」「うそつき」など四一の語彙ごとに、「この（根性悪）いーかげんにしろ」「あの人は（けち）だから、お願いしてもだめだよ」といった共通の文章を各都道府県の表現にして列記し、可能な限り語釈・補足説明などを付した。語彙ごとの分布からみえる傾向や、バラエティ豊かな全国の表現を見ることができるように配慮した。

四、都道府県別、語彙別に収録されている表現の調査は、執筆者一覧に掲げた通り各都道府県の担当者が行った。

五、調査地点は調査者の母方言地域を中心にしつつそれぞれ選定し、各都道府県別項目の冒頭頁下段に示した。語彙別項目では、特に地域の指定がない限り、都道府県別に示した地域と同一地点である。

六、本書では、共通のシナリオ・台詞を各地の方言に置き換えるよう心掛けたが、名詞としてその地域のことばがない場合には形容詞を使って説明的に表すなど、表現・ニュアンスが異なる部分もそのまま示した。

七、解説中の語釈・補足説明は「※」に続けて示した。

八、各地の表現は、「怒《おご》りんぼー」のように、音声を音引きなども用いて簡略に表記し、文意がとりやすいように極力漢字に置き換えつつ、ルビで実際の発音を示した。

九、助詞の「〜は」「〜を」「〜へ」は、発音のままではなく、意味を理解しやすいように「は」「を」「へ」と表記した。

一〇、「ち」「つ」が各地の発音によって濁った場合は、「じ」「ず」ではなく、「ぢ」「づ」と表記した。

一一、本書がテーマとした「罵詈雑言」の性質上、差別・偏見を含んだ表現も掲載されている。これらは差別を助長する意図で用いられているわけではなく、日本の言語文化の一面を知る資料として掲載した。これらのことばが、特定の人を罵るような態度や行為とつながらないよう、留意することが大切だと考える。

一二、参考文献は、各県の資料となるものは都道府県別項目の末尾に示し、全国の方言辞典や罵詈雑言の資料になるものは巻末に付した。

執筆者一覧

北海道……道場　優
青森……坂本幸博
岩手・宮城……志村文隆
秋田……日高水穂
山形……渋谷勝己・澤村美幸
福島・茨城……白岩広行
栃木・群馬……新井小枝子
埼玉・東京……鑓水兼貴
千葉……三井はるみ
神奈川……田中ゆかり
新潟・奈良……中井精一
富山……真田信治
石川・福井……加藤和夫
山梨・長野……吉田雅子
岐阜・愛知……山田敏弘
静岡・滋賀……松丸真大
三重・徳島・愛媛……岸江信介
京都・和歌山……西尾純二
大阪・高知……高木千恵
兵庫・鳥取……都染直也
島根・広島……友定賢治
岡山・山口……有元光彦
香川……岸江信介・島田治
福岡・佐賀……陣内正敬
長崎・熊本……村上敬一
大分・宮崎……早野慎吾
鹿児島……太田一郎・小原めい
沖縄……かりまたしげひさ・仲原穣・仲間恵子

県別 罵《ば》詈《り》雑《ぞう》言《ごん》辞典

県別 罵詈雑言辞典◉目次

都道府県別

北海道 海岸部 内陸部

各地のお国ことばの坩堝《るつぼ》。海岸部は東北方言的な色彩が濃厚であるが、内陸部は比較的東京語に近く、かつ西日本方言的な特徴も備えている。

調査地点…礼文町を中心として　当別町を中心として

——北海道海岸部のケンカ

A：おい、こら、酒《さけ》 ねーどー。酒《さけ》 持ってこい、 ねがったら用意しておけば いーべやー。
B：いーかげんにしれ、ほいどこぎ。いつまで ただ飲みするんだー。
A：なんだ しゃべるな。なんか 文句 あっか。
B：おめーこそ 誰に 言《ゆ》ってんだ。何様のつもりだ。
A：おー なに、この野郎 やるが。
B：おー いつでもこい。
A：おめー なに 偉そなごど 言ってるんだ。ただがれんだぞ／ただぎのめすぞ。
B：おめ やれるんなら やってみれー。この ばが。
A：なにー ばがだって。てめー よぐも 言《ゆ》ったなー。
B：うるせーなー この野郎。

※ほいどこぎ（卑しい奴）。

【ケンカの際の捨て台詞、決まり文句、脅し文句】

●子ども・喧嘩捨て台詞
おめーなんか 好きでねー。ばが野郎 死んでしまえ。
●子ども・喧嘩決まり文句
ばが、あほ、はなつたれー、くそったれー。
●言いがかりをつける時
てめー このー なんか文句あるがー。
●バカにされた時
おめー おれば ばがにしてんでねーのがー、いーがげんにせーよー。

アホ・バカに相当する基本の罵倒語

語形

ばが、ばがたれ、ばがったれ、ばがやろー、ばがもの、おーばがもの、ほんず、ほんずくそねー、あほ、あほくせ、あほったれ、あほんだれ、あほんだら、はんかくさい、はんかくせー、まぬけ

用法

◉強調の段階

ばが→ばがたれ・ばがったれ・ばがやろー・ばがもの→おーばがもの

ほんず→ほんずくそねー

あほ→あほくせ・あほったれ→あほんだれ・あほんだら

◉用法

相手に向かって

（怒って）「この～」では、「はんかくさい」「はんかくせー」以外はどの語も使う。

（甘えて）「ばがだねー」「はんかくさいねー」以外は使わない。

だめになる

このネジ ばがになってる。

◉決まり文句

「ばがにする」

「ばがにするな」「ばがにすんな」

「ばがにならない」「ばがになんねー」

「ばがゆーな」「ばがこけ」「ばがーたれ」

◉特徴

「ばが」が一般的で、「ほんず」も多用される。「あほ」は「ばが」よりも強い口調の時に使用される。内陸部も同じ。「ほんず」は「ばが」の強調表現。

言いまわしの特徴

●「いつまでもしつこいと、蹴飛ばすぞー」

いつまでも しつこいと、けとばすどー。

●「いいかげんにやめろ。（やめないと）殴るぞ」
いーかげんに やめれ。ぶなぐるぞー。

●「怒るぞ」
おごるぞー。

●「殴るぞ」
ぶんなぐるぞー。

●「おまえは何様だよ」
てめが 何様よー。

●「うるさい、黙れ」
うるさい、しゃべるな。

接辞・間投詞などを用いた強調表現

●「この、どすけべが」「どけち野郎」
この **どすけべ**。／**けち**。**けち野郎**。

●「くそったれ、なめくさりやがって、あんなぬけさくに負けてたまるか」
くそたれ、**なめやがって**、あんな まぬけに 負げるが。

●「あのくそ坊主、読経が下手くそなんだよな」
あの **くそ坊主《ぼんず》**、お経 **下手くそ**だ。

●「とぼけたこと言いやがったらぶっころすぞ」
とぼげだごど **言《い》ーやがって**、**ぶっころすぞ**。

●「芋すけ、田舎モンは帰りやがれ」
田舎《いなが》もの、帰れ。

――北海道内陸部のケンカ

A：おい、こら、酒ないぞー。酒 持ってこい。

B：いーかげんにせーやー、もー いーべ。いつまで 飲んでんだー。

A：黙れ、なんか 文句あっか。

B：てめー おまい、誰に 向かって もの言《ゆ》ってんだ。

A：なにー やるか。

B：おー、そんなら いつでも 相手になってやるぞー。

A：てめー、偉そーな口 たたくなよー。

B：おー やれ やれ。この ばか。

A：なにー ばかだー。てめー よく 言《ゆ》ったなー。

B：うれせー。

【ケンカの際の捨て台詞、決まり文句、脅し文句】

●子ども・喧嘩捨て台詞
おまいみたいもん 嫌いだ。あっかんべーだ。

●子ども・喧嘩決まり文句
ばか、かば、おまえのかーさん、でべそ。

●言いがかりをつける時
ちゃらんけつけるのかー。
※ちゃらんけ（言いがかり）。

●バカにされた時に
なに てめー。／きさま、なめるなよー。

アホ・バカに相当する基本の罵倒語

語形

ばか、ばかたれ、ばかやろー、ばかもの、おーばかもの、あほ、あほたれ、あほんだら、たわけ、たわけもん、あんぽんたん、はんかくさい

用法

◉強調の段階

ばか→ばかたれ・ばかやろー・ばかもの→おーばかもの

あほ→あほたれ→あほんだら

たわけ→たわけもん

◉用法

相手に向かって

（怒って）「この～」では、「はんかくさい」以外はどの語も使う。

（甘えて）「ばーか」「ばかだなー」「はんかくさいねー」以外は使わない。

だめになる

このネジ ばかになった。

◉決まり文句

「ばかにする」

「ばかにするな」「ばかにならん」

「ばかゆーな」「ばかゆーもんでない」「ばかいえ」

「ばかたれ」「あほなことない」

◉特徴

「ばか」が一般的で、「あほ」も多用される。「あほ」は「ばか」よりも強い口調の時に使用される。海岸部と同じ。

言いまわしの特徴

● 「ぐずぐず言ったら、許さないぞ この野郎」

ごたごた言《ゆ》ったら、許さんぞー この野郎。

● 「いいかげんにしろよ、こら」

いーかげんにせーよー、こら。

● 「殴るぞ この野郎」

殴るぞー この野郎。

● 「おまえ何様だと思っているんだ」

おまえ 何様だと 思ってるのよー。

● 「うるさい、黙れ」

うるさい、 黙れ。

接辞・間投詞などを用いた強調表現

● 「この、どすけべが」「どけち野郎」

この **どすけべ。**／**どけち。**

● 「くそったれ、なめくさりやがって、あんなぬけさくに負けてたまるか」

くそったれ、 なめやがって、 あったらもんに負けてられない。

● 「あのくそ坊主、読経が下手くそなんだよな」

あの **くそ坊主、** お経 **下手くそ**だ。

● 「とぼけたこと言いやがったらぶっころすぞ」

あほなこと 言《ゆ》ったら ただでおかねぞー／あとでみれよー／覚えてれよー。

● 「芋すけ、田舎モンは帰りやがれ」

田舎もん、消えてくれ／消えれやー。

〈参考文献〉
●『おばんでした―北海道方言の旅―』小野米一編　北海道新聞社　一九八七年
●『笑説これが北海道方言だべさ』西本伸顕著　北海道新聞社　二〇一〇年
●『北海道のことば』小野米一・道場優著　明治書院　一九九七年
●『北海道のことば』北の生活文庫企画編集会議編　北海道新聞社　一九九九年

青森県

津軽弁と南部弁との違いがよく話題になる。柔らかくて女性的と評価される南部弁に比べ、津軽弁は抑揚がはっきりしていて男性的との評価がある。

調査地点…弘前市を中心に

――青森県のケンカ

A：おっ、こら、酒っこたりねや。酒っこぐれびんとまがなっておげ。
B：いーがげんにへじゃ。いづまで飲んでるんだば。
A：さしねじゃ。何が 文句でも あるんだな。
B：おめも、誰さ向がって しゃべってるんだば。
A：なに、やるってな。
B：お、いづでも相手さなら。
A：な、偉そうにすな。やってまるや。
B：やにいもんだば、やってみなが。がほんじこの。
A：なにあ、がほんじだってが。な、よぐも しゃべったもんだな。
B：さしねじゃ。

※びんと（きちんと、しっかり）。「ぴんと伸ばす」などの「ぴん」に相当する。
※まがなる(準備する)。 ※さしね(うるさい)。
※やにいもん（「やにい」は「やるによい」で可能を表す。「もん」は「もの」に相当する)。
※がほんじの「が」は強調を表す接頭辞。

【ケンカの際の捨て台詞、決まり文句、脅し文句】

●子ども・喧嘩
泣いだぼんず笑った。
家《え》の前《め》の鬼っこ、ろー。
※「家の前の鬼っこ」は、味方がいるときは強がるが、一人の時には弱虫になる子どものこと。「ろー」は「やーい」に相当。内弁慶にも対応する。

●言いがかりをつける時
おめ、なんだもんだば。

●バカにされた時に
な、ふざげだごとせば、ただでおがねや。

アホ・バカに相当する基本の罵倒語

語形

ばが、ほんじなし、たくらんけ、うすけね、やじね、ちゃかし、はんかくせ

用法

◉強調の段階

ほんじなし→がほんじ

※最後に「この」をつけると強調形になる。

◉用法

相手に向かって

(怒って)「〜、この」と最後に「この」をつけ る。

(甘えて)めごくてめごくて、つりっこくるじゃ。

※「めごい」は「かわいい」、「つりっこ」は「釣り銭」。「かわいさ余って、憎さ百倍」に相当する。「しょうがないなあ」というニュアンス。

だめになる

このネジばがさなってら。

◉決まり文句

「ばがにす」「ばがにすな」「ばがになね」「ほんじね/やじね/はんかくせごとしゃべるな」

◉特徴

「ほんじね」が最も多用される。強調形が使用されるのも「ほんじね」のみである。「はんかくせ」「やじね」「うすけね」も多く使用され、「ばが」よりも使用頻度は高い。「たくらんけ」は現在、ほとんど使用されない。間が抜けている愚かさのニュアンスを持ち、語源は、「たくら」は「たくらだ」という動物からきているらしい。麝香《じゃこう》と似ているため、麝香を狩にきたものの前に不用意に現れてあっけなく捕らえられるそうである。「んけ」は「〜っけ」、そういう雰囲気を持つというニュアンスの「〜気」からきている。「ちゃかし」は落ち着きがない、慌て者のニュアンスを持つ。語源は、動詞「茶化す」の連用形が名詞化したものである。ごまかす、ふざけたまねをするという「茶化す」のニュアン

スから津軽方言の意味に変化していった。「はんかくせ」はなすべき事をしっかりとすることができない、中途半端さのニュアンスを持つ。半分しか知らないのに通人ぶる「半可通」からきている。「くせ」は「素人くさい」などの「〜ぽい」を表す。「やじね」は頭の働きが鈍いというニュアンスを持ち、語源は、「埒があかない」ではないかと思われる。明治生まれの古老などは「やじがね」や「やじあがね」といったことからもその可能性が大きいと考えられる。「うすけね」はか弱さ、貧弱さを伴った愚かさというニュアンスを持ち、語源は、「うす」は「薄気味悪い」や「薄暗い」の「薄」である。「けね」は「甲斐がない」で「効き目がない」である。

言いまわしの特徴

● 「ぐちゃぐちゃ言ってたら、たたいてやるぞ」

くどぐかがってれば、ふったいでまるや。／へんかしてまるや。

※「〜まるや」の「〜まる」は、共通語の「〜しまう」に対応する。完了を表す形。「〜や」は、共通語の「〜ぞ」に対応する。

● 「いいかげんにしろ、やってしまうぞ」

いー加減にせ、やってまるや。

● 「それが、なんだって言うんだ」

それが、なんだってよ。

● 「うるさい、黙っていろ」

さしね、黙ってろじゃ。

接辞・間投詞などを用いた強調表現

● 「この、どすけべが」「どけち野郎」

すけべたがれ、この。／ほいどくされ、この。

● 「くそったれ、なめくさりやがって、あんなぬけさくに負けてたまるか」

くそたれ、この、ばがにして、あったほんじなしさ 負げるもんだな。

●「あのくそ坊主、読経が下手くそなんだよな」

あの**くそ坊主《ぼんず》**、お経読むの**へだくそ**だんだね。

●「とぼけたこと言いやがったらぶっころすぞ」

ほんじねごとしゃべればだば、**ぶっころしてまるや。**

●「芋すけ、田舎モンは帰りやがれ」

じゃいご衆この、帰《かえ》れ帰《かえ》れ。

特徴的な接辞

●〜たがれ

らんきたがれ（「らんき（乱気）」は、異常な行動をとる人）。

しんけたがれ（「しんけ（神経）」は、潔癖性など細かいことを気にしすぎる人）。

すけべたがれ

ほいどたがれ（「ほいど」はけちな人）。

べっちょたがれ（「べっちょ」は泣き虫）。

※それぞれ、「らんき」「しんけ」「すけべ」「ほいど」「べっちょ」でもばかにすることばになるが、「〜たがれ」が付くことによって、それらの意味が強調される。

●くされ〜、〜くされ

くされおなご（「おなご」は女性の意味。態度のわるい女性）。

くされじぇんこ（「じぇんこ」はお金の意味。あぶく銭、とるに足りない額のお金を指す）。

いじくされ（「いじ」は意地、性格の悪い人）。

おなごくされ（なよなよしてはっきりしない男性）。

※「おなご」に関しては、「くされ」が接頭辞として使われる場合と、接尾辞として使われる場合で、対象とする性別や意味が変わってくる。

●くそ〜、〜くそ

くそぼんず（くそ坊主。僧侶を指す場合と子どもを指す場合がある）。

までくそ、くそまで（丁寧すぎること。「まで」は丁寧であること）。

くそまし、ましくそ（人のまねをして気取る人。「まし」は猿）。

※「まで」と「まし」に付く場合は、接頭辞でも、接尾辞でも意味が変わらない。「じっこ」、「ばば」、「ぼんず」には接頭

辞としてのみ使用できる。

●〜こ

ばがっこ

ほいどっこ（「ほいど」はけちな人）。

くてくてこ（「くて」は「食いたい」の意味）。

●〜さま

おべさま（「おべ（る）」は覚えるの意味。知ったかぶりをする人）。

※「〜さま」は本来、敬意を表すものであろうが、津軽方言ではからかいのニュアンスをもって使用されることがある。「あんさま」という語は「長男、跡取り息子」を指すことばであるが、多少からかいのニュアンスを伴って使用されることもある。共通語の「お坊ちゃん」にもそうしたニュアンスはないだろうか。

接頭辞を付けて強調する表現は、「ぶっとばす」「ぶん投げる」「おったまげる」など豊富である。なお、意地悪く大食らいすることを「ま食らう」という。これは、何かしらの被害を受ける場合にも使われる。「おどがら拳骨まぐらったじゃ」（親父から拳骨をくらったよ）のようにである。この「ま食らう」の「ま」は強調を表すので、意味は「真」であるとも考えられるが、地元では、「ま食らう」の「ま」は「馬」であり、馬のようにがつがつと大食らいすることとして意識されている。確かに青森では馬が生活に密着していたので、「馬のように食らう」とする民衆語源は不自然なものではない。

その他

ことわざ・言い草

後ろ弁天、前どってん↓「どってん」は動転であり驚くの意味。後ろ姿だけが美しいこと。

きがずの横耳↓「きがず」は「耳の悪い人」の意味。悪口だけは聞こえる人のことを指す。共通語の地獄耳と似ているが、多少ニュアンスは異なるかもしれない。

賢《さが》しかんつか陸《おが》さ上がる↓「賢し」はかしこいの意味。「かんつか」は「河鹿」のこと。小賢しくふるまって、かえって失敗する人。

炭火どばがっこちょせばおごる→「ばがっこ」は「ばか」の意味。「ちょせ」は「ちょす」の仮定形である。「ちょす」は「いじる」の意味。炭火はいじると火が熾り、ばかな人はからかうと怒る。

その他

やまんじゃ（山間部に住む人たちを田舎もの呼ばわりする語）。

べんふり（口達者な人を卑下していう。「弁」を「振り回す」から）。

からぽねやみ（怠け者。「空骨病み」つまり、嘘の「骨病み」ということ）。

〈参考文献〉
●『津軽のことば』鳴海助一著　津軽ことば刊行会　一九六五～六九年
●『日本のことばシリーズ2　青森県のことば』平山輝男編　明治書院　二〇〇三年
●『弘前語彙』松木明　弘前語彙刊行会　一九八二年

岩手県

口数は少ないが、一徹で、粘り強い人が多い。厳しい自然とは対照的な、情緒ある柔らかい語調はこの地の人情の温かさに対応している。

調査地点…花巻市を中心として

――岩手県のケンカ

A：おーっ、こりゃ、酒《さけ》たりねぞっ。酒《さけ》ぐれ 用意すてげじゃ。

B：いっくれにしぇじゃ。いづまで飲んでるんだが。

A：しゃべなったら。なぬが 文句 あるってが。

B：うなごそ、誰さ 向がって しゃべってるのや。

A：なぬっ、やるってが。

B：うん、いっつでも 相手《あいで》になるじぇっ。

A：うな、なったき するなよ。ふたずげるじぇ。

B：やれるもんだったら、やってみろじぇ。この ばかやろ。

A：なぬっ、ばがやろだどぉ。うな、よぐも そったなごど ぬがすたな。

B：うるしぇっ。

※うな（お前）。※なったき（偉くなった気）。

【ケンカの際の捨て台詞、決まり文句、脅し文句】

●子ども 喧嘩捨て台詞・決まり文句

えーろ！ へっぴりむーし！ おしりぺんぺん！

※「えーろ」は相手を軽蔑して舌を出しながら言う。

めっこきゅーり めくそ、はなくそ おたんこなす ふるだびっき

※「ふるたびっき」は蟾蜍《ひきがえる》の意。女子に対して使う。

●言いがかりをつける時

うな何《なぬ》しゃべってんのやっ。こばがくせーごど言《ゆ》ってなんだっ。

●バカにされた時に

何《なぬ》っ、さんかぐやろー。うなっ、けねぇぐみで、やるがっ。

※「さんかぐやろー」は態度・心・形・格好を広く含む根性悪。「けねぇぐみで」は「俺を中身のない下等に見て」。

アホ・バカに相当する基本の罵倒語

語形

ばが、こばがたれ、あほ、あほたれ、ぼんくら、ぬげさく、のーたりん、ほーけ、ねぼげ、ぼやり、すとんけ、だべ、てんぽせん、くされ、へっぴり、へっぽご、めくそ、はなくそ、のーてんき、さんかぐやろー、すっちゃがめっちゃが

用法

◉強調の段階

ばが → こばがたれ・ばがやろー → おーばがやろー

あほ → おーあほ・あほたれ・どあほ

◉用法

相手に向かって

(怒って)「このぬげさぐ。こばがたれ」

(甘えて)「うめぁさん、ぼんくらだもな」「うめぁさん、ぼやりだもな」

だめになる

「ネジがばかになる」は使用されることはあるが、共通語的。

◉決まり文句

「ばがにする」「ばがにすな」「ばがにならね」「ばがゆーな」「ばがいえ」「ばがたれ」

「あほゆぇ」「あほらす」「あほめぐ」

「けねぐみる」「けねぐみられる」

※「あほゆぇ」は「あほ言え」。「けね」は「下等な」。

◉特徴

「ばが」は一般的に使われる。「こばがたれ」「あほたれ」「ぼんくら」は多用される。「へっぽご」は謙遜して自分のことにも使う（「おれぁ へっぽご先生《しぇんしぇー》だおな」）。「てんぽせん」は「天保銭」。このほか、「けねー（下等な）」「おがす（おかしい）」「だらすねー」「はんかくせー」の形容詞形も多く用いられる。「だらすねー」「はんかくせー」は生活態度への非難的感覚がある。

言いまわしの特徴

●「ごちゃごちゃしたことを言っていると、お前のことを本気でぶったたくぞ」

ごちゃごちゃずごど 言《ゆ》ーんだら、うなのごど ほんとに ふたづげるじぇ。

●「いいかげんにしろよ こら。やっつけるぞ」

えくれにしぇ、こりゃっ。やっつけるじぇ。

●「ぶちのめすぞ」

ぶんなぐるじぇ。

●「たたきのめすぞ」

ふたづげるじぇ。

●「そのくらいのことが、なんだい」

そったなごど、何《なぬ》すたってや。

●「うるさい、お前は黙ってろ」

うるせー、うな黙ってろ。

接辞・間投詞などを用いた強調表現

●「この、どすけべが」「どけち野郎」

この、**すけべ野郎。**／**けち男《おどご》。**

この、**すけべおなご。**／**けちおなご。**

※右が男、左が女。男女によって使い分ける。

●「くそったれ、なめくさりやがって、あんなぬけさくに負けてたまるか」

くそったれ、なめぐじ男《おどご》。 あったな **ぼやり男《おどご》**／**ぬげさぐ**に負げでなんかいられねじぇ。

●「あのくそ坊主、読経が下手くそなんだよな」

あの **なってね**和尚《おしょー》、お経《ぎょー》あげ **へだくそ**だおな。

●「とぼけたこと言いやがったらぶっころすぞ」

とぼげだごど しゃべったら **ぶっころすじぇ。**

●「芋すけ、田舎モンは帰りやがれ」

芋野郎、 じぇんごたろは **さっさど帰《けえ》れ。**

※「じぇんご」は「在郷」。

その他

ことわざ・言い草

ばがでも惣領、爺《じ》の孫だ

※細越孝一『盛岡ことば』（一九六三、私家版）より。「他から馬鹿といわれたとき、この言葉でいい返え（ママ）す」とある。

まめっこ／ぺえっこ／たんくろー（ちび）

※「たんくろー」は昔の幼年雑誌の漫画から。

だるま／漬物樽（でぶ）

やせはったぎ／青瓢箪《あおびょうたん》／電信柱《でんしんばしら》（やせっぽち）

※「やせはったぎ」の「はったぎ」はいなごやばった。痩せた男子に対して使う。「青瓢箪」はなよなよした男にも用いる。

電信柱／ながすねひこ（のっぽ）

※「ながすねひこ」は「長髄彦」。

がぎわらす／あんこ（若造）

〈参考文献〉

●『岩手方言の語彙』小松代融一著　岩手方言研究会　一九五九年
●『盛岡ことば』細越孝一著　私家版　一九六三年
●『盛岡のことば』佐藤好文編著　盛岡市　一九八一年

宮城県

口調はややぶっきらぼうに感じられるところがあるが、人情には厚い。ただ、大都市の仙台はクールな人が多いか。

調査地点…登米市迫町を中心として

――宮城県のケンカ

A：おーっ、酒《さけ》たりね。あど 酒《さけ》ねーのがわ。

B：やんべにすろー。いづまで飲んでんだ。

A：うるしぇ、文句あっか。

B：てめぇ、誰さ向がって 言ってんのや。

A：なぬ、やるが。

B：おーっ、相手《えーで》になっぺやー。

A：おめ、えれっぷりすなよ。ただぎづげっと。

B：やんにいごったら、やれや。このばが。

A：なぬー、ばがだど、きさま。なぬぬがすのや。よぐもかだりやがったな。

B：うるしぇーっ。

※わ（文末に付けて働きかけ・強調の意味を示す助詞）

※やんにい（やるにいい。「やることができる」意の可能表現）

【ケンカの際の捨て台詞、決まり文句、脅し文句】

●子ども・喧嘩捨て台詞

いぇーろ。

※相手を軽蔑して、舌を出しながら言う。

あがめってー。（あかんべー）

●子ども・喧嘩決まり文句

ばか　くそったれ　このくそむぐす　このあんぽんたん　ちんどんや

●言いがかりをつける時

何語《なぬかだ》る。この野郎。

●バカにされた時に

ぬさ、うるせっ 見でろよー。

※「ぬさ」は対称。対等もしくは下位の者に対して使用する。

アホ・バカに相当する基本の罵倒語

語形

ばが、ばがったれ、ばがたぐれ、こばがたれ、うすばが、うさんぽ、ほでなす、ぼげなす、ぼんくら、のっかれ、のーたりん、ぬげさぐ、てほ、てほもの、てほやろー、あんたらず、たへなす、のっつぉー、のっつぉふり、のっつぉこぎ、たがらもの

用法

◉**強調の段階**

ばが→ばがやろー

ぼんくら→ぼんくらやろー

てほ→てほもの・てほやろー

のっつぉー→のっつぉふり・のっつぉこぎ

◉**用法**

相手に向かって

(怒って)「この ばが野郎」「この てほ野郎」など「この〜」の形が多い。

(甘えて)「ばが」「てほ」

だめになる

「ねじばがになる」のように「ばが」を「捨て物、使い物にならない」の意で使用することはある。

◉**決まり文句**

「ばがにする」「ばがにすな」「ばがゆーな」

◉**特徴**

「ばが」が一般的で多用される。「うさんぽ」はぼうっとしたばかのこと。「ほでなす」は何も分からない人。「ぼんくら」は「のーたりん」とほぼ同じで、頭が悪いの意。「のっかれ」は動きが遅く、仕事がほかの人のようにできない無能な者の意味がある。「ぬげさぐ」は頭の弱い人、足りない者の意味が強い。「てほ野郎」はどうしようもない者、ずぼらな者。「たへなす」は、だらしがない人、決まりのない人の意味が入る。「あんたらず」は「(まんじゅうの) 餡足らず」で、中身がないの意。「のっつぉー」は「中途半端な人」の意味があり、「のっつぉふり」

には大した用事もないのによく出歩く人の意味もある。「たがらもの」（宝物）は「のーたりん」に意味が近いが、「邪魔で負担になる人」の意が入る。

言いまわしの特徴

●「ごちゃごちゃ言いやがって、たたきつけるぞ、この野郎」
ごじゃらごじゃら語《かだ》りがって、ただぎづげっど、この野郎／このあんぽ／このばがたれ。

●「いいかげんにしろよ　こら。やっつけるぞ」
やんべにすれよ この。やっつけっつぉ。
※女性は「てぇげにすさい」（いいかげんにしてよ）も用いる。「てぇげ」は「大概」。

●「ぶっとばすぞ」
はったおすぞ。／ぶっとばすづげっと。

●「たたきつけるぞ」
ただぎづげっと。

●「何か文句でもあるのか」
何《なぬ》が文句あっか。

●「うるさい、余計なことを言うな」
しぇづね、余計《よげー》なごど語《かだ》んな。
※「しぇづね」は「切ない」で、「うるさい」、「やかましい」の意。

接辞・間投詞などを用いた強調表現

●「この、どすけべが」「どけち野郎」
この **どすけべ**。／この **まですけ**。

●「くそったれ、なめくさりやがって、あんなぬけさくに負けてたまるか」
くそったれ、あったな **ぬげさぐ**に 負げでられね。

●「あのくそ坊主、読経が下手くそなんだよな」
あの坊主、お経《ぎょー》 **下手《へだ》くそ**だ。

●「とぼけたこと言いやがったらぶっころすぞ」
忘れだふるすて、**叩《ただ》っころすぞ／ぶん殴っつぉ。**
※忘れだふるすて（忘れたふりして）

※「ぶっころす」はあまり使わない。

●「芋すけ、田舎モンは帰りやがれ」

このぬす／このがぎ、じぇんごたろぁ 家《え》さ帰《け》れがれ。

※「ぬす」は対称の代名詞。

※「じぇんご」は「在郷」。

特徴的な接辞

●この、**女《おな》ばす**、なぬ語《かだ》んのや（この、女の端くれ、何を言うか）。

その他

ことわざ・言い草

ばがばがって言う奴《やづ》、まだばがだ↓ばかと言う者は一層のばかだ

ばがさかまう奴《やづ》、まだばがだ↓ばかにかまう者は一層のばかだ

ばがさ付ける薬ねぇ↓ばかに付けて治す薬はない

やしぇはったぎ（やせっぽち）

※痩せた「はったぎ」（いなごやばったの総称）の意。

梯子《はすご》いらず（のっぽ）

※梯子を必要としないほど背が高い人のこと。

わげぁもん／わらすこ／がぎ／がぎめら（若造）

〈参考文献〉

●『仙台の方言』土井八枝著　春陽堂　一九三八年（『全国方言資料集成』国書刊行会、一九七五年）

●『仙台方言辞典』浅野建二編　東京堂出版　一九八五年

秋田県

おっとりしつつも芯の強さを秘めた人が多い。強い自負心を持ちながら、それをことばとして表出することを忌避する傾向がある。

調査地点…秋田県

――秋田県のケンカ

A：おい、酒《さけ》っこ 足りねど。酒《さけ》っこぐれ 用意しておげー。
B：えーかげんにしぇやー。えじまで 飲んでるって。
A：やがまし。なに文句あるってが。
B：おめこそ 誰《だえ》さ 向がって しゃべってらんだ。
A：なしたどー。やらんだがー。
B：おー、えじでも やってけるど。
A：んが、調子こぐなやー。ぶたらぐど。
B：やれるごったら、やってみれ。このばがけ。
A：なんだど。ばがけってが。んが、えぐ しゃべってけだな。
B：やがましね。

【ケンカの際の捨て台詞、決まり文句、脅し文句】

●子ども・喧嘩捨て台詞
んが、ばがけ（おまえ、ばか野郎）。
あど、えっは（もういい）。
べーろ。
※舌を出して言う。

●子ども・喧嘩決まり文句
泣ぎ虫 ぼんぼこ 家さ 行《え》って 飯《まま》け まだ じょじょ煮《ね》でね えーんえーん。
※「泣き虫、赤ん坊、家に帰って飯を食え。まだ魚が煮えてない。えーんえーん」の意。節をつけてはやし立てる。

●言いがかりをつける時
なにや、んが（なんだよ、おまえ）。
んが、やらんだが（おまえ、やるのか）。
なしたどって（なにをしたって）。

●バカにされた時に
人ばがにすなやー。
人どごなんだど思ってる（人をなんだと思ってる）。

アホ・バカに相当する基本の罵倒語

語形

ばが、ばがけ、ばがこ、ばがたれ、こばがたれ、まるばが、ほじなし、こたれなし

用法

◉強調の段階

ばが→ばがたれ→まるばが

◉用法

相手に向かって

（怒って）「この～」では、どの語も使う。

（甘えて）「ばがだなー」「ばがこだなー」

だめになる

あど このネジ ばがなってら。

◉決まり文句

「ばがにする」「ばがにすな」「ばがまるだしだ」「ばがしゃべりすな」「ほじねごどゆーな」「はんかくしぇごどゆーな」

◉特徴

「ばが」「ばがけ」が多用される。「ほじなし」は「正気ではない人、ぼんやりしている人」のこと。「ほじねごど言《ゆ》ーな」（ばかなことを言うな）のように形容詞の表現もよく使う。「こたれなし」（「こたなし」「こたえなし」とも）は「小足りなし」で「能なし」の意。「こたれね人だ」（少しばかな人だ）のように形容詞の表現も使う。

言いまわしの特徴

●「ばかなことを言ってたら、頭（後頭部）ぶったたくぞ」

ばがしゃべりしてれば、うしろこど　ぶたらぐど。

ばがしゃべりしてれば、うしろどっこ　わったりやってけるどー。（県北）

※「わったり」は強くうちのめす様を表す副詞。「わったりやる」「わったためかす」で「たたきのめす」「うち倒す」の意味。

●「いいかげんにしろ。ぶったたくぞ」
えーかげんにしぇ。ぶたらぐど。
えーかげんにしぇ。わったりやってけるど。(県北)

●「ぶったたくぞ」
ぶたらぐど。
わっためかすど。(県北)

●「それが、なんぼのもんじゃい」
それ、なんだもんだって。

●「うるさい、やかましい」
うるしぇ、やがましね。

接辞・間投詞などを用いた強調表現

●「この、どすけべが」「どけち野郎」
この **しぺさがり。**／**けちたがれ。**

●「くそったれ、なめくさりやがって、あんなぬけさくに負けてたまるか」
くそこぎ、人どご **ばがにしてけつかって、**あんた ほじなしにだば 負げねど。

●「あのくそ坊主、読経が下手くそなんだよな」
あの **くそ坊主《ぼんじ》。**読経 **下手《へだ》くそ**だな。

●「とぼけたこと言いやがったらぶっころすぞ」
ほじねごど **しゃべるごったら、ぶっころすど。**

●「芋すけ、田舎モンは帰りやがれ」
じゃんごたろ、家《え》さ帰《けぁ》れ。

特徴的な接辞

●あえだば **ひやみこぎだ**(あいつは怠け者だ)。
※ほかに「ばしこぎ(うそつき)」「えふりこぎ(見栄っ張り)」「よっぱりこぎ(夜更かし)」「あさねこぎ(朝寝坊)」「したぱらこぎ(おべっか使い)」「よごでこぎ(へそまがり)」など。

●あえだば **よぐたがれ**だ(あいつは欲張りだ)。
※「たがれ」は「たがり」とも言う。ほかに「ほえどたがれ(けち)」「しけべたがれ(助平)」「しんけたがれ(神経質)」「ぶしょたがれ(不精者)」など。

その他

ことわざ・言い草

すね毛のなげ者さ銭《じぇん》こ貸すな↓すね毛がすり切れないような怠け者には金を貸すな

ひやみこぎの節句ばたらぎ↓怠け者が節句（本来休むべき日）に働くこと

こげの思案あどがら出る↓間抜けな者の考えは後から出てくる

うるだぐやっこ米まげる↓慌てるこじきは米をこぼして損をする

怠け者へのいさめ

秋田方言には「怠け者」を意味する語が多い。「背病みこき」に由来する「ひやみこぎ」（「しぇやみこぎ」「せやみこぎ」とも）を筆頭に、「からっぽ（ね）やみ」「じんべら」「せっこがし」「せっこぎ」「せほし」「たらうり」「なまぐらもの」「ぶしょたがれ」などである。また、怠けて放蕩した結果破産した者のことを言う「かまけぁし」（「竈《かまど》返し」）。竈は一家の財産の象徴）は、最も侮蔑的な罵倒語の一つである。

〈参考文献〉

●『秋田のことば』秋田県教育委員会編　無明舎出版　二〇〇〇年

●『CD-ROM版秋田のことば』秋田県教育委員会編　無明舎出版　二〇〇三年

●『語源探究秋田方言辞典』中山健著　語源探究秋田方言辞典刊行委員会　二〇〇一年

●『秋田県民は本当に〈ええふりこぎ〉か？』日高水穂著　無明舎出版　二〇一一年

山形県

内陸部と庄内地方では風土もことばもだいぶ違っている。庄内方言では語尾に「のー」が付いてどこか西日本風。

調査地点…山形市を中心として

——山形県のケンカ

A：ほりゃっ、酒《さけ》なぐなた（どれ）はー。酒《さけ》ぐらい 買っておげずー。

B：おまえ、そろそろやめろはー。いづまで飲んでんなだ。

A：なにやー。なにが 文句 あんだが。

B：誰さ 言《ゆ》でんだ、おまえ。

A：なにー、おまえ、けんか すっだいんだが。

B：あー、んだ、いづでも かがてこい／かがてくっどいーっだなー。

A：偉そーに 言《ゆ》てんなよ。ひぱだいでけっからな／くらすけでけっからな。

B：するいんだら してみろ。

A：なんだどー。言《ゆ》たなー。

B：悪《われ》けが。

※けんか すっだいんだが（けんかしたいのか）。
※かがてくっどいーっだなー（かかってくるといいじゃないか）。
※するい（「するにいい」から）。可能。※悪けが（悪かったか）。

【ケンカの際の捨て台詞、決まり文句、脅し文句】

●子ども　喧嘩捨て台詞・喧嘩決まり文句

おまえな、しゃねはー（おまえなんか、もう知らないよ）。

おまえな、あっちゃ んげはー（あっちに行ってしまえ）。

おらいの○○ちゃんさ おしぇでける。

※おらの家の○○ちゃん（「とーちゃん」などリーダー格の人）におしえてやる。

（ばーが、かーば、ちんどんやー）おまえのかーちゃん、でーべそ。

●言いがかりをつける時

なんだず（何だよ）。なにや、おまえ。

なにが 文句あっか／文句あんだが（文句あるか／あるのか）。

●バカにされた時に

おまえ、ふざげんなず（ふざけるなよ）。

おまえ、おれば なめでん（な）だが。

アホ・バカに相当する基本の罵倒語

語形

ばが、ばがやろ、あんぽんたん、ほろげ、ほろげやろ

※「ばがやろ」は男性のみが使う。「ほろげ、ほろげやろ」は「一人前でない人」という意味。

用法

◉強調の段階

「やろ」が付くとやや強調する感じになる。

◉用法

相手に向かって

(怒って)語形に挙げた語を強く言うのがふつう。(甘えて)甘える場合にはこの種の語は使用しないのがふつう。ただし、親しい人間(年下、子どもなど)の愚かな言動を優しくたしなめる場合には「ばーが」「ばがだなー」などを使用する。

※「ばが」などは、単独で言うことはあまりないかもしれない。

「ばがなごど言《ゆ》ーな/すんな/したなー」や、「(おまえ)ばかだなー」のような文の中で用いられることが多いと思われる。

だめになる

このネジ、ばがなた。

◉決まり文句

「(こ)ばがくさい」「人をばがえした」

※人の愚かな言動や自分の価値基準に合わない言動について、「(こ)ばがくさい」「人をばがえした(ばかにした)」などと言うことがある。その場合、「ばがくさい/人をばがえした話すんな」(愚かな(荒唐無稽な)話をするな)のように連体修飾用法で使用されることはあるが、「ばがくさぐ/人をばがえして しゃべる」のような連用修飾用法は耳にしない。「おまえの話な、ばがくさくて聞いでらんね」(おまえの話なんか、ばかくさくって聞いていられない)などは言う。

◉特徴

冒頭のような喧嘩の会話の場面を想定することは困難。

山形市方言では、名詞を単独で用いて聞き手を罵倒する、あるいはそのような特徴をもつ第三者に言及するような性向語は少ない。これは、

別の表現（動詞句等）で表すのが一般的であるからで、悪口を言わないからそういう言葉がないのではない。また、このような名詞単独の表現がある場合にも、聞き手を直接罵倒するのではなく、第三者に言及するのに使用されるもののほうが多いように思われる。

言いまわしの特徴

● 「なんだかんだと言っていると、たたいてやるからな」
なんだかんだて言《ゆ》てっど、くらすけでけっからな。

● 「いいかげんにしろ、ほら」
いーかげんにすろ ほれ。

● 「たたいてやるからな」
ひぱだいでけっからな。

● 「それなんか、なんとも思わない／なんとも感じない」
ほいづな、なんとも思わね／なんとも感じね。

● 「うるさいなおまえ、少し静かにしろ／していろ」
うるさいな おまえ。少《すこ》す 静がにすろ／してろ。

接辞・間投詞などを用いた強調表現

● 「この、どすけべが」「どけち野郎」
この **すけべやろ。／どけち。** けーち。

※「すけべやろ」のように「やろ」を付けるとやや強調する言葉になる。ただし付けられる語彙は限られていて、「けちやろ」などとは言わない。

● 「くそったれ、なめくさりやがって、あんなぬけさくに負けてたまるか」
あのやろ、おれば**なめでけで**。あいづがらな絶対 負げらんね。

● 「あのくそ坊主、読経が下手くそなんだよな」
あそごのおっさん、お経《ぎょー》読むの **へだ（くそ）**でなー。

● 「とぼけたこと言いやがったらぶっころすぞ」
ふざげだごど 言《ゆ》ーど／言《ゆ》たら **ころしてけっからな。**

●「芋すけ、田舎モンは帰りやがれ」
おまえみでな在郷衆《ざいごしゅ》な　どっかさ **んげはー。**
※「おまえのような在郷衆なんか、どこかに行ってしまえ」の意。「芋すけ」に該当する名詞はない。

その他

ことわざ・言い草

じゅーあるうづ、ごぶんめ(ろぐぶんめ)しかない
↓十あるうち、五分目（六分目）しかない。知恵が足りない。

すだづ（ちび）
※十分に育っていない植物（トマトなど）の意から。

やしぇ／やしぇ（つ）ぽご（やせっぽち）
※「やしぇぽご」「やしぇっぽご」などは、相手をからかって使う言葉ではなく、「あそごの息子、やしぇっぽごでよー、骸骨《がいこつ》みでなだ」「ほれ、ほごのやしぇっぽご、こっち向いてちゃんと聞ーでろ」のように性質描写に使用するのが普通。

〈参考文献〉
●『日本のことばシリーズ　山形県のことば』平山輝男編　明治書院、一九九七年

福島県

開放的で明朗（浜通り）、柔軟性と進取性（中通り）、情に厚く律儀（会津）といった気質の違いが方言差に対応している。

調査地点…伊達市を中心として

――福島県のケンカ

A：おい、酒《さげ》 たんにぇーぞ。酒《さげ》ぐれー 用意しとげ。
B：いーかげんに しろで。いづまで 飲んでんだ。
A：黙れ、なんか 文句 あんのが。
B：おめごそ、誰さ 向がって ずってんだ。
A：なんだ、やんのが。
B：おー、いづでも 相手ん なってやる。
A：おめ、偉そーに すんなで。はっ倒すぞ。
B：やれっこったら、やってみろ。この ばが野郎。
A：なにー、ばがだど。この野郎。よぐも 言《い》ーやがったなー。
B：うっつぁし。

【ケンカの際の捨て台詞、決まり文句、脅し文句】

●子ども・喧嘩捨て台詞
ちきしょー。今に 見でろよ。今度は ぶっちめでけっかんな。
※「ぶっちめでけっかんな」は、「やっつけてやるからな」の意味。

●子ども・喧嘩決まり文句
ばが、かば、ちんどんや。おまえの かあちゃん、あがでべそ。おまえも よぐ にで ちゅーでべそ。
※「あがでべそ」「ちゅうでべそ」は意味不明だが「赤でべそ」「中でべそ」のことか。

●言いがかりをつける時
なんだ この野郎。文句でも あんのがー。

●バカにされた時に
なんだどー、人のこど ばがにしやがって。もっぺんずってみろ。

アホ・バカに相当する基本の罵倒語

語形

ばが、こばが、ばがたれ、ばがやろー、おーばがやろー、くそばが、まぬげ、ぬげさぐ、けずぬげ、でれすけ、ぽんち、ぽんつこ、いがれぽんち、おんつぁま、おんつぁ、へでなし、ぼっこれあだま、でごすけ、ひょっとご、おがめ、ひょーろぐだま、あんぽんたん、おたんこなす、おたんちん、とろい、とろくさい

用法

◉強調の段階

ばが → ばがたれ → ばがやろー →おーばがやろー

※大きな悪さをした時など、馬鹿さ加減の程度の大きさを強調した言い方。

ばが → こばが

※仕事が中途半端な時など、程度の低さを強調した言い方。

ぽんつこ → ぽんち → いがれぽんち

とろい → とろくさい

◉用法

相手に向かって

(怒って)「この~が」という言い方では、形容詞の「とろい」「とろくさい」以外はどの語も使う。

(甘えて)「ばが」「ばがだな」「ばがだごど」以外では使わない。

だめになる

もー このネジ ばがんなってる。

もー このネジ おんつぁま/おんつぁんなってる。

もー このネジ ぽんつこんなってる。

※それ以外の語では使われない。

◉決まり文句

「ばがにする」「こばがにする」「ばがにすんな」「こばがにすんな」「ばがになんね」「ばがずーな(言うな)」「ばがいえ」

◉特徴

「ばが」が一般的な罵倒語として多用される。「でれすけ」は特に動作ののろい場合によく使われるが、単に愚かな場合にも使用される。「ぽんち」「ぽんつこ」は語源不明だが、特に「ぽんつこ」は母親が子どもを軽く叱るときによく使われる（語感としては共通語の「おばか」に近いか。例えば、「いつまで寝てんだ。このぽんつこ」など）。「おんつぁま」は本来は次男以下の男子のことを指し、長男とは違って役に立たない者という意味から「ばか」相当の罵倒語になったとされる（松本修『全国アホ・バカ分布考 はるかなる言葉の旅路』太田出版より）。また、「へでなし」は、東北北部の語形「ほんじなし」に連なる。「でごすけ」の語源は、一般の話し手には「おでこが突き出た者」の意味と解釈されている。「とろい」「とろくさい」は「遅い」の意味で、呼びかけなどに対して反応の遅い者に対して特に使われる。

言いまわしの特徴

●「ぐちゃぐちゃ言ってたら、頭ぶん殴るぞー。／ぶっぱたくぞー」

ぐじらぐじら ずってっと、頭《あだま》 くらすけっつぉ／ぶっぱだぐぞ。

※「くらすける」はグーで「殴る」の意味。「ぶっぱだぐ」はパーで「はたく」の意味。頭を「割る」に類した表現は使わない。

●「いいかげんにしろよ、この。痛い目に合わすぞ」

いーかげんに しろで、この。 ぶっちめっつぉ。

●「はり倒すぞこん畜生」

はっ倒すぞ こんちきしょー。

●「ぼこぼこにするぞ」

ぼごぼごに すっつぉ。

●「それが、なんぼのもんだ」

※「なんぼ」という語はあるが、罵倒的な意味合いで「なんぼのもんだ」という言い回しはしない。あえていうなら「それが、どれほどのもんだ」かと思われるが、日常的に使用することは少ないように思われる。

●「うるさい、黙れ」

うっつぁし、黙れ。

接辞・間投詞などを用いた強調表現

●「この、どすけべが」「どけち野郎」

この **こっつぁがなしが。／けじくそ野郎。**

※「こっつぁがなし」は「性《さが》なし」に接頭辞「こ」がついた語と思われるが、現在では「こっつぁがなし」で一語として使われており「さがねー」などと言うことはない。「こばが」「こずるい」「ころぐでねー」などの語では、接頭辞「こ」は外すことが可能である。

●「くそったれ、なめくさりやがって、あんなぬけさくに負けてたまるか」

くそったれ、なめやがって、 あだ **ぬげさぐ**さ負げでられっか。

●「あのくそ坊主、読経が下手くそなんだよな」

あの **くそ坊主、** お経読み **へだかす**なんだんな。

●「とぼけたこと言いやがったらぶっころすぞ」

すっとぼげだごど **ずってっと ぶっころすぞ。**

●「芋すけ、田舎モンは帰りやがれ」

この芋、ざいごっぺは **帰りやがれ。**

特徴的な接辞

●いづまでも **ぐだらぐだら** 寝でんじゃねー（いつまでもぐたぐた寝てるんじゃない）。

※擬態語・擬音語に「ら」がついて「〜ら〜ら」という形になると、悪い評価が表現されることが多い。

●何やってんだ **このよぐたがりが**（何をやっているんだ、この欲張りが）。

※「よぐたがり」は「欲をたかる人」の意味で「強欲さ」を指す言い方。このほか、業の深い人を「ごうたがり」、臭くて不潔な人を「くさしたがり」、神経のおかしい人を「しんけたがり」などという。

その他

ことわざ・言い草

あしたんなっちまぞ→明日になってしまうぞ

※子どもが家の手伝いや宿題などをだらだらやっていてなかなかはかどらない時、よく「なにでれらでれらやってんだ。あしたんなっちまぞ」といって怒られる。若い親なら共通語風

に「明日になっちゃうよ」という場合もあるが、他の地域ではあまり耳にすることのない言い回しと思われる。

たいしたきーする→思い上がっている

※「あの男《おどご》は ちょっと仕事できるぐれーで たいしたきーしやがって」など。「大した気をしている」という意味。

罵倒される「しゃれこ」

農村部では「おしゃれな人」が「しゃれこ」と言われ、罵倒の対象になる場合がある。「あいずんじぇーの 嫁は しゃれこだがんな。たいしたきーしやがって」（あいつの家の嫁は「しゃれこ」だからな。調子に乗りやがって）これは質素であることが美徳とされるためで、都会とは異なる福島の田舎の価値観を端的に示していると思われる。

〈参考文献〉

●『福島県方言辞典』児玉卯一郎著　西沢書店　一九三五年（一九七四年に国書刊行会より復刻）

茨城県

無敬語、無アクセント、そして、ことばの男女差もない、ないない尽くしの茨城方言は最も民主的な方言であるとも言える。

調査地点…水戸市を中心として

――茨城県のケンカ

A：おい こらっ 酒《さげ》 たんねーぞ。酒《さげ》くれー 用意しとげ。
B：いーあんばいに しろ。いづまで 飲んでんだ。
A：黙れ、なんか 文句 あんのが。
B：おめーこそ 誰に 向がって 言《ゆ》ってんだ。
A：なにー。このー やんのがー。
B：おー いづでも 相手に なってやる。
A：おめー 偉そーに すんなよ。ただきのめすぞ。
B：やれるもんだら やってみやがれ。このばが。
A：なにー ばがだど。きさまー。よぐも 言《い》ーやがったな。
B：うるせー。

【ケンカの際の捨て台詞、決まり文句、脅し文句】

●子ども・喧嘩捨て台詞
あっかんべー。

●子ども・喧嘩決まり文句
ばが、ばが、ちんどんや。おまえの かーちゃん でべそ。おまえも やっぱり でべそ。

●言いがかりをつける時
てめー このー なんか文句あるがー。

●バカにされた時
ふざげんじゃねー この野郎。おまえらに なんだかんだ 言われる筋合いは ねー。

アホ・バカに相当する基本の罵倒語

語　形

ばが、こばが、ばがたれ、ばがやろー、おーばがやろー、ごじゃ、ごじゃっぺ、ごじゃらっぺ、ごじゃやろー、ごじゃっぺやろー、ごじゃらっぺやろー、あほ、でご、でごすけ、でごさんちん、でれすけ、まぬげ、ぬげさぐ、けづぬげ、しりぬげ、いもくそ、おたんこなす、すっぽん、たご、とんま、ひょーろぐだま、ひるあんどん、べらぼー、とろい、とろくさい、いがれでる、ねじがぬげでる、ねじがゆるんでる

用　法

◉強調の段階

ばが→ばがたれ→ばがやろー→おーばがやろー

ごじゃ・ごじゃっぺ・ごじゃらっぺ→ごじゃやろー・ごじゃっぺやろー・ごじゃらっぺやろー

◉用法

相手に向かって

（怒って）「この〜が」という言い方では、形容詞の「とろい」「とろくさい」、動詞の「いがれでる」「ねじがぬげでる／ゆるんでる」以外はどの語も使う。

（甘えて）「ばが」は使えるが、それ以外は甘えたときに使うのは不自然。

だめになる

もー このネジ ばがになった。

もー このネジ ごじゃになった。

◉決まり文句

「ばがにする」「こばがにする」「ばがにすんな」「こばがにすんな」「ばがになんねー」「ばがゆーな」「ばがいえ」「ごじゃゆーな」「ごじゃいえ」

※「ごじゃにする」「ごじゃになんねー」とは言わない。

◉特徴

「ばが」「ごじゃ」が一般的な罵倒語として多用

される。「ごじゃ」は「わけのわからないこと」の意味で「ごじゃを言う」などとも使う。「ごじゃごじゃ文句を言う」などの擬音・擬態語「ごじゃごじゃ」と関連があるかもしれない。なお、「ばがたれ」とはいうが「ごじゃたれ」とは言わない。「でごさんちん」の「さんちん」とは木の名前。すらっとして良質の木材になるはずのものだが、でこぼこだと使い物にならない。そのため、でこぼこのさんちんという意味で役にたたない者を「でごさんちん」という。「けづぬげ」「しりぬけ」は「尻が抜けている者」の意味。「けづ(しり)がぬげでる」とも言う。「たご」は「蛸」のこと。

言いまわしの特徴

● 「ぐちゃぐちゃ言ってたら、頭ぶん殴るぞ」
ぐずらぐずら 言ってだら、頭《あだま》 三角《さんかぐ》にすっと。

※頭をなぐって変形させ「三角にする」の意味。

● 「いい加減にしろ、このー。ぶん殴るぞ」
いー あんばいにしろ、このー。ぶんなぐっと。

● 「はり倒すぞ」
はったおすぞ。

● 「頭ぼこぼこにするぞ」
頭《あだま》 でごぼごに すっと。

● 「うるさい、黙りやがれ」
うるせー、黙りやがれ。

接辞・間投詞などを用いた強調表現

● 「この、どすけべが」「どけち野郎」
この **どすけべ**が。／**どけち**野郎。

● 「くそったれ、なめくさりやがって、あんなぬけさくに負けてたまるか」
くそったれ、なめやがって、 あんな **ぬけさぐ**に負げでたまっか。

● 「あのくそ坊主、読経が下手くそなんだよな」
あの**くそ坊主**、お経が **へだくそ**なんだよな。

●「とぼけたこと言いやがったらぶっころすぞ」

とぼげだこど **言《い》ーやがったら ぶっころすぞ。**

●「芋すけ、田舎モンは帰りやがれ」

この **芋すけ／芋野郎** 田舎もんは **帰りやがれ。**

特徴的な接辞

●なにやってんだ。この **おーすけべ。**

いやー あの ばがには **おーがっかり**した。

※「おお」を強調の接頭辞として使う。「どすけべ」より「おーすけべ」のほうが好色さが上。

●ひとのこと **こばが**に しやがって。

あの 坊主、**こなまいぎ**な やづだなー。

なんだ あいづは。**こきたねー** 格好して。

●この野郎、**ぶん殴っと。**

なんだどー、**ぶっとばすぞ。**

※「ぶん」「ぶっ」を動詞の接頭辞として使う。

その他

ことわざ・言い草

おーでごなんばん 辛くなし→大きな唐辛子は辛くなくて役に立たない

※転じて、図体ばかり大きい人間をばかにするときにも使う。

桃栗三年柿八年、柚子の大馬鹿《おおばが》十八年《じゅーはじねん》→桃や栗は植えて三年で、柿は八年で実がなるが、柚子は十八年もたたないと実がならない

総領《そうりょー》の甚六→総領（長男）は大切に育てられるために、おっとりした世間知らずになる

ばっちのばがぞー→末っ子は親と過ごせる年月が他の兄弟より短いために大切にされ、ばかに育つ

かなぎっぽろ／へちま野郎（やせっぽち。「かなぎっぽろ」はかなへびのこと。「へちま野郎」は痩せてなおかつ背の高い人。へちまの実から作った垢すりがひょろひょろして長いことから）

〈参考文献〉

●『茨城方言民俗語辞典』赤城毅彦編　東京堂出版　一九九一年

栃木県

一本調子の発話が素朴に聞こえる。正直で篤実なものを重んじる傾向があり、その立場からの非妥協的な強さも秘めている。

調査地点…さくら市氏家を中心として

――栃木県のケンカ

A：おー こらー 酒が たんねーぞ。酒ぐれー 用意 しとけっつんだよー。

B：いーかげんにしろー、いつまで 飲んでんだ。

A：うるせー なんか 文句 あんのかー。

B：てめーこそ 誰に 言《ゆ》ってんだよー。

A：なにー、やるかー。

B：おー いーじゃねーか やってやっかー。

A：てめー えらそーに しやがって ぶっとばすぞ。

B：やれるんなら やってみろ。この くそったれ。

A：なんだとー、てめー、よくも ぬかしやがったなー。

B：うるせー。

【ケンカの際の捨て台詞、決まり文句、脅し文句】

●子ども・喧嘩

あした ぶっくらすぞー／ぶっくらすぞー。

あした 遊《あす》んで やんねーぞ。あっかんべー。いーだ。

※文頭の「あした」が、全体の表現がくやしまぎれの捨てぜりふであることをものがたっている。「あした」のあとに表現される「ぶっくらすこと（ぶん殴ること）」「遊んでやらないこと」は、実際には実現されない暗示。

●子ども・喧嘩決まり文句

ばーか こーけ ちんどんや おまえの かーちゃん でーベーそ。

●言いがかりをつける時

なんだ この野郎。

●バカにされた時

なんだ てめー こんちくしょー。

アホ・バカに相当する基本の罵倒語

語形

でれすけ、でれすけやろー、こけ、こけやろー、こけっぽ、ばか、ばかやろー、うすら、うすらばか、くそったれ、くたばれめ、くたばれやろー、おたんこなす、あんぽんたん、ひょーろくやろー、とーへんぼく、のーたりん、けつぬけ

用法

◉強調の段階

使用頻度が高く、最も強い言い方は「でれすけ」である。また、使用頻度はそれほど高くないが、言われていちばん傷つくのは「ばか」だという。「こけ」を使った語では「こけ野郎」がもっとも強い言い方で、「こけ」の方が少し罵倒の程度がやわらぐことが多い。

◉用法

相手に向かって

(怒って)「この こけ野郎が」は身近な人への言い方で、特に、親が子へ言う場合はたしなめの意味合いが表現される。

(甘えて)優しい音調で表現される「ばーか野郎」は、甘えてというより照れ隠しのような意味合いを表現する。

だめになる

ネジが ばかんなる。

ネジが ばかんなっちゃった。

※後者は「病気やけがで脚が不自由になる」といった場合にも使う。

◉決まり文句

「まったく こけだからよ」

※失敗してしまった人になぐさめの気持ちも込めて使う。

「でれすけ ゆってんじゃねーよ」

※「冗談を言っているのではないよ」の意味。

「ばか みたなー」「いんが みたなー」

※「たいへんなことだったなあ」の意味。

「ばか やった」

※「褒められないことをしでかした」の意味。

◉特徴

さくら市氏家では「こけ」を使った語が多用される。ひどく叱られているような状況では、かなり強い語調で「こけ野郎」と罵られる。言われた方からすると、ひどくこたえるという。一方、少々の失敗をしたときや成績がふるわなかったときには、「こけだからよ」と苦笑い混じりで用いられる。この場合、失敗した本人は妙に納得してしまうという。罵倒語と愛情表現とが表裏一体の関係にあることを示していよう。「のーたりん」は、当地において使用はするものの、共通語的な感じがするという。「けつぬけ」は理解語である。

栃木県全体に目を向けると、「ばか」「ばかなこと」を表すのに広い地域で「こけ」が用いられている。「こけさく」「こけっぽ」「こげやろ」というような接尾辞を付した語形の多様性がみられ、県内の地域差が確認される。決まった言い方としては、「こけにする」言い方が県内全域に認められ、「ばかにする」という意味で用いられている。

さらに、氏家で最も強い言い方だとされている「でれすけ」も、県内の全域で用いられている。「こけ」とはまた別の意味合いを表すようで、「ろくでなし」という意味合いをもつ。許容の範囲を超えてしまいそうな愚かさをとがめる心を表現したものと言えようか。

言いまわしの特徴

● ぐずぐず 言ったら かっくらすぞー。
「ぐずぐず言ったら、かき食らわすぞ」

● いーかげんに しろ。やっちまうぞ。
「いいかげんにしろ。やってしまうぞ」

● やきー いれるぞ。
「やきを入れるぞ」

● こずくよ／ぶっくらすぞ／ぶっくらすかんな。
「こずくよ／打ち食らわすぞ／打ち食らわすからな」

●「手前が、何だというんだよ」

てめーが なんだっつんだよ。

●「うるさい、黙っていろ」

うるせー、黙ってろ。

接辞・間投詞などを用いた強調表現

●「この、どすけべが」「どけち野郎」

この **どすけべ。**／**どけち。**

●「くそったれ、なめくさりやがって、あんなぬけさくに負けてたまるか」

くそがき、なめやがって／**ばかにしやがって、**あんな 野郎に 負けられっか。

●「あのくそ坊主、読経が下手くそなんだよな」

あーの **くそ坊主** お経が **下手くそ**で。

●「とぼけたこと言いやがったらぶっころすぞ」

とぼけたこと **言《い》ーやがったら かっくらすぞ。**

●「芋すけ、田舎モンは帰りやがれ」

ごろすけ／**いもさく、**田舎もんは とっとっと 帰《けー》れ。

特徴的な接辞

●人ー **こばか**にしやがって……（人を小馬鹿にしやがって〔気に障るなぁ〕）。

※接頭辞「こ」は、「こなまいき（小生意気）」「こにくらしー（小憎らしい）」「こきたねー（小汚い）」のようにも用いる。

●この **こけ野郎**／**ばか野郎**／**でれすけ野郎** が。

（身近な人が大損害をもたらすような失敗をした時に、ひどく叱って）このばか野郎が）

※「野郎」は、これらの他にも「すけべ野郎（助べえ）」にも用いられ、多用される接尾辞。

●この **意地悪め。**

※接尾辞「め」は多用される。「でしゃばりめ」「くたばれめ」「悪党め」「意気地なしめ」でも用いられる。

●この **ちくらっぽ**が、うそ つくな（このうそつきが、うそをつくな）。

なりは よくても **なかすっぽ**で だめだ（外見はよくても、中味がない人間で駄目だ）。

※「っぽ」もマイナス評価語を造り出す特徴的な接尾辞と言え

そうである。

その他

ことわざ・言い草

●**むつづら しやがって……**→苦い顔をしやがって……

※不機嫌そうな顔つきの人をたしなめる表現。

●**ばかにつける薬はない**

※あきれかえっている状況で発せられる表現。この表現における「ばか」は、それに相当するほかの語、すなわち使用頻度の高い「こけ」「でれすけ」などの方言形に言い換えることは不可能。

〈参考文献〉

●『氏家町史 民俗編』篠木れい子「第5章 くらしと言語 第3節 方言」氏家町史作成委員会編 一九八九年

●『方言資料叢刊 第3巻 方言比喩語の研究』篠木れい子「栃木県塩谷郡氏家町阿久津方言の比喩語について」方言研究ゼミナール幹事会編 方言研究ゼミナール 一九九三年

●『方言資料叢刊 第3巻 方言比喩語の研究』早野慎吾「栃木県芳賀郡益子町益子方言の比喩語について」方言研究ゼミナール幹事会編 方言研究ゼミナール 一九九三年

●『栃木県方言語源辞典』森下喜一著 落合書店 二〇〇二年

群馬県

ことばは荒っぽく聞こえるきらいがあるが、義理・人情に厚く、純朴で、竹を割ったような気質の人が多い。

調査地点…西毛地区を中心として

――群馬県のケンカ

A：おいっ、こらーっ、酒が たりねーど。酒ぐれー たんと用意しとけいな。

B：えーかげんにしろっ。いつまで 飲んで けつかるんだっ。

A：うるせーなー、なんか 文句が あんかよー、あんだら 言《ゆ》ってみろーっ。

B：なんだーっ、てめーこそ 誰に 向かって 口ー きーてんだ。

A：なんだーっ、てめーっ、やるんかーっ。

B：おー、やるべーじゃねーかっ、外い 出ろ。

A：てめー、偉げに いーかげんに しろよーっ。うっくらすぞーっ。

B：やれるもんなら やってみろよー、この ばかが。

A：なにーっ、ばかだとー、てめー ぬかしやがったなー 外い出ろっ。

B：うるせーっ この野郎。

【ケンカの際の捨て台詞、決まり文句、脅し文句】

●子ども・喧嘩捨て台詞

てめー 覚《おべ》ーてやがれー あした うっくらかすかんなー。

てめー ばっかやろー 覚《おべ》ーてろー うっくらかすかんなー。

●子ども・喧嘩決まり文句

みっちゃん 道端 うんこしてー 紙ーがないから 手でふいてー もったいないから なめちゃったーっ、へーだ。

ばーか、かーば、ちんどんや、おめーのかーちゃん でーべーそ。

●言いがかりをつける時

なんだーっ この野郎。

なにーっ やるんだら こっちー来いっ。

●バカにされた時

ちきしょーっ。なんだとーっ てめーっ。

やるんだら こっちー来い。

アホ・バカに相当する基本の罵倒語

語形

ばか、ばかたれ、ばかやろめ、ばかあま、ばかやろー、ばーっかやろー、ばーっきゃーろー、でれ、でれすけ、でれすけあま、いすか、いすかっぱち、ぐれっぱち、でこ、よたっくれ、おたんこなす、のて、おさんから

用法

◉強調の段階

ばかたれ・ばかやろー・ばかやろめ→ばか

※「ばか」が「もっとも強い言い方」「自分が言われたらきわめて強い不快感を覚える」と感じる人が多い。それを反映してか、日常生活における使用頻度は、「ばか」より、「ばかたれ」「ばかやろー」「ばかやろめ」のような語の多用が目立つ。実際の言語生活における強調の段階は、語形の違いでというよりは、「音調の強弱」や「指示語〝この〟を付すか付さないか」によって変化させている様子もうかがえる。

◉用法

相手に向かって

(怒って)「このばか」の形式を用いることが多い。「ばか」の部分には、「ばかたれ」「ばかやろー」「ばかやろめ」「ばかあま〈女性に対してのみ〉」「でれ」「でれすけ」「でれすけあま〈女性に対してのみ〉」「でこ」「よたっくれ」「おたんこなす」が使用されうる。いずれも強い音調で、「この」を付すことによって相手を指定して怒りを表現する。

(甘えて)語形としては「ばか」「ばかたれ」が選択されやすいが、優しい音調と場面が伴えばいずれの語形であっても甘えた感情が表現される。

※照れて言う場合には「ばーっかやろー」「ばーっきゃーろー」のように音韻変化が生じた語形が使われることが多い。この語形には、優しい音調が伴って照れた感情が表現される。この他には「でれすけ」も用いられる。

だめになる

ネジが ばかんなっちゃった(ねじ山がなくなってしまりが悪くなってしまった)。

農具が ばかんなっちゃった(農具が壊れて使えなくなってしまった)。

べろが　ばかんなって　味が　わかんねー（舌の状態が悪くなって味覚がわからない）。

鼻が　ばかんなって　においが　わかんねー（鼻の状態が悪くなって臭いがわからない）。

◉決まり文句

「ばかみたのー、ばかみたねー」

※災難にあった近しい人をなぐさめて使う。

「ばかみたいのー、ばかみたいねー」

※一緒に災難にあった人同士の間でお互いに同意を求めて使う。

「ばかしちゃった」

※「失敗をしてしまった」の意。

「ばかする」

※「褒められたことではないが、許容範囲であるいたずらめいた遊びをする」の意。

「ばかーゆーんじゃねー」

※「冗談を言うな、突拍子もない段違いな話をするな」の意。

◉特徴

二音節語の「ばか」を基本とし、音韻変化や接辞の付与によって変化形をつくりだしている。語形だけを見れば特別に目を見はるような多様性があるわけではないが、場面に合わせて微妙に音調を使い分け、実に多様な意味を表現している。人間関係や状況の把握と、それらに対する語形と音調の選択が的確に行われ、細かいニュアンスの違いが表現されている。

そのような「ばか」類の語形は、人だけでなく事柄に対しても用いられ意味範囲を広げている。それに伴って、使用場面も広がる。人の名称としては、相手に対する「罵り」はもちろん「愛情表現」にもなる。事柄を表す場合には、「ばかみたのー、ばかみたいのー」のように「なぐさめ」「同情」の場面や、「ばかしちゃった」「ばかする」のように「自虐」の場面で用いられる。これらの「ばか」類以外に、「でれ」「でれすけ」「でれすけあま」「いすか」「いすかっぱち」「ぐれっぱち」「でこ」「よたっくれ」「おたんこなす」「のて」「おさんから」のように、細かな意味の区別を行う多様な語彙がある。これらは、「ばか」類ほど意味範囲や使用場面の広がりをみせない。罵倒に値するような人物に対する名称として使われるのみである。これらを使って客観的に人を評価したり、面と向かって罵ったりする。概して、これらの悪態語も、ごく親しい人を相手に用いて親愛の情を表現するいわば「愛情表現」になりうる語彙である。

言いまわしの特徴

● 「ぐちゃぐちゃぐちゃぐちゃぐちゃ言ってやがると、頭をかち割ってくれるぞ」

ぐちゃ　ぐちゃ　ぐちゃ　ぐちゃ　言《ゆ》ってやがると　どたま　かちわってくれるどー。

● 「ぐずぐず言っているのではないぞ、まったく。頭をこずいてくれるぞ」

ぐず　ぐず　言《ゆ》ってんじゃねーや　まったく。頭ー　こずいてくれるどー。

● 「いいかげんにしろ、こら。たたんでしまうぞ」

いーかげんにしろっ　こらっ。たたんじまうぞっ。

● 「手前ごときがなんぼのものだ」

てめーごときが　なんぼのもんだ。

● 「手前のやったことがどれだけのものか。大したことはあるまいぞ」

てめーの　やったが　なんぼの　もんだ。たいした　こと　あるめーよ。

● 「うるさいな、いいかげんにして黙っていろ。いつまでもしゃべっているのではないぞ」

うるせーなー　いーかげんにして　黙ってろ。おーく　くっちゃべってんじゃねーや。

接辞・間投詞などを用いた強調表現

● 「この、どすけべが」「どけち野郎」

この　**どすけべ。**／この　**どけち。**

● 「くそったれ、なめくさりやがって、あんなぬけさくに負けてたまるか」

てめー **くそったれ、なめくさりやがって、うっくらすぞ**。あんな まぬけ／**ぬけさく**に 負けらてられるか。

●「あのくそ坊主、読経が下手くそなんだよな」
あの **くそ坊主**／**なまぐさ坊主が** まったく お経あげるんが **へたっくそ**／**へたっかす**で やんなるで。

●「とぼけたこと言いやがったらぶっころすぞ」
おーく とぼけたことー **言《い》ーやがったら うっくらすぞ**／**ぶっくらすぞ**。

●「芋すけ、田舎モンは帰りやがれ」
この **芋野郎《いもやろー》、帰《けー》りやがれ**／**引っ込んでやがれ**。

特徴的な接辞

●まったく **しちっかてー**／**ばかっかてー** 野郎だなー（まったく頭が固すぎて面倒な野郎だなあ）。

●まったく **しちっくでー** 野郎だなー、はー わかってらー（まったくしつこすぎる野郎だなあ、もうわかっているよ）。

●あんな **いーからっぺ**／**いーかんべー**／**いーからかんぺー** には 任せとけやしねーで（あのようない加減な奴には任せておけはしないよ）。

●野郎は まーず **いすかっぱち**／**ぐれっぱち**で しゃーねーなー（野郎はまったく手のつけられない悪者でしかたがないなあ）。

●この子は ほんとに **はがみっちょ**で 困ったもんだ（この子は本当に恥ずかしがり屋で困ったものだ）。

その他

ことわざ・言い草

ばかが よーもつ→「ばかが世をもつ」。ばかと呼ばれるような無能な人間が、なぜか世の中を動かしていってしまうものだ

今 泣いた からすが お寺の 団子 食って もーやんだ。

泣き虫 小虫 はさんで ふてろ

※いずれも泣いている子供をからかっている表現。「ふてろ」

は「捨てろ」。

態度や言語表現についての評価の言い方

人の態度や言語表現のあり方については、評価の的となることが多い。

●やつは いっつも **ぶすんづら／ぶっすんづら** こいてやがって つまらねー（奴はいつも黙ってばかりで難しい顔をしていてつまらない）。

●やつは **そんぶり／つっけんどんで** つきあいづれー（奴は突き当たるような言い方をする人で、つきあいにくい）。

●**たーくら こいてんじゃねー**（むだなおしゃべりをして暇つぶしをしているのではない）。

●**しゃいなし 言《ゆ》ーな**（場違いなことを言うな、冗談が過ぎているぞ）。

稲作・養蚕に関する語彙からの転用

本来は生業語彙であるものが、悪態語に転用されているものがある。群馬県の農業、すなわち稲作や養蚕で用いられている語彙が、方言における悪態語としてはたらいている。盛んに行われている生業が、方言を形成しているという例である。

あおさに けーっちまいやがった→若くて働き盛りの男子が昼間から仕事もしないでふらふらしている

※「青さ（実入りしない稲）にかえってしまった」の意。

ずーん なっちまった→年をとって背が縮んでしまった、酒を飲み過ぎて出来上がってしまった

※「熟蚕（繭を作る直前まで成長した蚕）になってしまった」の意。

〈参考文献〉

●『養蚕語彙の文化言語学的研究』 新井小枝子著 ひつじ書房 二〇一〇年

●『マックラサンベ 私の方言村ことば』 伊藤信吉著 川島書店 一九九二年

●『上州おたくら―私の方言詩集』 伊藤信吉著 思潮社 二〇〇〇年

●『方言資料叢刊 第3巻 方言比喩語の研究』 篠木れい子「群馬県藤岡市中大塚方言の比喩語について」方言研究ゼミナール幹事会編 方言研究ゼミナール 一九九三年

埼玉県

東京との比較で野暮な部分が強調されて、ダサイタマなどと称されることがある。山間部秩父のことばは特に朴訥《ぼくとつ》。

調査地点…秩父郡を中心として

―埼玉県のケンカ

A：おい、これ、酒が 足りねーぞ。酒ぐらえ 用意しとけ。

B：いーかげんにしろい。いつまで 飲んでるんだぇ。

A：黙れ、あにか 文句が あるんか。

B：おめーこそ、誰に向かって 言ってるんだぇ。

A：あにー、やるっつんのか。

B：おー、いつでも 相手《えーて》になってやらー。

A：おめー、えらげなつら するない／ねー。はっこくるぞ／はっとばすぞ／たたきのめすぞ／ぶん殴るぞ。

B：やれるもんなら、やってみろい。この ばかすかしめが／ばか野郎めが。

A：あにー、ばかだと。てめー、よくも ほざきやがったな／ぬかしやがったな。

B：うるせぁ。

※やるっつんのか（やるというのか）。

【ケンカの際の捨て台詞、決まり文句、脅し文句】

●子ども・喧嘩捨て台詞

すっとこどっこい。

おめーなんか 死んじめー。

●子ども・喧嘩決まり文句

おまえのかーちゃん でべそ。

あっかんべーが しょっぺーや。

いー気味《きみ》山椒《さんしょう》 実が成った。

●言いがかりをつける時

おい、がんつけたな。

んにゃろー、今 なんつった。

こばかにしやがって。

●バカにされた時に

なめるな。なめるんじゃねー。

ふざけんな。

アホ・バカに相当する基本の罵倒語

語形

ばか、ばかもん、ばかやろー、ばかってれ、ばかすかし、おーばかやろー、ぬけさく、まぬけ、のろま、のろすけ、のろさく、とんま、とれーやろー、うてーやろー、おたんこなす、ぼけなす、ぼけあたま、ぼけっつら、うすらぼけ、うすばか、うすのろ、うすぼけ、くそばか、くそやろー、くそったれ、くそっぴり、くそんばな、はなったらし、はなたれこぞー、はなっぴり、のーたりん、のーなし、はんぱにんそく

用法

◉強調の段階

ばか → ばかったれ・ばかすかし → おーばかもん → おーばかやろー

◉用法

相手に向かって

(怒って)「てめー ばか野郎」や「この ばか野郎」のように「てめー」や「この」が入る。

(甘えて)「おめー ばかだなー」「こまったやつ」

だめになる

「ばか」を使う。

のこぎりが ばかんなっちゃった。

◉決まり文句

「ばかになる」

ねじ山が ばかんなった。

※「なまった、なまくらになった」と同義。道具の機能を果たさなくなったこと。

「ばかくせー」

◉特徴

基本的に「ばか」が多用される。

言いまわしの特徴

●「ごちゃごちゃ言ってると、ぶっとばすぞ」

ぐずぐず ほざきゃーがると/こきゃーがると ぶっくらーせるぞ。

●「いいかげんにしろよ、こら。殴るぞ」
いーかげんにしやがれ、この野郎。ぶん殴るぞ／ぶっぱたくぞ。

●「ぶちのめすぞ」
ぶっくらーせるぞ。／ぶん殴るぞ。／たたきのめすぞ。

●「やっつけるぞ」
どーぐらーせるぞ。／ぶっくらーせるぞ。

●「あの野郎が、どうしたっていうんだ」
あんな野郎が、なんだっつんだ。
※目の前にいる相手に言う場合は「おめーなんどが」。

●「うるさい、黙れ」
うるせー／やかましーやい、だまってろい。／すっこんでろい。／すっこんでやがれ。
※そのほか、次のような言い方もある。
けっころがすぞ／けっとばかすぞ（足蹴にする）
おっかじめるぞ（ぐうの音も出ないようにする）
かんなぐるぞ（単発で殴る）

接辞・間投詞などを用いた強調表現

●「この、どすけべが」「どけち野郎」
この **どすけべ／すけべ野郎。どけち野郎。**

●「くそったれ、なめくさりやがって、あんなぬけさくに負けてたまるか」
くそっぴり、なめくさりやがって、あんな **ぬけさく**に負けてたまるか。

●「あのくそ坊主、読経が下手くそなんだよな」
あの **ぼーずっくり／ばか坊主、**読経が **下手っくそ／下手っぴ** なんだよな。

●「とぼけたこと言いやがったらぶっころすぞ」
とぼけたこと **ほざきやがったら／ぬかしやがったら、ぶっころすぞ／たたっころすぞ。**

●「芋すけ、田舎モンは帰りやがれ」
芋すけ、いなかもん／やぼてん は、**帰《けー》りやがれ／さっさとうせろ。**

特徴的な接辞

●**ばかっさーぎ**（ばか騒ぎ）／**ばかってーねー**（ばか

丁寧）／**ばかっぷり**（ばか降り）／**ばかってり**（ばか照り）

※「ばか（っ）」は程度の大きい様を表す。「ばかっぷり」は「大雨」、「ばかってり」は「ひどい日照り」のこと。

●**おっぺす**（圧す）／**おっかく**（割る）／**おっきる**（切る）

●**くっきる**（切る）／**くっかく**（割る）／**くんのむ**（飲む）／**くっちゃべる**（話す）

●**さっくれる**（思い切りよくあげる）／**さっぽーる**（乱暴に放る）

●「べー」「さく」「すけ」「ぼー」「やろー」「のじ」などをつけた人称化がよく行われる。

その他

ことわざ・言い草

ばかと夕立は○○から来る

※○○にはその土地からみた西北の地名が入る。旧小鹿野町なら倉尾、旧両神村であれば三田川。

ばかの大食い、のろまの小足

ばかでも達者がよーがんす

※子供が喧嘩の言い返しで使う。

秩父の太鼓はばか囃《ばやし》

※思い切り叩くため、浅草の太鼓屋が一番修理が多いのは秩父の太鼓だと言ったという。

ばかが世を持つ→立派な人が出世せず、駄目な人が出世する

ばかはばかなり→身分相応

気良しん坊はいつもばかな目にあう

〈参考文献〉

●『埼玉県方言辞典』手島良編　桜楓社　一九八九年

●『埼玉のことば〔県北版〕』篠田勝夫著　さきたま出版会　二〇〇四年

●『あちゃ・むし・だんべぇ物語』高田哲郎著1～5　民衆社（1・2）幹書房（3～5）二〇〇一年～二〇一〇年

千葉県

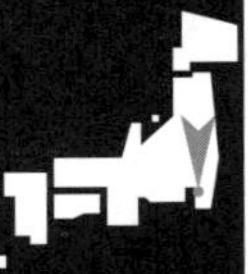

東京寄りの北部は東京語化しつつあって方言性が希薄になっているが、南東部ではまだ素朴な地域性が濃厚である。

調査地点…銚子市

――千葉県のケンカ

A：よー、ほら、酒《さげ》が 足んねーどー。もっと ほぎほぎ 持ってこーよ。

B：いーかげんにしろよー。いづまで 酒《さげ》 くらってけづがってったよ。

A：なんだー？ この野郎。何ぐだぐだ 言ってってったよー。生《いげ》口《ぐち》 ひっちぎっとー。

B：てめーごそ 誰に向がって 言《ゆ》ってやがったよ。

A：なにー この野郎、いっちょ かっぱがすがー？

B：おー、いづでも 相手《えーで》に なっとー。くさって こーよ。

A：てめーよー 偉そーに すったねーどー。後《あど》で ふんぐじぐがらなー／こてんぱにすっからなー／きたんきたんにすっとー／はんごろしにすっとー おぼえでろよ。

B：できんならやってみろ、このばが野郎。

A：なにー この野郎 ばがだどー。てめー、よぐも ほざぎやがったなー。

B：うっせー。

※てめー（けんかの時だけ使う二人称。「われ」は普段でも使う）。

【ケンカの際の捨て台詞、決まり文句、脅し文句】

●子ども 喧嘩捨て台詞・喧嘩決まり文句

野郎、○○にゆすけっからなー。

※ゆすける（言いつける）

野郎、後《あど》でほえづらかぐなよー。

この野郎、あばら持って骨はだぐど／骨ふるぐどー。

野郎、いげー顔すったねーどー。

後《あど》で泣ぎしょたれんなよー。

ごどっぱな くっ垂らしてったねー。

※ごどっぱな（青っ洟）

●言いがかりをつける時

われ、ちょっと顔かせよー。

●バカにされた時

こんちきしょー、なめったねーどー。

アホ・バカに相当する基本の罵倒語

語形

ばが、はんかばが、おんてれがん、うんてれがん、あんぽんたん、あっぽたれ、のーなし、のーたりん、てーのー、はちりん、しちりん、天保《てんぽ》銭《せん》、たろはち、うつけもの、ごじゃらっぱ、ねじがゆるい、こったんねー

※おんてれがん、うんてれがん（ゆるい・足りない）

※「はちりん」「しちりん」は「八厘」「七厘」。一銭に二・三分《ぶ》「足りない」ことから。同様に、「天保銭」は「八厘」であるところから。

※ごじゃらっぱ（わからずや）

※ねじがゆるい（「あの人は ねじが緩んだよーだけっともよー」と言うと、それを受けて、「ドライバーで締めとこー。ぎゅっぎゅっ」などと続ける）

※こったんねー（「あの人は こったんねーがら、せーどもねーごどばっかり 言《ゆ》ーだよー」のように使う。「せーどもねー」は度をわきまえない様子）

用法

◉強調の段階

ばが → おーばが

※他の語は「おー〜」とは言わない。強調する場合は、例えば次のように言う。「あのおんてれがんがよー、えーそもこーそもつきはでだよー」。

◉用法

相手に向かって

（怒って）「この〜」では、どの語も使う。

（甘えて）「ばがだねー」

※びだげ声（甘えた声）で言う。

相手にけんか腰で言う場合

この野郎（男に対して）／このあまこ（女に対して）／このからばがあま（女に対して）／このおがめ（女に対する罵倒語。容貌のけなし言葉ではない）／このしちおがめ（女に対する罵倒語。容貌のけなし言葉ではない）／こん泥棒（泥棒に向かって言うのではなく、一般的な罵倒語）／こん盗人《ぬすと》（泥棒に向かって言うのではなく、一般的な罵倒語）／こんちきしょう／このがぎー

「この＋罵倒語、攻撃的な表現＋どー」という構文をよく用

いる

このばが、横《よこ》っ面《つら》はん殴っとー。

このおんてれがん、むこーずね かっぱらーどー。

だめになる

ねじが ばがになっちゃってよー。

◉決まり文句

「ばがにする」

「ばがなこと ゆーだねーよ」

「ばが わらっても びんぼー わらーだねーどー」

※ばかは一生続くが貧乏は一生続くものではない、と捉えて、「今に見ていろ」という気持ちで言う。

「くちりごーのしんばが」

※口では利口そうなことを言うが、本当は物の道理のわからないばかだ。

「ばがぎりがかてー」

※あまりに四角四面に義理堅いこと。物をやるとたちまちお返しをよこすような様子。

「ばがんなんなら よぐばがになれ」

※同じばかなら欲深になれ

◉特徴

最も基本的な罵倒語は「ばが」で、慣用句を含め広く用いられる。

言いまわしの特徴

●「なにぐちゃぐちゃ言ってるんだ。おまえ、ぶん殴るぞ」

なにぐだぐだ言ってったよ、この野郎、ぶっくらすどー／かっくらすどー／ぶん殴るどー／ひっぱたくどー／ふんぱだぐどー／横《よこ》っ面はっとばすどー。

※「手で殴る・たたく」の類の表現。

●「いいかげんにしろ。おまえ、やっちまうぞ」

いーかげんにしろよー。この野郎、かっぱじくどー／ぶっとばすどー／きたんきたんにすっとー／こてんぱんにすっからなー／半ごろしにすっとー／馬《んま》乗ってだぐりげえすどー。

※「(全身を) 攻撃する」の類の表現。

●「背中を棒で殴るぞ」

背中《せなが》どやすどー。
薪《たきぎ》ざっぽー／丸太ん棒／天秤棒／棒てぎー しよわせっとー。
※「棒などでたたく」の類の表現。「薪／丸太／天秤棒／棒で背中を殴る」の意。

●「踏みつけるぞ」「足を折るぞ」
ふんぐじぐどー／踏んで踏んで踏んぐじぐどー／ふんじゃぐどー／ふんじゃぎちらかすどー／足へし折っとー／足おんごしょっとー／むこーずね かっぱらーどー。
※「踏む」「足を折る」の類の表現。

●「うるさい」
うっせー。

接辞・間投詞などを用いた強調表現

●「この、どすけべが」「どけち野郎」
この **すけべ野郎**がよ。／**けつめど野郎。**

●「くそったれ、なめくさりやがって、あんなぬけさくに負けてたまるか」
こんどろぼー、**ふざけやがって、**あんな **ぬけさく**に 負けっかよ。

●「あのくそ坊主、読経が下手くそなんだよな」
あの**くそ坊主、**読経が**下手くそ**たがらな。

●「とぼけたこと言いやがったらぶっころすぞ」
すっとぼげだごど**言いやがって。たたっころすぞ。**

●「芋すけ、田舎モンは帰りやがれ」
この芋が、**どん百姓《ひゃくしょー》**は **帰《けー》りやがれ。**

特徴的な接辞

●**けち野郎／だらこー**
※男性に対するマイナスの性向語に「野郎」「こー」を付ける。ほかに「だらおげやろー」「のろまやろー」「のろすけやろー」「おそしこやろー」「かんつりやろー」「おべっかやろー」「へんこー」など。

●**かっくらす**
※促音・撥音を含む、動詞の接頭辞が盛ん。ほかに「かっ食らう」「かっぱらう」「くっ垂らす」「はっとばす」「はん殴る」「ひっちぎる」「ひっぱだぐ」「しっ散らがす」「ふんぐじぐ」「ふんばだぐ」「ぶっくらす」「ぶっくじぐ」「ぶったたぐ」「ぶっとばす」など。

その他

ことわざ・言い草

比喩表現による悪態・悪口がたいへんに盛んである。慣用化して表現として固定しているものだけでなく、新たに生み出された表現が受け入れられ、定着していく場合もあるようである。

○○（人名）がよー、**けづ花立《はなた》てにして**草取《くさと》りやってだわ。

※草取りをしているときは尻が上を向く。その様子をあざけって言ったもの。女に対しての悪態。

あそごな家《い》は だらおげだがら、家《えー》ん 中《なが》が たみたらがっていでよー、きたねーごどきたねーごど。

まるでぼった芝居の楽屋のよーだーよ。

※「あそこの家はだらしがないから、家の中が散らかっていて汚いこと。まるで旅芝居の楽屋のようだ」。「ぼった芝居」は、昔銚子にも回ってきた旅芝居の一座。「ぼった」は継ぎのあたった粗末な着物こと（「ぼろぼった」とも言う）。一座が小屋を掛けると、子どもたちは芝居小屋の裏の楽屋までのぞき込みに行ったものだった。

あいづの 歌《うだ》は **犬吠埼《いぬぼーざき》**だかんな。

※犬吠埼は銚子の外れに位置することから、「調子外れ」と掛けた表現。

●**逆潮《さがしお》が ぶっとんでっ**から パチンコ 行っちゃうべ。

※妻の機嫌が悪いこと。逆潮が強い時は操業ができない。そのために不漁で入港すると妻の機嫌が悪い、というところから。

●あそごの ばーさん、あれは **飛んでも河豚《ふぐ》**だがらよ。

※強情で、正しくないことでも説を曲げない人。いったん「あれは河豚だ」と言い始めたら、たとえそれが飛び立つところが見えて本当は鴎だったとしても、「飛んでも河豚」と言い張るようなこと。

〈参考文献〉

●『銚子のことば　改訂増補版』銚子市教育委員会　一九九六年

東京都

おしゃべり、意地っ張りでおっちょこちょい、そして気前がいい、というのが伝統的な江戸っ子の要素であった。

調査地点…墨田区を中心として

——東京都のケンカ

A：おい、この野郎、酒がねーぞ、何やってんだよ、酒ぐれー用意しとけ。

B：いー加減にしろ。おめー いつまで飲んでんだ。てめーの酒じゃ ねーんだ。

A：うるせーな この野郎、なんか 文句あんのか。

B：てめー、誰に 向かって 言ってんだ。

A：なに、やんのか、この野郎。

B：おー、いつでも 相手になってやるぞ。

A：てめー、偉そうにしやがって、たたきのめすぞ。

B：やれるもんなら、やってみろ、ばか。かかってこい。

A：なに、ばかだと。きさま、よくも ぬかしやがったな。

B：うるせー。表へ出ろ。

【ケンカの際の捨て台詞、決まり文句、脅し文句】

●子ども・喧嘩捨て台詞

覚えてろ。／あしたから来んな、遊んでやんねー。

●子ども・喧嘩決まり文句

ばか野郎／この野郎。

●言いがかりをつける時

てめー この野郎／ふざけんな この野郎。

●バカにされた時

こんちきしょー。／ばか野郎 おまえに 言われたくねーや。

アホ・バカに相当する基本の罵倒語

語形

ばか、まぬけ、ぼけなす、あんぽんたん、とーへんぼく、とんちき、ふぬけ、はなったれ、よた

※「ふぬけ」は「意気地なし」。

用法

◉強調の段階

ばか→ばかやろー

※「野郎」を付けて強める。

◉用法

相手に向かって

（怒って）（甘えて）どちらも「ばか」、「ばかやろー」

※「特徴」にもあるように軽い気持ちで使える。

だめになる

「ばか」を使用する。

◉決まり文句

「ばかにしない」（ばかにする）

※反語的に使う。「ずいぶんばかにしねーな」

「ばかになる」（使い物にならなくなる）

※「金具がばかになる」

◉特徴

「ばかやろー」の使用頻度が高い。落語やかつての職人などのような罵倒表現は、今では聞かないようである（「てやんでー」「べらぼーめ」「べらんめー」など）。軽い気持ちでも「ばかやろー」を使うため、若い人や女性で真に受ける人がたまにいて困ることもある。

言いまわしの特徴

● 「ごちゃごちゃ言ってると、殴るぞ」

ごちゃごちゃ言《ゆ》ーんじゃねー、ぶっとばすぞ。

● 「いいかげんにしろよ こら。やっちまうぞ」

いーかげんにしろ、この野郎。ぶっとばすぞ／ひっぱたくぞ／ひでー目にあわすぞ。

● 「ぶちのめすぞ」

ぶっとばすぞ／ひでー目にあわすぞ。

●「たたきのめすぞ」

ひでー目にあわすぞ。

※「ひでー目にあわすぞ（ひどい目にあわせるぞ）」はよく言う表現。

●「それが、どうしたっていうんだ」

それがなんだって、この野郎。

●「うるさい、黙れ」

うるせー、いーかげんにしろ この野郎／黙ってろ。

接辞・間投詞などを用いた強調表現

●「この、どすけべが」「どけち野郎」

この **すけべ野郎／どすけべ。**

けち野郎／しみったれ。

●「くそったれ、なめくさりやがって、あんなぬけさくに負けてたまるか」

くそったれ、なめやがって、あんな **ぬけさく**になめらえてたまるか。

●「あのくそ坊主、読経が下手くそなんだよな」

その**なまくさ坊主／くそ坊主、**読経が**下手くそ**なんだよ。

●「とぼけたこと言いやがったらぶっころすぞ」

とぼけたこと**ぬかしやがったら、ぶっころすぞ。**

●「芋すけ、田舎モンは帰りやがれ」

ぼけなす／へみてーなやつ、田舎っぺは帰れ。

※「へみてーなやつ」は「屁みたいなやつ」。

特徴的な接辞

●とにかく「野郎」を付ける。

その他

ことわざ・言い草

空《から》ばか→全くのわからずや

金太郎・金十郎・三太郎→ばか者

すっとこどっこい

※「ばか野郎」よりは軽い。

べらぼう↓ばかな人（↓べらぼうめ・べらんめぇ）
ばか旨《うま》↓非常に旨い
ばか助《すけ》↓ばか野郎
ばかっ正直《ちょーじき》↓非常に正直
ばかっ面《つら》↓ばかくさいこと
ばかっ天狗《てんぐ》↓ばかが天狗になっていること
町子《まちっこ》↓山の手の人が下町をばかにして言う

〈参考文献〉
●『東京弁辞典』秋永一枝編　東京堂出版　二〇〇四年
●『東京都のことば』平山輝男編集代表　明治書院　二〇〇七年
●『江戸ことば・東京ことば辞典』松村明著　講談社学術文庫　一九九三年

神奈川県

開放的で進取の精神に富む。「そんでねぇーえ」「そんでさぁーあ」「そんでよぉーお」などの文末詞「ネサヨ」の多用とそこにかぶさる上下するイントネーションが特徴。

調査地点…厚木市を中心として

――神奈川県のケンカ

A：おい、こらっ、酒が たんねーぞ。酒ぐれー 用意しとけーよ。

B：いーかげんにしろよ、いつまでも 飲んだくれてんじゃーねーよ。

A：うるせーんだーよー。なんか 文句あんのかよ。

B：おめーこそ、誰に向かって そんな口 きーてやがるんだーよー。

A：なんだとー、やんのかー。

B：あー、いつでも 相手んなってやんよー。

A：なんだ、おめー、偉そーにすんなよ、ひっぱたくぞ。

B：やれるもんなら やってみー。このばかが。

A：なにー、ばかせーったなー。／おめー よくも ぬかしやがったなー。

B：うるせーんだーよー。

※ばかせーったなー（ばかって言ったな）。

【ケンカの際の捨て台詞、決まり文句、脅し文句】

●子ども・喧嘩捨て台詞
えんがちょー、えんきったー。

●子ども・喧嘩決まり文句
ばーか、かーば、ちんどんやー、おまえのかーちゃん、でーべそ

●言いがかりをつける時
なんか 文句あんのかよ。

●バカにされた時に
なめんなよ。／ばかにすんなよ。／ふざけんなよ。

アホ・バカに相当する基本の罵倒語

語形

あっぱっぱ、うすっとろ、うすのろ、うらなりかぼちゃ、おけら、おたーくら、おたらけ、おたんこなす、おたんちん、おばかっちょ、すっとんきょ、とろっぺー、ぬけさく、ばかつかさ、ばかったれ、ばかっちょ、うすらばか、うすらぽっかり、うすばか、てーとー、とろい、とんつく、ばかっつかさ、ばかたれ、ぼんくら

用法

◉強調の段階

うすばか↓ばか↓おーばか

◉用法

相手に向かって

(怒って)「ばっかじゃないの」

(甘えて)「ばかなんだから、もー」

だめになる

お財布の口がばかになっちゃった。

とても

ばかでかいねずみをみたよ。

◉決まり文句

「ばかのすってんげーし」

「ばかのすってんじょー」(おおばかもの、愚の骨頂)

◉特徴

「ばか」の系統が多いが、「うすっとろ、うすのろ、うんとろけ」のような、どことなくにぶい人をあらわすことばや、「とろっぺー、とろっぱち、とろんぼー」のような頭の回転の遅さをとりあげる言い方も多い。「おけら、おたーくら、おたらけ」のような、愚鈍さをなじる言い方が多いところも特徴的。「いなかもん」「いも」扱いされるのと同程度、「とろくせーなー」「かったりーやつだなー」「たりーぞ」と、仕事や頭の回転の遅さを指摘されることが神奈川県人にはこたえる。

言いまわしの特徴

●「いつまでも、ぐちゃぐちゃ言うな。はたくぞ」
いつまでも ぐすぐず言ってんじゃねーよ、ひっぱたくよ。

●「いいかげんにしろよ、殴るぞ」
いーかげんにしろよ、ぶん殴るぞ。

●「はたくよ」
ひっぱたくぞ。

●「何様のつもりだ、ふざけるな」
何様のつもりだよ、ふざけんなよ。

●「うるさい、黙れ」
うるせーなー、黙れよ。

接辞・間投詞などを用いた強調表現

●「この、どすけべが」「どけち野郎」
この**どすけべ**が。／**どけち**。

●「くそったれ、なめくさりやがって、あんなぬけさくに負けてたまるか」
あの **くそやろー／くそったれ、なめやがって、**あんなまぬけ(野郎)に負けてたまるか。

●「あのくそ坊主、読経が下手くそなんだよな」
あの **くそ坊主、**読経が **へたっぴー／下手くそ**なんだよ。

●「とぼけたこと言いやがったらぶっころすぞ」
とぼけたこと **言《い》ーやがったら／ぬかしたら ぶっころすぞ。**

●「芋すけ、田舎モンは帰りやがれ」
このいも／いも兄ちゃん／いも姉ちゃん、田舎もん／田舎ざむらいは とっとと帰《けー》れ。

特徴的な接辞

●**あかばか／すばか**

その他

ことわざ・言い草

すでもこんにゃくでも食えねー

※したたか者を形容する言葉。

はりがね／もやし（やせっぽち）

※厚木市周辺では「ぎすぎすしている」「とぎす」「ほそっぴー」とも言う。

しょべたれ（若造）

※「がき」「青二才」とも言う。

〈参考文献〉

●『神奈川県方言辞典』日野資純・斉藤義七郎編　神奈川県教育委員会　一九六五年
●『神奈川県言語地図』神奈川県立博物館編　神奈川県立博物館　一九七九年
●『講座方言学5　関東地方の方言』飯豊毅一・日野資純・佐藤亮一編　日野資純「神奈川県の方言」国書刊行会　一九八四年
●『方言学論考—観察と実践—』日野資純著　東宛社　一九八四年
●『全国方言小辞典』佐藤亮一編　日野資純「神奈川県」三省堂　二〇〇二年

新潟県

厳しい冬の生活に耐えることによって培われたと思われる忍耐強さ、粘り強さを持っている。粘着力のある文章を書く人が多い。

調査地点…長岡市を中心として

――新潟県のケンカ

A：んなや。酒が たらんねかや。酒ぐらい 用意しとけや。
B：こてげにしれや。いつまで 飲んでるがらいや。
A：うるせーや。なんか 文句 あるがか。
B：んなこそ、誰ん 言《ゆ》ーてるがらいや。
A：なにー、やるてがか。
B：おう、そんがんの いつでも 相手になるいや。
A：んな、なに えばってるがらいや。ぶっ倒すぞ。
B：やる気んがけぁ、やってみれや。このうっすらばか。
A：なにー。うっすらってか。よく言《い》ーやがったな。
B：うるせいや。

※「んなや」は「おまえ」の意。

【ケンカの際の捨て台詞、決まり文句、脅し文句】

●子ども・喧嘩捨て台詞
あかんべろ（上越）／あかめ（上越・中越・下越・佐渡）

●子ども・喧嘩決まり文句
ばか、かば、ちんどんや、おまえのかーちゃん、でべそ。

●言いがかりをつける時
文句あっかー。

●バカにされた時に
んなや、なめてっと しょーちしねーろ。

アホ・バカに相当する基本の罵倒語

語形

おーばか、ばか、うすらばか、うすら、あほ、たんぞ

※「あほ」は元々は方言として存在しなかった。

用法

◉強調の段階

ばか・ばかずべ↓うすら・ばかこき↓どばか・おーばか↓うすらばか↓あほ

◉用法

相手に向かって

（怒って）このうすらばかが。

（甘えて）おめさんばっからねー。

だめになる

ネジがばかんなる。

◉決まり文句

おめさんはなに言《ゆ》ーてんだや、しゃぎつけんど。

◉特徴

「ばか」には、程度の甚だしいことを表す用法が存在する。「ばかいい天気らねー」、「ばか上手らねー」、「ばか綺麗らねー」のような言い方である。程度の甚だしさを強調する場合には、「ばか」の「ば」を長く伸ばして、「ばーかいい天気らねー」、「ばーか上手らねー」「ばーか綺麗らねー」のようになる。新潟県人の愛用する表現である。

言いまわしの特徴

●「ぐちゃぐちゃ言ってたら、殴るぞ」

ぐだぐだ言《ゆ》ーてっと、くらすけるろ／しゃぎつけるろ。

※「くらすける」は「なぐる」、「しゃぎつける」は「平手で強くはたく」の意。

●「いいかげんにしろ。ころすぞ」

こてげにしれいや。ぶっころすれ。

●「それが、なんぼのもんじゃい」

それが、なんだてがー。

●「うるさい、黙りやがれ」

うっせーて、黙れいや。

※あぐらしー（下越）／あせっくらしー（上越・中越）／うぜー（佐渡）／うっさい（上越・中越）という言い方もある。

接辞・間投詞などを用いた強調表現

●「この、どすけべが」「どけち野郎」

この、**どすけべ**が。／**けちんぼ**。

●「くそったれ、なめくさりやがって、あんなぬけさくに負けてたまるか」

くそたれ、なめくさって、あんが ずくなしに負けらいるか。

●「あのくそ坊主、読経が下手くそなんだよな」

あの**くそ坊主**、読経が **下手くそ**なんだて。

●「とぼけたこと言いやがったらぶっころすぞ」

とぼけたこと言《ゆ》ーてっと、**ぶっころすれ**。

●「芋すけ、田舎モンは帰りやがれ」

芋すけ、ざいごっぱは **帰れいや**。

特徴的な接辞

接尾辞「こき」を付して、好ましくない人の性情を表す。次のようなものがある。

いちがぇこき（自分の意見を言い張る人）

だらこき（泣きわめいて自分の思いを通そうとする人）

ねんどりこき（何度でもしつこく尋ねる人）

まぇそこき（ご機嫌取りのうまい人）

やぼこき（自分勝手なわがままを通そうとする人）

〈参考文献〉

●『越後・佐渡 方言散策』野口幸雄著 新潟日報事業社 一九九九年

●『新潟県方言辞典（中越編）』渡辺富美雄編 野島出版 二〇〇四年

●『新潟県方言辞典』大橋勝男編著 おうふう 二〇〇三年

●『新潟県のことば（日本のことばシリーズ）』明治書院 二〇〇五年

●『長岡の方言』高島定雄 北越時報社 一九二五年

富山県

富山湾の魚の種類が多様であるのと同様、県内の方言形のバラエティは多様である。強烈な保守性と進取性の両面を併せ持つ。

調査地点…南砺市を中心に

―富山県のケンカ

A：おい、こりゃ、酒が足らんわ。酒ぐらい用意しとけま。
B：よいかげんにせんかい。いつまで飲んどるがよ。
A：やかましーわ、なんか文句でもあるがこよ。
B：わりゃこそ、誰《だり》に向こて言《ゆ》ーとるがよ。
A：なんじゃってー、やるがか。
B：おー、いつでも相手になってやるわ。
A：わりゃ、えらそにしんなま。はたきつけてくりょっか。
B：やれるがなら、やってみよま、このくそだらめが。
A：なんじゃって、だらじゃって。いな よー言《ゆ》ーたな。
B：やかましーわ。

※あるがこよ（あるのか）。「こよ」は文末助詞。
※いな（貴様）。

【ケンカの際の捨て台詞、決まり文句、脅し文句】

●子ども・喧嘩捨て台詞
このだらめ。
●子ども・喧嘩決まり文句
かちころすぞ。
●言いがかりをつける時
なんか言《い》ーたいことでも あるがか。
●バカにされた時に
おどりゃー。

アホ・バカに相当する基本の罵倒語

語形

だら、だらま、だらぶつ、どんべ、あやめ

用法

◉**強調の段階**

どんべ→あやめ→だらま→だら→だらぶつ

◉**用法**

相手に向かって

（怒って）だらめ、このだらが

（甘えて）どんべじゃなー（やや優しさのある言い方）

だめになる

ネジが　おたくらになってしもた。

◉**決まり文句**

「だらでないこよ」

「だらなことばっかゆーなま」

◉**特徴**

「だら」は主に男性が使う表現であるが、女性が使うとより迫力を増すか。ただし、自責の念を込めての「だらやなあ」といった表現や、相手への親しみを込めた優しいいましめ表現としても使われる。日常的によく使われる表現である。「だらぶつ」とも言う。地元では浄土真宗の信仰心が強いこともあり、その宗派とは異なるものという意味での「陀羅尼」「陀羅尼経」の「陀羅」（「陀羅仏」）に由来すると信じている人がいる。また北陸独自の方言と思っている人も多い。しかし、同じような内容を意味する「たらず」（山形・新潟・熊本・大分の一部に分布）や「だらず」（鳥取・島根に分布）などの存在を勘案すると、語源は「足りない」という意味での「足らず」に求められそうである。「たらず」が強調されて「だらず」の形に変化し、そして、この「だらず」が省略されて「だら」が生まれたのだと考えられる。

言いまわしの特徴

● 「ごちゃごちゃ言ってると、貴様の頭をぶったたくぞ、この野郎」

ごじゃごじゃ言《ゆ》ーとると いなが頭 かち殴るぞ。

※いながあたま（＝貴様の頭を）

● 「いいかげんにしろよ こら、やっちまうぞ」

よいかげんにせーま こら、かちころすぞ。

● 「ぶちのめすぞ」

かちくらわすぞ。

● 「たたきのめすぞ こら」

はたきつけるぞ こりゃー。

● 「なんだって、そんなものがなんだい」

なんやってか、そんなもんがなんじゃい。

● 「うるさい、黙ってろ」

やかましー、黙っとれま。

接辞・間投詞などを用いた強調表現

● 「この、どすけべが」

この **どすけべ** が。

● 「くそったれ、なめくさりやがって、あんなぬけさくに負けてたまるか」

くそたれー、ちきしょー、だらにして、あんなもんにゃ 負けんぞ。

● 「あのくそ坊主、読経が下手くそなんだよな」

（僧侶を非難する表現は存在しない）

● 「とぼけたこと言いやがったらぶっころすぞ」

だらなことばっか言《ゆ》ーて **かちころすぞ。**

● 「芋すけ、田舎モンは帰りやがれ」

はよとつけま この **くそだら** が。

※はよとつけま（＝早く行きやがれったら）

その他

あたくそ（悪口、陰口）

あばれぐち（悪口）

あっこーもくぞー（あらん限りの悪口雑言）

むっしゃける（猛烈に腹が立つ）

こづらにくい（憎たらしい。顔を見るだけで憎らしく感じる）

しりふかず↓出入する戸などをしっかりとしめない、だらしのない人のこと。

めもくちもあかん（あきれてものもいえない）

みあらくもん↓仕事もしないで好きなことをして遊び回っている人。道楽者。物好きな人。「あのっさんにも弱ったわ。ほんまにみあらくもんで（あのおじさんにも困ったよ。本当に楽天家で）。」県の中央部では「みあらくもん」という。この音形に引きずられて、富山市あたりでは「物好きであちこちを見歩く人」という意味で、「見歩く者」であると解釈されている。しかし、県の周縁地域の五箇山などには「みがらくもん」という語形が分布している。その分布の様相からは「みがらくもん」の方が古い（本来の）形と推定される。したがって、語源は「自由な生き方をしている人」、すなわち「身の楽な者」ということに求められるのである。

べしょ↓不器用、不精、食い意地がはったなどを意味し、そのような女性を卑しんでいう。県東部での用語。「だらべしょ」は最大級の罵倒表現。

〈参考文献〉

●『日本のまんなか富山弁』簑島良二著　北日本新聞社　二〇〇一年

●『越中五箇山方言語彙1～13』真田ふみ　私家版　一九七三～一九九八年

石川県

閉鎖的と称される気質の裏側に自らの生活文化に対する強烈なプライドが覗く。加賀と能登では精神風土もことばも異なる。

調査地点…金沢市を中心として

石川県のケンカ

A：おい、こら、酒 たらんがいや。酒ぐらい 用意しとけや。

B：いーかげんにせーや。いつまで 飲んどれんて。

A：黙っとれや。なんか 文句 あるんかいや。

B：おめーこそ、誰に向《む》こて 言《ゆ》ーとれんて。

A：なにー、やるがんか。

B：おー、いつでも 相手になるわいや。

A：おめー、偉そーにしとんなや。かち殴るぞ。

B：やれるもんなら、やってみーや。このだら。

A：あー、だらやと。おめー。よー言《ゆ》ーたな。

B：うるせー。

【ケンカの際の捨て台詞、決まり文句、脅し文句】

●子ども・喧嘩捨て台詞

えーっ あほんだら。えーっ だら。えーっ ばかたれ。もー 知らん。ばか野郎。いーだ。いーかげんにせー。あんたとも一 絶交や。

●子ども・喧嘩決まり文句

ばーか、かーば、ちんどんや、おまえのかーちゃん、でーべそ。

●言いがかりをつける時

なんか 言《い》ーたいこと あるがんか。

なんか 文句 あっか。

●バカにされた時に

えーんな。おどりゃくさん。

※「おどりゃくさん」は男性が使った古い言い方。

アホ・バカに相当する基本の罵倒語

語形

だら、だらぶち、だらけ、だらま、まぬけ、あほんだら、ばか、ばかたれ、ばかちん、ぼけ、あんぽんたん、たわけ、たるい、ぼこい、はげ

用法

◉強調の段階

だらま→だらぶち→だら

◉用法

相手に向かって

(怒って)だら

(甘えて)だらぶち

だめになる

このネジあんぱんになっとる。/このかなづちあんぱんや。

※「あんパン」の中に空洞があることから「駄目だ、役に立たない」の意味で使われるようになった。

ネジがだらんなっとる。

このネジばかんなっとる。

※「だらになる」は「物が役に立たなくなる」。

◉決まり文句

「だらでねーけ」「だらんねーけ」

「だらんことゆーとんなま」

◉特徴

「だら」を最もよく使う。「たわけ」〜「はげ」は主に男性が使用。「はげ」は文字通りの「禿頭」の意味以外に、相手をばかにしたけなし言葉としても使う。「だら」の語源等については、富山県の「だら」の記述を参照のこと。

言いまわしの特徴

●「ぐずぐず言ってたら、頭をぶちわるぞ」

ぐちゃぐちゃ/うだうだ 言《ゆ》ーとったら 頭/どたま かちわっぞ。

※「どたま」は男性が使う。

●「いいかげんにしろよ こら。やっちまうぞ」

いーかげんに せーま こら。やってまうぞ。

●「つるしあげるぞ」

つるしあげっぞ。

●「殴りつけるぞ。／ぶちのめすぞ」

殴っつけっぞ。／どつくぞ。

●「それがなんだと言うんだ」

それがなんやっちゅげんて。

●「うるさいな　黙ってろよ」

うっさいなー 黙っとれま。

接辞・間投詞などを用いた強調表現

●「この、どすけべが」「どけち野郎」

この、**どすけべ。／どけち。**

●「くそったれ、なめくさりやがって、あんなぬけさくに負けてたまるか」

えーんな、なめんなま、あんなまぬけに負けっかいや。

●「あのくそ坊主、読経が下手くそなんだよな」

あの **くそ坊主、**お経読むの**へったくそ**やなー。

※「くそ」を使った「くそ暑い」「くそ寒い」といった言い方もある。

●「とぼけたこと言いやがったらぶっころすぞ」

だらなこと **言《い》ーやがって ぶっころすぞ。**

●「芋すけ、田舎モンは帰りやがれ」

いもねーちゃんは 帰っこっちゃ。

特徴的な接辞

かち割る

かち殴る

※ほかに、かち切る（思い切って切る）、かちこむ（力いっぱい打ち込む）などの言い方もある。

その他

ことわざ・言い草

のどから手入れて肋骨からんころんいわしたろか

※脅し文句。

でんそりゃ（なんだそれは）

どんない（だいじょうぶ）
あら むせー（あら、汚い）
だちゃかん、だっちゃん（だめだ）
あてがいな（いい加減な）
いさどい（態度が大きい、生意気な）
いじっかしー（うるさい、見ていていらいらする）
かさだかな（おおげさな）
ぐっすい（ずるい）
じまんらしー（生意気な、偉そうな）
ととのわん（理屈にあわない）
はがいしー、はげー（くやしい）
ひねくらしー（ませた）

青年層のケンカ

A：おい、こらっ、酒 たりんぞ。酒ぐらい 用意しとけや。
B：いーかげんにしろま。いつまで 飲んどれんて。
A：うっさい、なんか 文句 あるんか。
B：おまえこそ、誰に向かって 言っとれん。
A：なんや、やるんか。
B：おー、いつでも 相手になってやるわ。
A：おまえ、偉そーにすんなや。
B：やれるもんなら やってみー、このだら。
A：はっ、うざっ。
B：うるせー。

〈参考文献〉

●『ワガミのことば辞典』中島桂三著　自家版　一九九六年
●『加賀城下町の言葉』島田昌彦著　能登印刷出版部　一九九八年
●『新 頑張りまっし金沢ことば』加藤和夫監修　北國新聞社出版局　二〇〇五年
●『石川県 加賀市生活語彙辞典〈大聖寺地区編〉』加藤和夫監修・野田浩編著　自家版　二〇〇七年

福井県

耐える粘り強さが身上の県民性。地味さとともに派手さを併せ持っている。この地出身者の言語表現にもそれがうかがえる。

調査地点…福井市、越前市を中心として

―― 福井県(福井市)のケンカ

A:おい、おめー、酒たらんぞ。酒ぐらい 用意しとけま。

B:もー いーかげんにしねまー。いつまで 飲んでるんにゃって。

A:黙ってえーま。なんか 文句 あるんかー。

B:おめーこそ 誰に 言《ゆ》ーてるんにゃー。

A:なんやってかー。

B:おめーこそ やるんやってかー。

A:おめー 偉そーなの。やるんかー。

B:おー やんねー。ばかやろー。

A:なんや ばかやってかー。おめー よー ほんなこと 言《ゆ》ーたなー。

B:うるせーの。

【ケンカの際の捨て台詞、決まり文句、脅し文句】

●子ども・喧嘩捨て台詞

(福井市)やーめた。知らんわ。いーだ。

(越前市)もー おめんてなもんと 遊ばんわ。

●子ども・喧嘩決まり文句

(福井市)ばーか。あーほ。のくてーの。

●言いがかりをつける時

(福井市)おめー なんや。おめー ばかじゃねんけ。

(越前市)おめぁ なんか 文句 あるんか。

●バカにされた時に

(福井市)あほにすんなま。

(越前市)なに言《ゆ》ーてさらすんや くそ。

アホ・バカに相当する基本の罵倒語

語形

（福井市）あほ、あほんたれ、ばか、ばかたれ、のくてー、たわけ、まぬけ、ぼけ

（越前市）あほ、あほかり、あやかり、あや、のくてー、のれー、こんじょし、ぼけさく

※「あほかり」は「あほ」と「あやかり」の混交形。「あや」は「あやかり」の下略形。いずれも「アホ・バカ」にあたる言い方。「のくてー」は「あたたかい」の意味で、気候で「のくてー日（あたたかい日）」のようにも使うが、人に対して使うと「頭があたたかい」の意味で、「愚か、馬鹿」の意味となる。「のれー」は「のろい」から、「こんじょし」は「根性良し」からの変化形で、いずれも人の愚鈍さ、人が良すぎる様をけなす言い方。

用法

◉強調の段階

（福井市）あほ→どあほ→あほんてなーの

のくてー→のくてーの

ばか→ばーか

（越前市）あほ・のくてー→どあほ

◉用法

相手に向かって

（怒って）（福井市）「あほんてなーの」「ばかんてなーの」

※「〜てなーの」の「〜てな」は「〜みたいな」の意味で、全体で「〜みたいなの」の意味となる。

（越前市）「こんじょしやなー」「ばかでねんか」

（甘えて）（福井市）「のくてーの」「なんておもっしぇーの」

（越前市）「のくてーやっちゃなー」「のれーことゆーてんなま」

だめになる

（福井市）ネジ ばかんなっつんたー。

（越前市）ネジぁ あんまんなった。

◉決まり文句

（福井市）「あほかー」「のくてーことすんなまー」

（越前市）「あほんてなことゆーてんなま」「ばかなことゆーてんなま」「ばかたれ」

◉特徴

「のくてー」「あほ」を多く使う。「ばか」（古い言い方）はきつくあたるような感じなのであまり使わない。世間話の中では「あの人、おもっしぇーんにゃわ」（あの人、おかしいんだよ）のように言うことが多い（福井市、越前市）。

言いまわしの特徴

●「ぐずぐず言ってると、頭をぶちわるぞ」
ごちゃごちゃ 言《ゆ》ーてると どたま かちわるぞ。（越前市）

●「いいかげんにしろ　こら。ぶちころすぞ」
いーかげんにせー こら。かちころすぞ。（越前市）

●「ぶち殴るぞ」
かち殴るぞ。（越前市）

●「それがなんだと言うんだ」
ほれが なんじゃっちゅんじゃい。（越前市）

●「うるさい黙ってろよ」
うるせー 黙ってよま。（越前市）

接辞・間投詞などを用いた強調表現

●「この、どすけべが」「どけち野郎」
（福井市）この **どすけべ**が。／この **けちんぼ。**
（越前市）この **どすけべ**が。／この **どけち**が。

●「くそったれ、なめくさりやがって、あんなぬけさくに負けてたまるか」
（福井市）この **くそったれが なめんなまー** あんな まぬけに 負けるか。

（越前市）**くそー なめさらして** あんな のくてーのに 負けるかい。

●「あのくそ坊主、読経が下手くそなんだよな」
（福井市）あの **くそ坊主** お経が **下手《へった》くそ**やなー。
（越前市）あの **くそ坊主ぁ** お経読むの **下手くそ**やなー。

●「とぼけたこと言いやがったらぶっころすぞ」
（福井市）ぼけたこと 言《ゆ》ーたら **ぶっころすぞ。**

(越前市) ぼけたこと言《ゆ》ーてたら **かちころすぞ。**

●「芋すけ、田舎モンは帰りやがれ」

(福井市) ざいごもんは **帰ってまえ。**

(越前市) 田舎もんぁ **帰《かい》りさらせ。**

特徴的な接辞

はいめが 飛んで うざなのー (はえが飛んでうるさいなあ)。

※福井市。「め」は嫌な動物や虫に付ける接尾辞。「はいめ」「ねこめ」「いぬめ」など。越前市ではこのほかに「のんめ(ノミ)」「さるめ」「うしめ」なども使う。

どすばか

※越前市。女性に対する蔑称として「どすめろ」がある。

その他

ことわざ・言い草

うどの大木からばかり (越前市)

越前市のケンカ

A：おい、酒たらんぞ。酒ぐらい もっと 用意しとけま。

B：いーかげんにせーま。いつまで 飲んでるんにゃ。

A：うるせー 黙ってよま。なんか 文句 あるんか。

B：おめこそ 誰に向こて 言《ゆ》ーてるんにゃ。

A：なにー やるってか。

B：おー いつでも 相手んなってやるぞ。

A：おめー ほんね 偉そにせんなま。かち殴るぞ。

B：やれるもんなら やれや。この こんじょし。

A：なんやってー こんじょしやってか。くそったれぁ よーも 言《ゆ》ーてくれたな。

B：うるせー。

〈参考文献〉

●『勝山市史 第1巻 風土と歴史』天野義廣「福井県勝山市の生活語彙」勝山市 抜刷 一九七四年

●『福井県方言集とその研究』斎藤孝一監修・松本善雄著 自家版 一九八一年

●『わかさ美浜町誌 美浜の文化 第5巻 語る・歌う』加藤和夫「方言」美浜町 二〇〇三年

●『大野市史 第12巻 方言編』天野義廣「福井県大野市の生活語彙」大野市役所 別刷 二〇〇六年

山梨県

表面的に目立たなくしていても、強い自負心を持つ。甲斐の領主であった武田氏にまつわる民衆語源が多い。

調査地点…甲府市を中心に

――山梨県のケンカ

A：おい、こら、酒ん 足りんぞ。酒つれー 用意しとけ。

B：いーかげんにしろし。いつまで 飲んでるでー。

A：しゃらうるせー、なんか 文句 あるだか。

B：おまんこそ、誰ん 向かって 言ってるだ。

A：なんだとー、やるか。

B：おー、いつだって 相手ん なってやらず。

A：おまん、でけーつら しちょ。ぶさらうぞ。

B：やれるじゃ やってみろ、このばか。

A：なに、ばかっつったな。おまん。なによこくだ。

B：うるせー。

【ケンカの際の捨て台詞、決まり文句、脅し文句】

●子ども・喧嘩捨て台詞

あかんべー類

あかんべー／あかんめー／あかんべーん／あかんべん／あかんべろん／あかんぺろん／あかんぺろりん

相手を悪く言う対称類

ばーか　畜生／あん畜生／こん畜生／こん畜生《ちきしょー》／こん畜生《つくしょー》／こんつくないしょー　あんちくりん　野郎　気《き》味《び》っ面《つら》 ※「気味が悪い顔」の意。 **くたばり損《ざこ》ねー**

●子ども・喧嘩決まり文句

あーられこられ、知ーらんど知ーらんど、おーらんとー知ーらんど。 ※「あららこらら、知らないぞ知らないぞ、おれたち知らないぞ」の意。

うらーいや。 ※「私いや」の意。これを繰り返す。

やはーい。 ※「やーい」にあたる。これを繰り返す。

えーきびさんしょーとーがらし。 ※「いい気味、山椒、唐辛子」。「気味《きび》」と「黍《きび》」を掛けて、山椒、唐辛子と続けている。

アホ・バカに相当する基本の罵倒語

語形

①バカ類
ばか、ばかっこぞー、ばかおとこ、ばかおんな、おーばか、こばか、すばか、ばかやろー、おーばかやろー、くそばかやろー、ばかぞー、ばかっちょ、ばかたれ、おばかっちょ、おばかんじょ、おんばかじょー

②アホ類
あほー、あほーたら、あほんだら、あほーたれ、あほったれ、あほーてん、あんぽんたん

③マヌケ類
ぬけ、ぬけさく、ふぬけ、おーぬき、おーぬきづら

④ボケ類
すぼけ

⑤タワケ類
たーけ、たーけもの、たくら、たわけ

⑥ナス類
おたんこなす、おてんこなす、なすやろー、ぼけなす、こけなす

⑦ウス類　※「のろま」の意味が加わることが多い。
うすのろ、うすばか、うすろばか、うそばか、うそのろ、うそばか、うそろばか、うそらばか

用法

◉強調の段階

バカ類でみると、次のようになる。
ばか→おーばか、ばかやろー→おーばかやろー、くそばかやろー、そこぬけのばか

※強調の段階は、文脈や口調にもよるので、はっきりと分けて示すのは難しいが、「ばか」だけよりその前後に「おー」や「やろー」など別の語がついて長くなる方が強調の度合いが強まる。いくつかの罵倒語を続けて言うことも強調度を高めることになる。またどのような語形でも口調を強めると、強調の段階が強まる。

◉用法

相手に向かって

(怒って)「このばかっこぞー」は、自分より目

下の人に対して使われることが多い。それ以外の「この～」はどの語も使える。

（甘えて）「ばかじゃん」。口調が甘ければその他の語でも使えるだろうが、あくまで相手と場合によることであり、一概には言い切れない。

だめになる

あぼーちゃぼーになる／あぶーちゃぶーになる

※「あれじゃー身上《しんしょー》もあぼーちゃぼーになる」のように使う。語源は定かではないが、アホに由来する表現かと思われる。

◉決まり文句

「ばかいっちょ」「ばかなこんしちょ」

※「いっちょ」は「言うな」、「しちょ」は「するな」の意。山梨方言の禁止助辞チョを用いた言い方がよく使われる。

「ばかにゃーばかどー」

※直訳すると「ばかにはばかだよ」。本当にばかだ、とあきれたときによくこの言い回しが聞かれる。

「あほもねーじゃん」「あほーもねー」「あほーねー」

※相手の失敗談を聞いた時などに「ばかなことをしたね」の意味で使う。

「そこぬけのばか」

※「底のないばか、制限のないばか」の意。

「ばかでもたっしゃ」

※健康第一だ、というときにこの言い回しを使う。

「ばかに寒い」「ばかに進んだ」など

※「やけに、予想外に」の意で「ばかに」を使う。

「あほー美しい」「あほー甘い」「あほーに飯を食う」など

※「非常に」の意で「あほー／あほーに」を使う。

◉特徴

山梨県内は大きく国中地方（甲府盆地を中心とした地域）と郡内地方（甲府盆地より東部）に分けられ、それぞれ山梨西部方言、山梨東部方言があたる。国中地方の中の早川町奈良田は言語島の奈良田方言として区別される。罵倒語を見てみると、山梨県内で大きな差はなく、県内共通で使われる語がほとんどである。

山梨方言では勤勉でないこと、また未熟者に対する諫めの表現が多い。怠けることは悪いこととし、勤勉であり人間として熟達することに価値を置いている地域社会であることがうかがえる。

言いまわしの特徴

● **ぐだぐだ言《ゆ》ーと、こつをくれるぞ。**
「ぐちゃぐちゃ言ってたら、げんこつだぞ」

● **えーかんにしろ おい、ぶさらうぞ。**
「いいかげんにしろ こら、ぶったたくぞ」

● **ぶったたくぞ。**
「たたくぞ」

● **かっくらわせるぞ／しょーづけるぞ／はっこかいてくれるぞ／のしくめろか／はりころがせか。**
「どつきまわすぞ」

● **ほいが、なんだっつーだー／ほいが、なんでー。**
「それが、なんだ」

● **しゃらうるせー、黙ってけつかーれ。**
「うるさい、黙りやがれ」

接辞・間投詞などを用いた強調表現

● この、**どすけべ**め。／**堅糞《かたぐそ》**め。
「この、どすけべが」「どけち野郎」
※「堅《かた》」は「堅い」（けち）で、それに「くそ」がついたものである。

● **くそったれ、ばかにしやがって／ばかにしくさって、**あんねな **ぬけさく**にゃー負けれん。
「くそったれ、なめくさりやがって、あんなぬけさくに負けてたまるか」

● あの **ずくねん、**まったく 経が **下手っくそ**じゃんなー。
「あのくそ坊主、読経が下手くそなんだよな」

● いなこん **こきゃーがったら ぶっころすぞ**／いなこん **こくじゃ ぶさらうぞ。**
「とぼけたこと言いやがったらぶっころすぞ」

※「殺す」にあたる罵倒表現はあまり使われず、後者のように「ぶ

さらう」など「殴る、叩きのめす」にあたる語がよく使われる。

●「芋すけ、田舎モンは帰りやがれ」

ばか野郎、田舎者《いなかもん》は 帰《けー》れ。

※「帰れ」は接尾辞をつけるよりはこのままの方が罵倒する表現にふさわしい。

特徴的な接辞

●どー～

あいつぁー **どーぐせ**が わりーなー（あいつは癖が悪いな）。

あの **どーすべた**も 嫁入りが 決まったそうだ（あの男たらしも嫁入りが決まったそうだ）。

どーぢくしょーめ（畜生め）。

どーっかす（かす野郎、だめな人）。

●こ～

いつも 人を **こばか**にする（いつも人をばかにする）。

こぎたないものを くりゃーがって（汚らしいものをよこしやがって）。

こにくらしー つらーさげて（憎たらしいような顔つきで）。

●なま～

あいつぁー **なまおーちゃく**で こまらー（あいつは横着で困る）。

あいつぁー **なまものしり**のくせに でかい口をきく（あいつは生半可な物知りなのに大きな口をたたく）。

あいつぁー **なまおぜー**男だ（あいつは悪賢い男だ）。

※「おぜー（おぞい）」は「悪い」の意。

●しゃら～／しゃらっ～

※形容詞に前接する。「しゃらじゃま」のように名詞につく例もあるが少ない。「しゃら」がつくと卑罵表現になる。

しゃらあちー（暑い）、**しゃらいそがしー**（忙しい）、**しゃらいてー**（痛い）、**しゃらいまいましー**（忌々しい）、**しゃらうるせー**（うるさい）、**しゃらおかしー**（おかしい）、**しゃらおっかねー**（怖い）、**しゃらおもてー**（重い）、**しゃらっかまわん**（かまわない）、**しゃらつきたねー**（汚い）、**しゃらっくやしー**（悔しい）、**しゃらくせー**（臭い）、**しゃらごっちょー**（面倒）、**しゃらさびー**（寒い）、**しゃらつべてー**（冷たい）、**しゃらのぶい**（ずうずうしい）、**しゃらみぐせー**（みっともない、見苦しい）、**しゃらめんどっくせー**（面倒くさい）、

しゃらやかましー（やかましい）など。

●～かー

じゃっかー（おてんば）、**しわっかー**（乱暴な子）、**そそっかー**（粗忽な人）、**のそっかー／のろっかー**（怠け者、動作がのろい人）、**ひょろっかー**（痩せた人）

●～どーな

ぜにどーな（無駄金使い）、**まくらいどーな**（大食いの怠け者）

●～っとー

おくっとー（おくての人）、**こべーっとー**（恥ずかしがり屋）、**しぶっとー／しわっとー**（けち）、**なまけっとー／のめっとー**（怠け者）、**ぬすみっとー**（泥棒）、**よっとー**（酔っぱらい）

その他

ことわざ・言い草

馬の物覚《ものおぼ》え

※本来は「馬鹿の物覚え」というところを「馬」にしたもの。覚えが悪く、やっと覚えても応用力がないことをいう。「どうもあいつは馬の物覚えでいけねー」。

えんのこの大糞《おーぐそ》

※小犬の大糞。子供が似つかわしくないような大ごとをしでかしたときに言う。よいことにも悪いことにも使われる。

産《う》み立《た》ての卵《たまご》

※産み立ての卵は新鮮でいい黄身である。これを「いい気味」にかけたことば。「あいつは失敗して、産み立ての卵だ」。

「バカ」という草の実

服に着く草の実を「バカ」と言った。子供達はバカを着けていると「ばかだ」と言い合った。

ばかどり

富士吉田市では鶺鴒《せきれい》のことを「ばかどり」と言う。そばまで行かないと逃げないため、このように言う。

〈参考文献〉

●『甲州の地口　くらしの中から生まれた洒落言葉』　志摩阿木夫著　山梨日日新聞社　二〇〇一年

長野県

理屈っぽくて議論好き、ぶっきらぼうでなかなか親しみにくい、と評されるが、実際には、人情味のある、心優しい人々である。

調査地点…長野市を中心に

――長野県のケンカ

A：おい、これっ、酒、足りねぞ。酒ぐれ 用意しとけ。
B：えーかげんにしろ。いつまで 飲んでんだ。
A：うるせー、なんか 文句 あるか。
B：おめこそ、誰ー向かって せってるだ。
A：なによー、やる気か。
B：あー、いつでも 相手んなってやるわ。
A：おめ、偉そにすんな。ぶっとばすぞ。
B：やれるもんなら、やってみろ。この ばかたれが。
A：なにー、ばかだと。この野郎。よくも せったな。
B：うるせわ。

【ケンカの際の捨て台詞、決まり文句、脅し文句】

●子ども・喧嘩捨て台詞
畜生。／こん畜生。
ざまーみやがれ。

●子ども・喧嘩決まり文句
ばか、かば、ちんどんや、おまえのかーちゃん でべそ、おまえもやっぱり でべそ。
いーけないんだ、いけないんだ、せーんせーに 言ってやれ。

●言いがかりをつける時
なんか 文句あるか。
なによー せってるだ。
※「何を言ってるんだ」の意。

●バカにされた時
なによ こきゃがるだ。
※「何を言いやがるのだ」の意。
ばかにしやがって 承知しねぞ。
ばかも休み休み言え。

アホ・バカに相当する基本の罵倒語

語形

ばか、ばかやろー、ばっかやろー、ばかたれ、ばかったれ、くそったれ、おたんこなす

用法

◉**強調の段階**

ばか→ばかやろー→ばっかやろー→ばかったれ→くそったれめ→このばかめが

※基本的にこのような順があてられるが、場面によって違ってくる。

◉**用法**

相手に向かって

(怒って)「ばかやろー」「くそったれ」「おたんこなす」などを使う。「このばかやろー」「このくそったれ」のように、「この〜」という言い方を使う。

だめになる

ねじが ばかんなる。

ボールペンがばかんなる。

※ノック式ボールペンのノックが使えなくなることを表す。インクがかすれるの意はない。昔は使わなかった言い方。

◉**決まり文句**

「ばかみたい」

※女性が用いる。会話の中で、反論する時に文頭につける。相手から「こう言った」と言われたとき、「ばかみたい、そんなこと言わないよ」など。

「ばかに寒い」

※「やけに、予想外に」の意で「ばかに」を使う。

◉**特徴**

長野県内の方言区画は、奥信濃方言(下水内郡栄村一帯)、北信方言(善光寺平周辺。中心都市は長野市)、東信方言(上田盆地・佐久平周辺。中心都市は上田市)、中信方言(松本平周辺。中心都市は松本市)、南信方言(下伊那地方・木曽地方)の5つに分けられる。

罵詈雑言は、長野県内で広く共通に使われるものもあり、地域ごとにバラエティが見られるも

のもある。

「ばか」は多用する。罵倒表現の他に、軽い気持ちで「違うよ、ばか」のように付け加えることがある。軽い気持ちで言い添える「ばか」には深刻な意味はなく、「ばか」と言われても気にする必要がないものである。

自分自身が失敗したときなどに「こんちくしょー」と言うことがある。例えば建具に頭をぶつけてしまったときに「いてっ、こんちくしょー」のように言う。思わず発せられるものだが、このように言うことでいまいましい気持ちも少しは発散されるというものであろう。

言いまわしの特徴

● 「ぐちゃぐちゃ言ってたら、承知しないぞ」
ぐちゃぐちゃこいたら、承知しねーぞ。

● 「いいかげんにしろ こら、たたくぞ」
えーかげんにしろ おい、ぶったたくぞ。

● 「たたくぞ」
ぶったたくぞ。

● 「あいつ、何を言ってるんだ」
あいつ、なにせってるだい。

● 「それが、どうしたって言うんだ」
それが、どーしたってせうんだ。

● 「うるさい、黙りやがれ」
うるせー、黙りゃがれ。

接辞・間投詞などを用いた強調表現

● 「この、どすけべが」「どけち野郎」
この、**すけべ野郎。**／**けちんぼ。**

● 「くそったれ、なめくさりやがって、あんなぬけさくに負けてたまるか」
くそったれ、**なめやがって、**あんな **ばか野郎**に負けてられるかい。

● 「あのくそ坊主、読経が下手くそなんだよな」
あの 坊主は、お経が **下手くそ**だなー。

●「とぼけたこと言いやがったらぶっころすぞ」

変なこと **こきゃがったら ひっぱたくぞ。**

※「殺す」にあたる罵倒表現を使うのはよほどひどい場合。

●「芋すけ、田舎モンは帰りやがれ」

ばか野郎、おめみたいなやつは とっとと帰《けー》れ。

※「田舎モン」にあたる言葉はない。

その他

『長野県方言辞典』に見えるバカ

県土が広く、方言区画も県内で5つに分けられる長野県の、さまざまな方言を1冊にまとめた方言辞典が『長野県方言辞典』（馬瀬良雄編集代表、二〇一〇年、信濃毎日新聞社）である。これで「ばか」を引くと、「ばか」の見出しだけで多くの項目が収載されている。意味を列挙すると、次のようになる。

- （植物）イヌノフグリ、ヌスビトハギ、ミョウガ
- （動物）カマツカ、コサメビタキ、ヤブジラミ
- 衣服に付着する草の実の総称。
- 身が入らぬ籾。
- くず。
- 愚かな話。
- 非常に。大変。思いのほか。
- ばかり。だけ。ほど。くらい。

「ばか」という語も、長野県内で共通の意味で使われるものあり、地域ごとに表すものが違うものありという状況であることが見て取れる。

〈参考文献〉

●『長野県方言辞典』　馬瀬良雄編集代表　信濃毎日新聞社　二〇一〇年

●『長野市及び上水内郡の方言集』　佐伯隆治　私家版　一九三五年

岐阜県

美濃と飛騨では風土が異なる。美濃人はことば遣いがきつく、飛騨人はことば遣いが柔らかいという。

調査地点…飛騨地方を中心として

――岐阜県のケンカ

A：おい、こら、酒がたりんぞ。酒くらい やわっとけ。

B：えーかげんにしよ。いつまで、飲んどるんや。

A：いらんこと言《ゆ》ーな。なんか 文句 あるんか。

B：おまえこそ、誰に向かって、そいっとるんや。

A：なにをー、やるんか。

B：おー、いつでも 相手んなったるわ。

A：どべんこらしーやっちゃ。どたま、かちわったろか。

B：やれるもんなら、やってみよ。このたーけ。

A：なに、たーけやと。よくも言ったな。

B：うるせー

※やわう（準備する）
※べんこらしー（生意気な）

【ケンカの際の捨て台詞、決まり文句、脅し文句】

●子ども・喧嘩捨て台詞
決まった言い方はない。

●子ども・喧嘩決まり文句
ばか、かば、ちんどんや、おまえのかーちゃん、でべそ。

●言いがかりをつける時
決まった言い方はない。

●バカにされた時に
決まった言い方はない。
一応「おぼえとれよ」「文句あるんか」「ばかにしたらだちかんぞ」などと言うが、実際によく使われる定型表現とは言えないようである。

アホ・バカに相当する基本の罵倒語

語形

どだ、たーけ、どだーけ、くそたーけ、だら、だらぶつ、おたんけつ、どんべ、どんべー（した）、かす、かすたれ、かすめ、かすたーけ、どんべかす、へくろいち、こけたやつ、こけ、かわたけ、かったけ、かんすけ、とろい、とろくさい、はちもん、はちりん

※「へくろいち」は神岡町北部出身の兵九郎市という人の名から。「へいくろ」「へいくろいち」とも。

※「かわたけ」は「たわけ」と同義。

用法

◉強調の段階

たわけ→どだわけ→くそだわけ

◉用法

相手に向かって

（怒って）このたーけ。

だめになる

もうこのネジ、たわけになっとるわい。

◉決まり文句

「たわけにならんぞー」「たわけたことをゆーな」

◉特徴

最も一般的な表現は、飛騨地方でも美濃地方でもともに「たわけ」。富山方言にも通じる「だら」も飛騨地方にはみられるが、「だらこいとって」のように「遊びすぎる」という意味で使う。

言いまわしの特徴

●「いいかげんにしなさい」
えーかげんにしない。

●「うるさいなー」
うざくらしーこっちゃ。

●「いい気味だ」
えーきびじゃ。

※右のような、傍観的に感想を述べたり、他者をあざけたりする表現はあるが、相手に直接、攻撃的に投げか

ける表現は、飛騨方言にはあまり見られない。

接辞・間投詞などを用いた強調表現

●「この、どすけべが」「どけち野郎」

このどすけべが。／どけち（「しぶちん」「なんばん」）。

●「くそったれ、なめくさりやがって、あんなぬけさくに負けてたまるか」

くそだーけ、なめやがって、あんなまぬけに負けるかよ。

●「あのくそ坊主、読経が下手くそなんだよな」

※住職は尊敬されていたので、該当する表現はない。

●「とぼけたこと言いやがったらぶっころすぞ」

たーけたいなこと言《い》ーやがったら ぶっころすぞ。

●「芋すけ、田舎もんは帰りやがれ」

ざいごさは、とっとと帰《けー》れ。

その他

特徴的な接辞

岐阜県全体では、強調の接頭辞として「ど」が用いられる。特に、美濃の「ど」ことばは、「じゃ」ことばと並んで有名である。ただし、東濃地方では、「ばか」も接頭辞としてよく用いられる。

その他の罵り言葉

あくればち（お調子者）

あやかり（できそこない）

いきすぎ（生意気）

いりこばし（役立たず）

うとっぺ（愚か者）

おたんけつ／おたんちき（あほ、のろま）

おっさま（愚か者）

かぶちゃ（ブス）

がさまい／がさぶろー（粗雑な者）

ぐずぐず（意気地なし）

ごくたれ／ごくされ（極道者）

ごぜんぼ（すねやすい者）
しょーねなし（根性なし）
ずくなし（怠け者）
たんち（愚かな男の子）
ついしょこき／ついしょたれ（おべっかを言う人）
つりんぼ／つりかんぼ（すねやすい者）
でべそ（でしゃばり者）
どーしん（ばか：「どーしん」は仏道に入っても一寺の住職になれないもの）
なんばん（けち）
のさく／のさくもの（怠け者）
はなくそ（婚期がすぎても生家に暮らす次男以下）
へんべのこ（嫌われ者）
やんちゃもの（非常識な者）
わるでっち（悪童）

悪口が少ない地域

高山市清見地区では、皆が協力して山仕事をしているためもあり、あまり悪口を言わないとのこと。ただし、「理屈っぽい人、生意気な口をきく人」という意味の「べんこくさい」などは日常生活でよく用いられる。

動詞の連用形

共通語同様、動詞の連用形で人を表す語が多い。「あごたたき（他人の行為に干渉する人、はにかみ屋、臆病者）」「せんきやみ（よけいなお節介をする人）」「こわがり（はにかみ屋、臆病者）」「だちゃかず、だちかず（駄目な者、役立たず）」など。

〈参考文献〉

●『飛騨のことば』土田吉左衛門著　濃飛民俗の会　一九五九年
●『北飛騨の方言』荒垣秀雄著　国書刊行会　一九七五年
●『飛騨の方言』岩島周一著　高山市民時報社　一九九六年
●『逆引き飛騨の方言』岩島周一著　私家版　二〇〇一年
●『奥飛騨の方言と民具』ふるさと神岡を語る会　神岡町教育委員会　一九九六年

静岡県

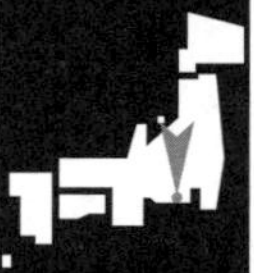

気候風土さながらに性格は温和である。愛郷心は旺盛ながらも、往々にして外界を意識した表現行動をする。

調査地点…浜松市を中心に

——静岡県のケンカ

A：やいっ、てめー、酒んたりんぞ。酒ぐらい 用意しておけ。ばかやろー。

B：えーかげんにしろ。いつまで 飲んでるだー。

A：うっせー。てめー、なんか 文句 あんのかー。

B：おんしゃ、誰に向かってこいてるだ。

A：なんだー、てめー、やるかー。

B：おー、いつでも 相手に なってやらー。

A：おんしゃ、えらそーだら。ぶっさらうぞ。

B：やってみりゃ いーじゃん。てめー。ばかやろー。

A：なにー、ばかあー。おんしゃ、何こいてるだー。

B：うるせー、ばかやろー。

※おんしゃ（お前、きさま）

【ケンカの際の捨て台詞、決まり文句、脅し文句】

●子ども・喧嘩捨て台詞
あっかんべー。

●子ども・喧嘩決まり文句
ばか、とろ、ちんどんや、おまえのかーさん、でべそ。

●言いがかりをつける時
てめー／おんしゃ、何言ってるだー。

●バカにされた時
てめー／おんしゃ、いーかげんにしろよ。

アホ・バカに相当する基本の罵倒語

語形

ばか、ばかっつら、どばか、くそばか、あほ、どあほ、ばかあほ

用法

◉**強調の段階**

ばか→どばか→くそばか

あほ→どあほ→ばかあほ

◉**用法**

相手に向かって

（怒って）「この～が」という表現では、どの語も使う。

（甘えて）「ばかだに」「ばかっつらだに」以外の表現はあまり使わない。

だめになる

このネジ、ばかんなってる。

◉**決まり文句**

「ばかにする」「ばかんならん」「ばかこけ」「ばかこくな」

◉**特徴**

県西部では罵倒語として「ばかっつら」が多用される。なお、「ばか」は強調にも用いられ、「ばかばか（＝とてもばか）」「ばかあほ（＝とてもあほ）」のような語彙がある。

言いまわしの特徴

● 「つべこべ言うと頭を殴るぞ」

つべこべこくと、どたまぬっかすか。

● 「何を言ってるんだ、なぐるぞ」

なにこいてるだー、ぶっさらうぞ。

● 「いいかげんにしろよ　こら。殴るぞ」

いーかげんにしろよ　やい。ぶち殴るぞ。

● 「ぶちのめすぞ」

こづきまわすぞ／ぶっとばすぞ。

● 「それが、どうしたんだよ」

それが、どうしただー。

●「うるさい、黙れ」

こやかましい／うるせー、黙れ、ばかやろー。

接辞・間投詞などを用いた強調表現

●「この、どすけべが」「どけち野郎」

この、**どすけべ**が。／**どけち野郎。**

●「くそったれ、なめくさりやがって、あんなぬけさくに負けてたまるか」

くそったれ、なめやがって／いばりゃーがって、あんな **ぬけさく**に 負けてたまるか。

●「あのくそ坊主、読経が下手くそなんだよな」

あの **くそ坊主、**読経が **どべたくそ**なんだよな

●「とぼけたこと言いやがったらぶっころすぞ」

とぼけたこと **いやがったら／ぬかしやがると、ぶっさらうぞ／ぶん殴るぞ／ぶち殴るぞ。**

●「芋すけ、田舎モンは帰りやがれ」

いもにー、いなかっさーは **帰りゃがれ／うせろ。**

※女性は「いもねー」。

特徴的な接辞

●この **どん百姓**が。

※人を罵倒する時に用いる。

●**ぬっころすぞ。**

※「ころす」の強調。

その他

あっぱかさー（あけっぴろげでしまりがない）

ちゃんびー（女の子を卑しんで言う時の言い方）

ちんぷりかえる（怒ってすねる、不機嫌になる）

みことり（自分の立場を良くするためにとり入る。「みこ」は「受け、えこひいき」という意味）

やっきりする（腹だたしい、しゃくにさわる）

〈参考文献〉

●『遠州方言集』小池誠二著　江西史話会　一九六八年

愛知県

尾張と三河の対抗意識はことばの面でも激しい。いずれも強い自負心がありながら、それを誇らず控えめにするところがある。

調査地点…名古屋市を中心に

――愛知県のケンカ

A：おい、酒が たりんぞ、酒ぐれー まわししとかんか。

B：えーかげんに しやーて、いっつまで 飲んでりゃーすか。

A：黙りゃーて。なんか 文句 あるんか。

B：おみゃーさんこそ、誰に 向かって 言ってりゃーすかね。

A：なにー、やるんか。

B：おー、いつでも 相手に なったるわ。

A：おみゃーさん、なに 偉そーに 言っとるんだ。

B：やるなら やってみろ。この どだーけが。

A：なにをー、たわけだー。あんた よーも 言ってくれたな。

B：うるさいわ。

【ケンカの際の捨て台詞、決まり文句、脅し文句】

※特徴的な言い回しは特になし。

※明治・大正頃の名古屋では、男から軽く冗談を言われたりからかわれた時に「またすかたらん人」と袂で打つまねをしたりした（『随筆名古屋言葉辞典』）。『刈谷・知立の方言』には、相手を見下げてあざける時や負けた相手などに向かって「やはい」を用いるとある。ふつう「やはーい」と延ばして言う。「それ見ろ」「ざまあみろ」といった気持ちを込めた言葉。

アホ・バカに相当する基本の罵倒語

語形

たわけ、たーけ（尾張地方・三河地方）

（お）たんちん（尾張地方）

あんぽん、あんぽんたん

※『随筆名古屋言葉辞典』には「おたんす」「（ど）ぬく」「どいすか」「とろくさい」「とろい」の例もみえる。また、「あんぽん」「あんぽんたん」は「あほ」に由来する。特殊な言い方としては、「ひょうろくだま（表六玉）」などを挙げる方言集もあるが、これは落語などにもみられる。また、『師勝の民俗誌』の「りこう」の項に、「一般には賢いことをさすが、この地では少し愚鈍な者をあらわに薄馬鹿と言わずに『大分りこうだ』と反語に使っている」と書かれているように、皮肉を用いることも尾張地方のひとつの特徴である。

用法

◉強調の段階

たわけ→どだわけ→くそたわけ

※「くそ」は「くそたわけ」のように接頭辞的にも用いられるほか、「どべくそ」や「いぬめくそ」のように接尾辞としても用いられる。

◉用法

相手に向かって

（怒って）「この どだわけ」

だめになる

もうこのネジ、たわけになっとる。

◉決まり文句

「たわけにする」「たわけにするな」「たわけにならない」「たわけたことをゆーな」

◉特徴

「ばか」や「あほ」も使われることはあるが、一般には「たわけ」が、きつい言い方の場合にも親愛の情を込めた場合にも用いられる。例えば、子どもに向かって「たわけだわ」と言えば、言った側の罵りの意識はそれほど強くないことが多い。ただし受け取る側はきつく感じることもしばしばである。ただし、妻が夫に甘え口調で言うような場面での使用は、きわめて少ない。

言いまわしの特徴

●「くだらないことを言ってたら、殴るぞ」
とろくせぁーこと言っとったら、どーづいたろか。

●「いいかげんにしろ こら。やっちまうぞ」
えーかげんにしとけ　どだーけ。ぎゃふんとこかせるぞ。

●「文句ばかり言っていると、蹴り倒すぞ」
ごたをこねてばっかいると、けったおすぞ。

●「そんなばかなこと、できないよ」
そんなたーけたこと、できすか。

●「うるさい、黙れ」
うるさいわ、黙っとけ。

接辞・間投詞などを用いた強調表現

●「この、どすけべが」「どけち野郎」
この、**どすけべ**が。／**どけち**野郎。

※接頭辞「ど」を用いた表現は、ほかに「どたわけ」「どべた」など頻用される。

●「くそったれ、なめくさりやがって、あんなぬけさくに負けてたまるか」
くそったれ、なめやがって、あんな とれーやつには 負けやせんに。

●「あのくそ坊主、読経が下手くそなんだよな」
※「くそ坊主」に相当する言い方はなし。「へたくそ」は接頭辞「ど」を用いて「どべた」と言う。そのほか、文献にみられる「くそ」を用いた言い方は次の通り。
くそだわけ、くそやけ、くそごがわく、くそいまいましい、どべくそ、へたくそ、やけくそ、べたくそ（一面に）、べとくそ（最末尾）

●「とぼけたこと言いやがったらぶっころすぞ」
たーけたこと 言っとったら、**ぶっころすぞ。**
※「ぶっ―」は、当地でもよく用いられる。

特徴的な接辞

●**へっぽこ医者／へっぽこ大工**

●**えらまつ**（がんこ者、威張っている人）
※三河地方西部。現在でも女性に対して使われる。

その他

その他の罵り言葉

あげなぶり（賞めるべきでないことを大仰に過大に賞め立て、それで舌を出して冷嘲するやりかた。最も嫌な名古屋気質の陰険な一面を表した言葉）

あせごい（汗の量の多い人）

あせりて（何事にも落ち着くことをせず、次から次へと気忙しく焦る人）

いさいきばる（威張る、利口顔する）

いやぶつ（陰性で理屈や文句の多い人）

いんごな人（がんこな人）

うんてれがん（慢勝な人。世間知らずの人が、他人の笑うのも知らず独りで得々としている。「慢勝」は「人を差し置いて我先に振る舞うこと、身勝手」。）

えごい（欲の深い、露骨な、人情のない等の性格の人）

おーでれつく（肥満した女性）

おちょけんぼ（ひょうきん者）

きそんぼ（背が高くて痩せていつも寒々と見える男の称）

ぐーたら（しまりのない人）

くえんやつ（油断のできない人。「くえんやっちゃで、きーつけなきゃ」）

くらいぬけ（ものぐさな人）

こすべ（自分だけが抜け駆けの手柄をする人）

じょーどがない（物事に折りきまりがなく、ずるずるべったりなこと）

すかたらん（えげつない、いやな人）

すてんぷ（粗野で軽率で喧嘩早い若者）

ずやり（ずるい人）

せたっこい（ねちっこい、男女間の問題や金銭に関して言う。「せたっこい奴だ」）

せんしょ（おせっかい、世話焼き）

ちょーはち（あわて者、そそっかしいの意。職人言葉。「われは、ちょーはちだでいかんわ」）

どーねき（強情で無愛想で、なかなか腹の底を打ちあけぬ人）

のろざき（背が高く、ひょろ長い感じのする人の卑称）

はたちばばさ（昔の話として行き遅れ）

はんしょーどろぼー（背の高い痩せた人）

ひげまん（「卑下慢」。謙遜しながら自慢をする人＝ざいごべんけい）
ひとそばえ（付和雷同する人）
貧乏神の事損じ（やせて顔色の蒼い人）
へったくれ（取るに足らぬ人。「このへったくれめ、ろくなことはしえいせん」）
よったよーなもん（どうしようもない奴）
りこーがえり（巧弁で一見したところ小賢しく利口にみえるが、軽卒で案外愚かな人）

〈参考文献〉
●『名古屋方言の研究』芥子川律治著　名古屋泰文堂　一九七一年
●『師勝の民俗誌』師勝町教育委員会　一九九二年
●『刈谷・知立の方言』永田友市著　中部日本教育文化会　二〇〇三年
●『随筆名古屋言葉辞典』山田秋衛編著　名古屋泰文堂　一九五一年
●『名古屋風俗史　全』名古屋市文化財調査保存委員会　一九五九年
●『瀬戸のことば』丹羽一弥・田島優　瀬戸市　一九九〇年
●『笑説大名古屋語辞典』清水義範著　学習研究社　一九九四年

三重県

生真面目さ、正直さが特色という。進取の気性に富んだ人が多い。伊勢の「ナことば」は昔から有名。

調査地点…三重県

——三重県のケンカ

A：おい こらっ、酒がたらんぞ。酒ぐらい 用意しとかんかい。
B：えーかげんにさらせ。いつまで 飲んどんじゃ。
A：だまれ、なんか 文句 あるんか。
B：われ 誰に向こて ぬかしとんじゃ。
A：なんじゃ われ、やるんか。
B：おー いつでも 相手に なったるぞ。
A：われ、おだっとんなよ。
B：やれるもんやったら やってみー。この あんご、ぼけ。
A：なにー ぼけ ぬかしたな。われ。よくも ぬかしやがったな。
B：じゃかましー。

※おだっとんなよ（調子にのるなよ）

【ケンカの際の捨て台詞、決まり文句、脅し文句】

●子ども・喧嘩捨て台詞
おまんなんか きらいじゃ。あかんべ／あかめ／あかべー。いー。

●子ども・喧嘩決まり文句
ばか、かば、ちんどんや、おまえのかーちゃん、でべそ。
あほ、ばか、まぬけ、ひょっとこ、なんきん、かぼちゃ
※子供同士で人を罵る時に唱える言い草。

●言いがかりをつける時
なんぞ 文句 あるんか。

●バカにされた時に
おまん／われ、なめたら しょーちせんぞ。

アホ・バカに相当する基本の罵倒語

語形

あほ、あほー、あほだら、どあんだら、あほんだら、あほたれ、どあほ、あんご、あんごさく、あんごろべー、あんごたれ、あんごし、あんぽん、あんぽんたん、こあんご、きょろっと、こたらんもん、すか、すかたん、じらくら、どきょろ、どん、ぬけさく、ぱー、ぱーすけ、ばか、ばかたれ、ばかまん、ほげ、ぼけ、ぼけー、ぼけちん、ぼけなす、ぼんくら

用法

◉**強調の段階**

あほ→どあほ

あほんだら→どあんだら

こあんご→あんご→どあんご→あんごのほー

とく

◉**用法**

相手に向かって

(怒って)「あほたれ」「あほだら」などのほか、「あんご(ー)」「あんぽん」「あんぽんたん」をよく用いる。

(甘えて)「あほやのー」「あんごやなー」「あほたれやなー」などを使用する。

だめになる

このネジ あほになっとるに。

◉**決まり文句**

「あほやなー」「あほだらやなー」「あんごせんや(ばかなことをするな)」「あほなこと言《ゆ》わんや(ばかなことを言うな)」「あほくさ(ばかみたい)」「あほらし(ばかばかしい)」「あほのさんばいじる(何杯もお代わりをすること)」「あほにつける薬はない(ばかはどうしようもない)」

◉**特徴**

「あほ」「あほだら」「あんご」が全県下で多用される。「あほ」は「どあほ」となるが、「あほだら」は「どあほだら」とはならず、「どあんだら」ということがある。県北部の愛知県境付

近では「たわけ」を使用する。「あほ・ばか」に関する方言はどちらかというと県南部に多い。なお、強調の意味での接辞として、「ど」「くそ」「だら」などがよく使用される。

言いまわしの特徴

● 「ごちゃごちゃ言うと、あたまをかちわるぞ」
ごちゃごちゃ 言《ゆ》ーとったら どたま かちわったるぞ。

● 「いいかげんにしやがれ・こら。つぶしてやろうか」
えーかげんに せー。こら。びしゃいたろか。

● 「ぶん殴るぞ」
しばいたろか／しゃいたろか。

● 「ぶん殴るぞ、てめえ。ぶっとばすぞ」
なったるぞ、われ。そしとばしたろか。

※「なったろか」は「殴ってやろうか」が変化したもの。

● 「それがどうだってんだ。たいしたことねえよ」
それが、どやっちゅーんや。たいしたこと あるかい。

● 「うるさい、黙れ」
じゃかましー、だまらんかい。

接辞・間投詞などを用いた強調表現

● 「この、どすけべが」「どけち野郎」
この **どすけべ。／しぶたれ。**

● 「くそったれ、なめくさりやがって、あんなぬけさくに負けてたまるか」
くそったれが、**なめやがって、** あんな あんぽんたんに 負けてたまるか。

● 「あのくそ坊主、読経が下手くそなんだよな」
あの **くそ坊主、** お経 **へったくそ**やのー。

● 「とぼけたこと言いやがったらぶっころすぞ」
うざこいことばっか **ぬかしやがって** いてまうぞ。

● 「芋すけ、田舎モンは帰りやがれ」
田舎もん、いなかっぺは もー **いね／いにさらせ。**

特徴的な接辞

●よー寝るなー、この**ねぼすけ**は。

※ほかに「くいすけやのー、よー食うのー」など。

●おまえみたいな**はなたれ**にできるか

※ほかに「このしょびたれが」（この不精者が）など。

●おまえ**でぶちん**やのー。（肥満者）

※ほかに「へんちきちん」（風変わり者）など。

その他

ことわざ・言い草

家で渋柿、世間でさわし。世間さわしな食らわりょか。→家では渋柿のように苦々しい態度だが、世間に出ると「さわし柿（渋を抜いた柿）」のように甘い態度をとる人

ちんがちゃー吹く

※「狆《ちん》が茶を吹く」。「ちんくしゃ」にあたる言い草。特に鼻が低い不美人のこと。「ちんくしゃ」は狆がくしゃみをしたような顔をさす。

ちょーちんもへちまもあるもんか

※口喧嘩の折、相手が理屈をこねたのに対して言うセリフ。「何を言ったって（信用できない）」という意味。

頭はいから顔おから

※相手を愚弄する言い草だが、子供が戯れて言うことが多い。

〈参考文献〉

●『方言資料叢刊　方言比喩語の研究』第三巻　方言研究ゼミナール編　方言研究ゼミナール　一九九三年

●『三重県方言民俗語集成』江畑哲夫著　私家版　二〇〇〇年

●『三重県方言民俗語集覧』1～6　江畑哲夫編　私家版　一九九五年

●『和具の方言』1～3　鍋島泰著　私家版　二〇〇八年

滋賀県

近江商人の地。真摯に努力する人、まじめに働く人を多く送り出した。「琵琶湖のアユは外へ出て大きくなる」とも言われる。

調査地点…滋賀県北部を中心に

滋賀県のケンカ

A：おい、こらっ、酒が 足らんぞ。酒ぐらい 用意しとかんかい。
B：えーかげんにせーよ。いつまで 飲んでんねん。
A：黙れ、なんか 文句あんのか。
B：お前こそ、誰に向かって ぬかしとんねん。
A：なんや、やんのか。
B：おー、いつでも 相手になったるわ。
A：お前、いちびってんのちゃうぞ。いてこますぞ。
B：やれるんにゃったら、やってみー。この どあほが。
A：あぁ、誰があほやねん。お前、よーそんなこと言《ゆ》ーたなー。
B：じゃかましーわ。

【ケンカの際の捨て台詞、決まり文句、脅し文句】

●子ども　喧嘩捨て台詞・決まり文句
あほんだら。
うーわわこわわ／いーややこやや／いーしゃしゃこしゃしゃ、せーんせーに言《ゆ》ーたろ。
あほ、ばか、まぬけ、おまえのかーちゃん、でべそ。
あほ、だら、ちんどんや、おまえのかーちゃん、でべそ。
なんじ、なんぷん、なんびょー、地球が何回まわった時。
水尾《みずお》の学校、べちゃ学校。※県西北部だけで通用する表現

●言いがかりをつける時
なんか文句あんのか。　なんやねん。

●バカにされた時に
われ、何ぬかしとんねん。もっぺん、言《ゆ》ーてみー。
なめとったらあかんぞ／いちびっとったらあかんぞ。
おまえ、何してくれてんねん。

アホ・バカに相当する基本の罵倒語

語形

あほ、あほめ、どあほ、あほ（ん）だら、あほ（ん）たれ、ほうすけ、ばか、ばかたれ、ぼけ、ぼけなす、とぼけ、だら、どんだら、たわけ、たわけもん、まぬけ、すっぽこまぬけ、あんぽんたん

用法

◉**強調の段階**

あほ→どあほ→あほ(ん)だら→あほんたれ
ばか→ばかたれ
ぼけ→ぼけなす
だら→どんだら
まぬけ→すっぽこまぬけ

◉**用法**

相手に向かって

（怒って）「この～が」という文脈では「たわけもん、たわけ、とぼけ」が使えない。

これらの語は「あの人は～だ」のように人物を描写する際に使用する。

（甘えて）「あほちゃうか／どあほちゃうか」「このばか」以外は使わない。

だめになる

もー このネジがばかんなってる。

◉**決まり文句**

「ばかにする」「ばかにならん」「ばかにすんな」

※これらの表現で「あほ」は使いにくいが使わないこともない。

「あほゆーな」「あほいえ」

※これらの表現では「あほ」の方が多く使う。

「あほが足らんと／あほがたらいで」（自分の失敗を面白おかしく言う時の表現。例：あほが足らんと掃除がすんでるのに掃除してたんや）、「あほくさ」（ばからしい）、「あほぐち」（冗談）、「あほげに」（非常に）、「あほがたい」（義理堅い）

※これらの表現では「あほ」しか用いない。

◉**特徴**

「あほ」が主に用いられる。「あほ」を用いると、

その人に対して親しさや連帯感を持っていると いう含みがある。一方、「ばか」を用いると親近感はあまりなく、本当にばかにしていると感じる人が多い。「だら」は県東北部（岐阜県寄り）で用いられ、「たわけ」は県西北部（福井県寄り）で用いられる。強調するときは「ど～」「～（ん）たれ」となる。「あほんだら」は「あほ」と「だら」が複合した形である。

言いまわしの特徴

● **ごちゃごちゃぬかしとったら、どたまかちわんぞ。**
「ごちゃごちゃ言っていたら頭をかち割るぞ」

● **ごちゃごちゃたれくさっとったら、どたはんぞ。**
「ごちゃごちゃ言いやがっていたら頭をなぐるぞ」
※「どたはる」は「どたま張る」。

● **えーかげんにせーよ こら。きゅーきゅー言わすぞ。**
「いいかげんにしろよ こら。ひーひー言わせるぞ」

● **しばきたおすぞ。**
「たたきのめすぞ」

● **どつきたおすぞ。**
「ぶちのめすぞ」

● **ほれが、なんぼのもんじゃい。**
「それが、何だっていうんだ」

● **じゃかーしい、だーっとれ。**
「やかましい、黙っていろ」
※「だーっとれ」は「黙っとれ」。

接辞・間投詞などを用いた強調表現

● この、**どすけべ**が。／**どけち**。
「この、どすけべが」「どけち野郎」

● **くそったれ**／**ばかたれ**／**あほんたれ**、**なめくさりやがって**、あんな まぬけ／**どまぬけ**に 負けてたまるか
「くそったれ、なめくさりやがって、あんなぬけさくに負けてたまるか」

てたまるか。

● 「あのくそ坊主、読経が下手くそなんだよな」

あの **くそ坊主**、読経が **下手くそ**やねんな。

※「くそ～」を使う語には「くそがき」がある。「～くそ」を使う語には「げんくそが悪い」「けったくそ悪い」がある。

● 「とぼけたこと言いやがったらぶっころすぞ」

とぼけたこと **言《い》ーやがったら、ぶっころすぞ／ぶったおすぞ。**

● 「芋すけ、田舎モンは帰りやがれ」

田舎もんが、**帰りやがれ／いにゃーがれ。**

※「いにゃーがれ」は「往にやがれ」。

特徴的な接辞

● ほら、**見さらせ。**

● なに **言《ゆ》ーてけつかん**ねん。

● **どつきたおす**ぞ。

※ほかに「しばきたおしたろか」「いばりたおす」など。

● **ほーすけ**（阿呆）

● **びりけつ**（びり）

● **びりっかす**（びり）

● **ひちめんどくさい**

※ほかに「ひち難しい」「ひちくどい」など。

その他

ういたかひょーたん（軽率者）

ちょか（軽率で慌て者。おちょかとも言う。ちょかるという動詞形もあるが、これは「調子にのる」という意味である）

ちょけ（おどけ者。動詞形のちょけるは「おどける、ふざける」という意味を表す）

はちもん（おろか者。十文に足りないという意味）

〈参考文献〉

● 『滋賀県方言語彙・用例辞典』増井金典編著、サンライズ出版、二〇〇〇年

● 『滋賀県方言調査』正編～続々編、藤谷一海編著、教育出版センター、一九七五年～一九八六年（続々編は高橋重雄と共著）

京都府

女性の「はる」の運用は一種独特。それはすでに敬語ではなく、単に第三者の行動を表示するだけのものとなっている。

調査地点…京都市を中心として

──京都府のケンカ

A：おい こら。酒 たりひんぞ。酒ぐらい 用意しとけや。

B：えーかげんにせーよ。いつまで 飲んでんねん。

A：うるさい。なんか 文句 あんのか。

B：おまえこそ 誰に向かって 言《ゆ》ーとんねん。

A：やんのか こら。

B：おー いつでもやったるわ。

A：おまえ いちびっとんなよ。いわしたろか。

B：やれるんやったら やってみんかい。このぼけなす。

A：なに ぼけなすやとー。おまえ ぬかしよったな／なに言《ゆ》ーてんねん。

B：うっさい。

【ケンカの際の捨て台詞、決まり文句、脅し文句】

●子ども・喧嘩捨て台詞

あんたとは もー 絶交や。いーだ。

※「いーだ」はあまり使わない。

●子ども・喧嘩決まり文句

あほ ばか ちんどんや おまえの かーちゃん でーべーそー。

あほが 見ーるー 豚の けーつー。

※後者は「あほ」の部分に人名が入ることがある。

●言いがかりをつける時

おまえ なに いちびっとんねん。

なんか 文句 あんのか。

●バカにされた時に

おまえ なめとったら いわすぞ。

※「いわすぞ」のほかに「いてまうぞ」「いてこますぞ」も言わなくはないが、三者ともに大阪弁を借りて使用しているものであると感じられる。

アホ・バカに相当する基本の罵倒語

語形

あほ、あほー、あほんだら、あほたれ、どあほ、あほけ、あっぽ、あはー、あはーたれ、はーたれ、ぼけ、ぼけかす、ばか、ばかたれ、ばかもの、すかたん、まぬけ、ぬけ、まぬけ、ぬけさく、ふぬけ、へんこ

※「あっぽ」は子供に対して使う。「あはー」「あはーたれ」「はーたれ」は丹波・丹後地域のものか。

用法

◉強調の段階

あっぽちゃん→あほ→あほー→あほたれ→あほんだら→どあほ

ぼけ→ぼけかす・ぼけなす

ばか→ばかもの→ばかたれ

くるくるぱー・すかたん→まぬけ・へんこ→かす

相手に向かって

（怒って）「この～が」は「ばか」「ばかもの」「ばかたれ」「まぬけ」「ぼけなす」「ぼけかす」「すかたん」「かす」が言える。あほ系ではやや言いにくくなる。

（甘えて）「あほ」「ばか」「まぬけ」「あっぽちゃん」

※「ばか」と「まぬけ」は甘えては言いにくいという人もいる。

※子どもや教え子を叱るときなどには「あっぽ」に「ちゃん」をつけて「あっぽちゃん」と言う。

だめになる

このネジ、ばか／あほになっとる。

※「あほになっとる」は言いにくいという人もいる。

◉決まり文句

「あほか、ぼけ」「あほくさ」「あほらし」「あほらしゅーもないわ」（「あほらしいわ」の意味）「しゃっちもない」

◉特徴

「あほ」系のバリエーションが多い。「あほか、ぼけ」とは言えるが「ぼけか、あほ」とは言え

ない。「あほ」「まぬけ」は「あほ・まぬけがおる」のように主語になったり「あのあほ・まぬけを連れて来い」など補語になったりする。また、後ろに「な」をつけて「あほなやつ」「まぬけなやつ」と連体修飾できる。いっぽう、「ぼけ」は、主語・補語になれず、「な」を伴って連体修飾もできない。「へんこ」は「変な人」の意味で、マイナス評価を含んでいる。「かす」は非常に強く見下した言い方。

言いまわしの特徴

● 「くだらないことを言っていたら、のしてしまうぞ」

なま 言《ゆ》ーとったら いわすど。／ごちゃごちゃ言《ゆ》ーとったら いわすど。

※「なま ゆーとったら」はあまり使わない。

● 「いいかげんにしろ こら。のしてしまうぞ」

えーかげんにさらせ こら。いわすぞ。

● 「殴ったろか」

いわしたろか。／しばきまわすぞ。

※前者のほうが強い言い方。

● 「殴り倒すぞ」

どつきたおすぞ／どやすぞ／はったおすぞ。

● 「それがなんだって言うんだ」

それが なんぼのもんじゃい。

● 「うるさい、黙らないか」

うるさい、黙らんかい。

接辞・間投詞などを用いた強調表現

● 「この、どすけべが」「どけち野郎」

この **どすけべ。／けちんぼ。**

● 「くそったれ、なめくさりやがって、あんなぬけさくに負けてたまるか」

あほたれ なめくさりやがって、あんな まぬけに負けてたまるか。

● 「あのくそ坊主、読経が下手くそなんだよな」

あの **くそ坊主、**読経が **下手っぴやねなー。**

●「とぼけたこと言いやがったらぶっころすぞ」
まぬけなこと 言《い》ーやがったら いわすぞ／いてまうぞ。
※「いてまうぞ」を使うときは、かなり大阪弁で演出している。

●「芋すけ、田舎モンは帰りやがれ」
芋野郎、 田舎もんは **いにくされ／帰っといたらんかい。**
※卑罵表現の中ではしばしば授受表現テヤル系のタルが使用される。「いにくされ」は若年層にはなじみが薄い。

特徴的な接辞

●**あほくさ**

●**じじむさい**

その他

罵倒語の特徴

京都市左京区在住の30代男性は、罵倒語に関して次のような使用意識を持っていた。

・相手を目の前にして使用する罵倒語は少ない。

・性向語彙も相手を目の前にしてはあまり使わず、その人を話題にするときに使用する。

・直接相手に表現するときは、言葉よりも態度や行動で示すことが多いと思う。

・「いてまうぞ」「いわすぞ」などの相手を威嚇する言い方は、「いきった（虚勢を張った）」演出した言い方で、その時は大阪の罵倒語を借りてくる。

このように、面と向かっての悪態は京都市内であまり発達していないという考え方が見てとれる。ただし、「いわすぞ」は大阪や兵庫ではあまり使用されない。

〈参考文献〉

●『京都府方言辞典』中井幸比古著　和泉書院　二〇〇二年

●『方言の発見』小林隆・篠崎晃一編　西尾純二「卑罵表現の地域差」ひつじ書房　二〇一〇年

大阪府

一つの単語がいくつもの意味を持つ。文脈によってはそれが正反対のニュアンスになることがある。そこがヤヤコシイ。

調査地点…大阪市北区を中心として

——大阪府のケンカ

A：おえ こら、酒 たらんやないか。おまえ 酒ぐらい ちゃんと 用意しとかんかい。

B：おまえ えーかげんに せえよ。いつまで 飲んどんねん。

A：ああ? なんか 文句 あんのか。

B：おまえな、誰に もの 言うとんねん。

A：なんや おまえ。やんのか。

B：やったろやないか。

A：おまえー、偉そうなこと ぬかしとったら しばきあげんど。

B：やれんのか。やってみぃ あほが。

A：なんやと こら。あほが? われ なに ぬかしとんねん。

B：じゃかましい。

【ケンカの際の捨て台詞、決まり文句、脅し文句】

●子ども・喧嘩捨て台詞・決まり文句

あーほー。うっさいんじゃ。黙れ。／うっといんじゃ。いーだ。あっかんべー。／いっぺん 死んでこい。目え 噛んで 死ね。あーほー ばーかー まーぬーけー、ひょっとこ なんきん かーぼちゃー。

※「なんきん」は野暮な人、「かぼちゃ」は背が低く見てくれの悪い人を指していう卑語。

●言いがかりをつける時

なんやねん おまえ、なんか 文句 あるんか。／おまえ なに 見とんねん。／おまえ なに めんち きっとんねん。／おまえ 誰やねん。

※「めんち きる」は「にらみつける」ことで、「めん きる」とも言う。

どつくぞ こら。／しばくぞ。／いてまうぞ。／いわすぞ。死にたいんか。／おどらしたろか。／いわしたろか。

●バカにされた時に

おまえ なめとったら あかんで。調子乗んのも たいがいに しとけよ。

アホ・バカに相当する基本の罵倒語

語形

あほ、あほたれ、あほんだら、どあほ、ぼけ、ぼけなす、かす、はげ、たこ、さる

用法

◉強調の段階

あほ→あほたれ→あほんだら・どあほ

◉用法

相手に向かって

（怒って）「この〜」という形では、「どあほ」のほかはどの語も使用される。心底怒っている時や相手を威嚇する時は、「あほんだら」の「ら」を巻き舌で言うことが多い。

「あほ」「ぼけ」「かす」を一セットで使うことも多い。間髪入れずに三語を並べ立てることで、罵倒の効果が高くなる。「おまえ何やっとんねん あほぉ ぼけぇ かすぅ」これに「なす」を加えて、「あほぉ ぼけぇ なすぅ かすぅ」と言うこともある。

「ぼけ」を単独で使う場合は、「〜じゃ ぼけぇ」のように文の最後にくることが多い。

「はげ」は、相手が禿頭であるかどうかにかかわらず、「うっさいんじゃ、はげぇ（うるさいぞ、バカ野郎）」のように使用する。むしろ禿頭でない人に向かって使うことが多く、言われた側は「誰が はげやねん、あほか」などと言い返す。

（甘えて）「あほやなぁ」「あほたれ」は、「憎めないやつ」「かわいいやつ」というニュアンスでも使用される。「あっぽぅ」「あっぽちゃん」とも言う。「あほんだら」ももとはやわらかい表現だったとされるが、現在はかなりきつい罵倒語として使われ、甘えた表現にはなりえない。

※「あほか」は単なる罵倒語ではなく、相手の言動に対して心底呆れたという場合に使用されることがある。「おまえ、惚れたやろ」「あほか。なんでやねん」

また、相手のしたことに対する評価語として「あほや」がよく使われる。基本的には、単なるマ

イナス評価というより「おもしろいやつ」というプラス評価が含まれている。「あっ、間違えて上靴で帰ってきてもーた」「(笑) あほや」

だめになる

このネジ もー あかん。

※「ネジがあほになっている」のようには言わない。

●決まり文句

「あほなこといいないな（バカなことを言うな）」

「んな あほな（そんなバカな）」

「あーほいー」

※友だちが失敗した時などに子どもが使用するはやし言葉。

「あほほど」

※量や程度の甚だしいことを表す。「この子は ほんまに もう、あほほど みかん食うとるな」「あほほど練習したかて、うまなるとは限らんで」

「あほみたいに」

※「ばかみたいに」と同義。「あの店 あほみたいに安いで」

「あほくさ」「あほらし」

※呆れてものが言えないという心情を表す。どちらも、形容詞（「あほくさい」「あほらしい」）の語幹による感嘆表現。「おまえ、おれに惚れんなよ」「あほくさ」／「儲かってもおまえには一円もやらんからな」「あほらし」

●特徴

「あほ」が多用される。「ばかにする」のような言い方や「あほ、ばか、ちんどんやー」のようなはやし言葉はあるが、相手に対する罵倒語として「ばか」を使うことはほとんどない。

「あほ」は上述のように「憎めない奴、呆れた奴、おもしろい奴」のような意味を含んでおり、罵倒語というよりは、相手の発言に対する合いの手のような役割を果たしていることが多い。「あほ」がどの用法で用いられているかは前後の文脈および口調から判断しなければならない。

これに対して「どあほ」は罵倒専用の語である。音が融合して「だぁほ」のように発音されることもある。もともとは河内地方の言葉と認識されていたようだが、現在は府内各地で使用されている。

言いまわしの特徴

●「ごちゃごちゃ言ってると、頭殴るぞ」
ごちゃごちゃ　ぬかしとったら　どたま　かち割んど。

●「いいかげんにしろよ こら。やっちまうぞ」
えーかげんにさらせ　こら。いてまうど。

●「ぶちのめすぞ」
しばきあげんど／しばくど。

●「たたきのめすぞ」
どつきまわすぞ。

●「あいつが、なんだっていうんだ」
あいつが　なんぼのもんじゃい。

●「うるさい、黙れ」
じゃかましい、黙っとれ。

接辞・間投詞などを用いた強調表現

●「この、どすけべが」「どけち野郎」
この、**どすけべが。／どけち野郎、しみったれ、しぶちん。**

※「ど〜」という言い方は多い。「どあほ」「どえらい」「どかいしょなし（甲斐性なし）」「どぎつい」「どぎつね（狐、女性を罵って言う）」「どしゃべり（喋り）」「どたぬき（狸）」「どたま（頭）」「ど畜生」「どんけつ（最後尾）」など。

●「くそったれ、なめくさりやがって、あんなぬけさくに負けてたまるか」
くそったれ、なめくさりよって、あんな**　ぬけくそ／あほんだら**に負けてたまるかい。

※「〜たれ」という性向語が多い。「あかんたれ（弱虫）」「あほたれ」「しみったれ（けち）」「しょんべんたれ（若造）」「びんぼたれ（貧乏人）」「へたれ（弱虫）」「文句たれ（文句ばかり言う人）」など。

「〜くさる」という表現もよく使われる。「〜やがる」に同じ。「さっさと行きくされ（行きやがれ）」「あの車、曲がりくされへん（曲がりやがらない）」「あの客は夏のはまぐりやな。見ぃくさって、買いくさらん（身ぃ腐って貝腐らん）」

「〜さく」には、「きょろ作（きょろきょろする人）」「ごて作（ごてごてと不平を並べる人）」などがある。

●「あのくそ坊主、読経が下手くそなんだよな」
あの**なまぐさ坊主／くそ坊主、**読経がなっとらんねや。

※「くそぼうず」は、悪がきに対しても使う。

「くそ」を接辞にもつものには、「おもくそ（思いきり）」「くそ暑い（ひどく暑い）」「くそ結び（むちゃくちゃな結び方）」「けったくそ悪い（いまいましい）」「げんくそ悪い（縁起が悪い）」など、さまざまな表現がある。

●「とぼけたこと言いやがったらぶっころすぞ」

眠たいこと **ぬかしとったら** いてまうぞ。

●「芋すけ、田舎モンは帰りやがれ」

田舎もんは **いにくされ／いにさらせ。**

特徴的な接辞

●おまえ、なに**泣きさらし**とんねん（おまえ、何を泣いているんだ）。

※「〜さらす」は動詞の連用形につけ、「〜しやがる」の意を表す。「さらす」単独では、「する」の卑語的表現となる。「なにさらすねん（何をするんだ）」

●**何ぬかしてけつかる**（何を言っていやがる）。

あんなとこで**サボってけつかる**（あんなところでサボっていやがる）。

※「〜けつかる」は「〜している」の意の卑語的な表現。「〜してけっかる」とも言う。「〜やがる」に同じ。

その他

どたまかち割って **脳みそ** **かきまわしたろか。**

ケツの穴から **手え突っ込んで** **奥歯がたがた言わしたろか。**

※この二者は実際の喧嘩で使われることはあまりないが、不快に思うなどの心情を冗談めかして伝える表現としてよく用いられる。

ことわざ・言い草

※いずれも『大阪ことば事典』より。

雨気の太鼓で、なりが悪い→身なりが悪い

絵に描いた餅で、食えんやっちゃ→一筋縄では行かぬ人間

ねそがこそする→むっつり屋の人付き合いの悪い人が陰でこそこそと何かとんでもないことをしている

豊富な罵倒語

二人称の卑語は「われ」「おんどれ」である。

罵倒語にかかわる語彙例。

言う…「かます」「こく」「ぬかす」「ほざく」

※「言う」の意味の「かます」は、「はったりかます。（はったりを言う）」で定型的に使用する。

帰る…「往《い》ぬ」

※「往ねや」「往にさらせ」など、命令形で使うことが多い。

食らわす…「かます」

殴る…「しばく」「どつく」

※「しばきあげる」「しばきたおす」「しばきまわす」「どつきまわす」などとも言う。

殴り倒す…「はったおす」

する…「さらす」

やっつける…「いてこます」「いわす」「おどらす」

※「いてこましたれ」「いわしたれ」「おどらしたろか」など、「～してやる」の形でよく使われる。

やってしまう…「いてまう」

派生名詞

動詞の連用形から派生した性向語彙が豊富である。「いらち（苛《いら》つ。待つことがきらいな人）」「うれしがり（お調子者）」「かじけ（かじける。寒がり屋）」「しゃべり（秘密をしゃべってしまう人）」「びびり（びびる。こわがり屋）」「ぼやき（ぼやく）」「やつし（やつす。おめかし屋）」など。

このタイプには、複合的な表現もある。「言いたいこと言い（言いたい放題言う人）」「いらんことしい（要らないことばかりする人）」「ええかっこしい（かっこつけ）」「偉そしい（偉そうにする人）」「遠慮しい（遠慮する人）」「自慢しい」「文句言い」など。

副詞から作られる名詞

副詞の語尾を省略して作られる性向語彙もある。「きょろぉ（きょろきょろする人）」「げらぁ（げらげら笑う人、笑い上戸）」「ごてぇ（ごてごて文句を言う人）」「ちょかぁ（ちょかちょかする、落ち着きのない人）」など。

〈参考文献〉

●『大阪ことば事典』牧村史陽編　講談社、一九七九年

●『南河内ことば辞典　やい　われ！』田原広史監修・富田林 河内弁研究会編、二〇〇一年

兵庫県

摂津、播磨、丹波、但馬、淡路の旧五カ国をまとめた合衆国。それぞれの領域ごとの言語分布相が存在する。

調査地点…播磨地域

――兵庫県のケンカ

A：おー こら、酒が たらんどー。酒ぐらい 用意しとかんかぇ。

B：えーかげんに せーよー。いつまで 飲んどんどぇ。

A：じゃかあっしゃー。なんど 文句 あるんかぇ。

B：おんどれ 誰に もの 言《い》ーよんど。

A：なんどぇ、やんのか。

B：おー、いつでも 相手ん なったらー。

A：おどれ 偉そーに すなよー。いてもたんどー。

B：やんねやったら やらんかぇ。この ぼけー。

A：なにー、ぼけやて。おどれ ぬかっしゃがったなー。

B：じゃかーっしー。

【ケンカの際の捨て台詞、決まり文句、脅し文句】

●子ども・喧嘩捨て台詞

おまんなんか 嫌いじゃー。いーんじゃ。

●子ども・喧嘩決まり文句

あほー、ぼけー、ちんどんや、ひょっとこ なんきん かぼちゃ。おまえのかーちゃん でーべーそ。やっぱりおまえも でーべーそー。

あほー、ばか、まぬけ、ひょっとこ なんきん かぼちゃ。おまえのかーちゃん でーべーそー。やっぱりおまえも でーべーそー。

●言いがかりをつける時

なんどぇ 文句 あんのか。

●バカにされた時に

おどれ なめとったら しょーちせーんどー。

アホ・バカに相当する基本の罵倒語

語形

あほ、どあほ、あぼちん、ぼけ、どぼけ、だぼ

用法

◉強調の段階

あほ→どあほ

ぼけ→どぼけ

※「あぼちん」は、やや突き放した意味合いを含む。

◉用法

相手に向かって

(怒って)「この～」「この～が」では、いずれの語も使用する。

(甘えて)あほやなー。

だめになる

「だぼ」を使用する地域では、「ネジがだぼんなった」などと使う。

◉決まり文句

「あー　あほらし(ばからしい、ばかばかしい)」「あほくさ(ばからしい)」「あほぬかせ(ばかを言うな)」

◉特徴

県内全域で「あほ」「あほー」が一般的に広く使われる。「ぼけ」や「だぼ」は南部の一部で使われる。

言いまわしの特徴

●「ごちゃごちゃ言ってたら、頭ぶん殴るぞ」

どないや　こないや　言よったら、どたま　かちわってもたんどー。

●「いいかげんにしろ　こら、やっちまうぞ」

えーかげんに　さらさんかぇ、こら、いてまうどー。

●「ひどい目にあわせるぞ」

しばいてもたろかー。

●「たたきのめすぞ」

どつきまっそー。／ぶちまっそー。

●「あいつが、どうだっていうんだ」

あいつが なんぼのもんどぇ。

● 「うるさい、黙りやがれ」

じゃかあっしゃい、だーっとらんかぇ。

接辞・間投詞などを用いた強調表現

● 「この、どすけべが」「どけち野郎」

この、**どーすけべ／どけち。**

● 「くそったれ、なめくさりやがって、あんなぬけさくに負けてたまるか」

くそぼけ、なめくさって、あんな**だぼくそ**にまけとれるかぇ。

● 「あのくそ坊主、読経が下手くそなんだよな」

あの **くそ坊主**、お経読むん **ど下手**やねなー。

● 「とぼけたこと言いやがったらぶっころすぞ」

とぼけたこと **ぬかっしゃがったら** いてまうどー。

● 「芋すけ、田舎モンは帰りやがれ」

この だぼ、田舎もんは さっさと **いんでまえ。**

特徴的な接辞

●どんがめ、どんげつ

※「どんがめ」は「動作の鈍い者」、「どんげつ」は「最下位」(「げつ」は「最下位」の意)。

その他

ことわざ・言い草

あほとせんちょ虫 高いとこ 登る→ばかとうじ虫は高いところへ登る

あほが 見ーるー、ぶたの けーつー

※「あ、あれ なんや?」「え?」「あほが 見ーるー、ぶたの けーつー」のようにからかって使う。

「ごじゃ」「ごじゃもん」の使用

播州地方で使われ、共通語訳できない言葉に「ごじゃ」「ごじゃもん」がある。「道理をわきまえない人」とでも訳すしかないが、細かな意味合いは表現できない。茨城県にみられる、馬鹿を意味する「ごじゃっぺ」は同源ではないかと思われる。

なお、播州地方の最近の若い世代では強調を表す副詞として用いられ、「今日の試験ごじゃむずかった」などと使われている。

アクセントの特徴

「あほ」「ぼけ」「ぶた」「でぶ」「ちび」「でめ（目の大きい人）」「でば（出っ歯）」「泣き（泣き虫）」「げら（よく笑う人）」など、すべて同じアクセント型で、一拍目が低く二拍目は下降を伴う。また、「のっぽ」「出っ歯」「おこり（怒りんぼ）」「だまし（嘘つき）」「まねし（人まねばかりする人）」「いやし（つまみ食いする人）」「えーかっこし」など、いずれも低い拍で始まり最後の拍だけが下降を伴うアクセント型である。

〈参考文献〉
●『兵庫の方言・俚言』和田実・鎌田良二編　神戸新聞総合出版センター、一九九二年
●『ひょうごの方言』　橘幸男編著　神戸新聞総合出版センター　二〇〇四年
●『但馬ことば』岡田荘之輔　但馬文化協会　一九七七年
●『淡路方言の研究』　禰宜田龍昇　神戸新聞出版センター　一九八六年

奈良県

「大和ことばに讃打つな」とは、奈良のことばにけちをつけるな、という主張であるが、そこには、自負心とともに、ことばに対するコンプレックスも垣間見える。

調査地点…大和高田市を中心として

——奈良県のケンカ

A：おい、こらっ 酒たらへんがな。酒ぐらい まわりしとかんか。

B：えーかげんに せーよ。いつまで 飲んでんね。

A：じゃかまし。なんか 文句 あんのか。

B：おまえこそ、誰に向こーて 言《ゆ》ーてんねん。

A：なに やんのか。

B：ほな いつでも 相手になったる。

A：おまえ 偉そーにすんなよ。しばくぞー。

B：やれるもんやったら やってみー。このぼけが。

A：なんやて、ぼけやて。おんどりゃ よーもぬかしやがったな。

B：じゃかまし。

※「まわり」は準備の意。

【ケンカの際の捨て台詞、決まり文句、脅し文句】

●子ども・喧嘩捨て台詞

おまえみたい 嫌いや いーだ。

●子ども・喧嘩決まり文句

あほ ぼけ ちんどんや

●言いがかりをつける時

なんか 文句 あんのか。

●ばかにされた時

このがき なめとったら いてまうぞ。

アホ・バカに相当する基本の罵倒語

語形 あほ、ぼけ、ぼけなす、ぼんくら

用法

◉強調の段階

あほ→ぼけなす・ぼけ・ぼんくら→どあほー

◉用法

相手に向かって

（怒って）「おまえはどあほーじゃ」

（甘えて）「あんたほんまにあほやねー」

だめになる

わやになる／ぼける／ばかになる

◉決まり文句

「このどあほが、おまえみたいな死んでまえ」

◉特徴

「あほ」には親愛的なニュアンスがある。「ばか」はとても強い卑罵表現となる。また、「ばーか」は時に「ばか」よりも人を見くびる意味をもつ。

言いまわしの特徴

●「ごちゃごちゃ言ってたら、頭殴るぞ」

ごたごた言《ゆ》ーとったら どたまかちわるど。

●「いいかげんにしろ やっちまうぞ」

えーかげんにせんかい いたまうぞ。

●「ぶちのめすぞ」

しばくぞー。

●「たたきのめすぞ」

どつきまわしたろか。

●「あいつが、なんだっていうんだ」

あいつが、なんぼもんやねん。

●「うるさい、黙りやがれ」

じゃかまし、だまりさらせ。

接辞・間投詞などを用いた強調表現

●「この、どすけべが」「どけち野郎」

この**どすけべ**。／**どけち**。

●「くそったれ、なめくさりやがって、あんなぬけさくに負けてたまるか」

くそったれ なめやがって あのぼんくらに 負けてたまるか。

●「あのくそ坊主、読経が下手くそなんだよな」

あの**くそ坊主、**お経**下手くそ**なんやなあ。

●「とぼけたこと言いやがったらぶっころすぞ」

ねごとみたいなこと**言《い》ーやがって** いてまうぞ。

●「芋すけ、田舎もんは帰りやがれ」

いね、田舎者。

特徴的な接辞

人の足を踏み**さらして。**

つべこべ言い**くさって。**

その他

ことわざ・言い草

三尺将軍（身長がたいへん低く、することが奇抜でいつも大言壮語する人）

太閤さん（身体は小さいが賢い人）

鬼瓦（恐ろしい顔つきの人）

大風（要領を得ないことを言う人）

雷さん（何事によらず騒がしく行動する人）

紀州さん（よく怒る人）

隠居はん（世事に疎い人）

獅子（とんでもないことを言ったりしたりする人）

油取り（骨惜しみをする人）

貧乏人のお粥→湯ばかり（言うばかり＝口先だけのこと）

夏の蛤《はまぐり》→実くさっても貝くさらん（見物するばかりで買わない人のこと）

猿の小便→木にかかる（気にかかること）

長持の蓋→こっちあいてもむこあかん（当方の都合は良いが先方の都合が悪いこと）

〈参考文献〉

●『奈良県風俗誌（二六類・言語）国中地域編』中井精一著　一九九八年

●『日本のことばシリーズ29　奈良県のことば』平山輝男編・中井精一著　明治書院　二〇〇三年

和歌山県

文末詞で、丁寧を表す「のし（〜ね）」がある。「紀州人は礼儀正しい。ことばにまで熨斗《のし》をつける」とからかわれている。

調査地点…和歌山市・有田市

――和歌山県のケンカ

A：おい、こらっ 酒たりやんど 酒ら 用意しとけよ。

B：えーかげんにせーよ／えーかげんにしよし。いつまで飲んじゃーるんよ。

A：じゃかーし。なんど 文句あんのか。

B：おまんこそ 誰に 向こて 言《ゆ》ーちゃーるんな。

A：なんや やんのか われ。

B：おー いつでも 相手になっちゃらよー。

A：おまん 偉そーに しよすなよ。 いてこますぞ。

B：やれるもんやったー やってみよよ。 この あほたれ／あほんだら。

A：なにー あほんだらやとー。おんしゃわれ よー ぬかしくさりよってからに。

B：じゃかーしー。

※「おまん」よりも「おんしゃ」のほうが，強い罵倒。

【ケンカの際の捨て台詞、決まり文句、脅し文句】

●子ども・喧嘩捨て台詞
おんしゃら 嫌いじょ。

●子ども・喧嘩決まり文句
さーるのけーつ、まっかっかー。
※「ドレミの歌」のリズムで。
おまえの かーちゃん でべそ。
あほが 見ーるー ぶたの けーつー。

●言いがかりをつける時
なんど 文句 あんのかえ／あんのけ。
※和歌山市内では通常「〜け」は使用しない。使うと怖がられる。

●バカにされた時に
おんしゃわれ なめちゃーったー しばくぞ。
※「おんしゃわれ」の「おんしゃ」「われ」はそれぞれ単独でも使用される。

アホ・バカに相当する基本の罵倒語

語形

あほ、あほー、あお、どあほ、あほ(っ)たれー、あほんだら、あほんだれ、あっぽけ、あっぽけぷー、うとい、ぼけ、ぼけなす、ばか、ばかたれ、ばーたれ、ぼんくら、まぬけ、あやかり、んだら、すっとこ

※「あほんだれ」の使用は少ない。

用法

◉強調の段階

あっぽけ→あっぽけぷー→あほ・あお→あほたれー→あほー→どあほ・あほんだら・あほんだれ

ぼけ→ぼけなす

ばか→ばかたれ→ばーたれ

◉用法

相手に向かって

(怒って)「この～が」は、「うとい」以外のすべての言い方で使う。

(甘えて)「おまえはうといなー」は男性から女性には使えるが、その逆はない。

※「あっぽけぷー」は子どもや教え子を叱るときなど。弱い罵りではない。

だめになる

このネジ、ばか／あほになってる。

このネジ、もーあっぽけやわー。

◉決まり文句

「あほげにうろちょろすんなよ」

※「ばかみたいにうろうろするな」の意。

「あほくさ」

※「ばからしい」の意。「このあほくさが」とは言えない。

◉特徴

「あほ」は「あほがおる」のような主語、「あほを言うな」や「あほなやつ」のように補語、連体修飾語になれるが、「ぼけ」はなりにくい。「うとい」は「どじな」「ぼーっとしている」の意味に近い。「あほ」系には音声的変異が多い。

言いまわしの特徴

● 「くだらないことを言っていたら、のしてしまうぞ」

いらんこと 言《ゆ》ーちゃーったら いてこますどー。

● 「いいかげんにしろ こら。 のしてしまうぞ」

えーかげんにさらせ／えーかげんにしくされ こら。 いてまうど／いてこますど。

● 「殴るぞ」

しばくぞー／しばくどー。

いわすぞ／いわすど。

しばいたろか。

いてこますぞ／いてこますど。

● 「殴り倒すぞ」

くらすぞー／くらすどー／くらっそー。

しばくぞ／しばくど。

いてっこますぞ／いてっこますど。

● 「それが、なんだって言うんだ」

それが なんぼじゃ。

● 「やかましい、黙ってろ、クソ」

じゃかーしわ、だまっとけ、くそ。

接辞・間投詞などを用いた強調表現

● 「この、どすけべが」「どけち野郎」

この **どすけべ。／けちんぼ。**

● 「くそったれ、なめくさりやがって、あんなぬけさくに負けてたまるか」

くそったれ、なめくさってからに。あんなうとい奴に負けれんよ。

● 「あのくそ坊主、読経が下手くそなんだよな」

あの **くそ坊主、**お経が **下手くそ**なんよ。

● 「とぼけたこと言いやがったらぶっころすぞ」

とぼけたこと **言いくさったら ぶっころすど。**

● 「芋すけ、田舎モンは帰りやがれ」

芋やろー、田舎もんは **帰りやがれ。**

特徴的な接辞

特徴的な接辞は、現在はほとんど見られなくなりつつある。以下は、昭和初期の方言集からの事例。

あの**やっかいぼし**が（あの厄介者めが）。

※他に「おこりぼし（癇癪持ち）」「へんたれぼし（偏屈者）」など。

てきや、**だまくらかしくさったな**（あいつ、騙しやがったな）。

※「てきゃ」は、あまり卑罵的ではない。

あたうるさいこと、言いくさって（面倒なことを言いやがって）。

えーかげんにさらせ。**てちころすぞ**（いい加減にしろ。ぶっころすぞ）。

この**くさりがき**が、てんごうすな（このクソガキが、いたずらするな）。

その他

ほける（悪い意味で現《うつつ》をぬかす）

いきる（調子にのる）

※「なに いきっちゃーんのよ」

けったくそわるい（腹の立つ）

※昭和初期の方言集から収集。

おくねる（ぶつぶつと不平を言う）

にやかす（ひどく殴る）

※「悪いことしたらにやかすぞ」

げすい（下品な）

おーばっちょ（でしゃばり。でしゃばる人）

すこたんくろた（あてが外れた）

ざいごべー（田舎者。「ざいご」は「在郷」か）

〈参考文献〉

●『方言集覧稿　和歌山県方言』太田栄太郎編　方言協会　一九三〇年
●『方言の発見』小林隆・篠崎晃一編　西尾純二「卑罵表現の地域差」　ひつじ書房　二〇一〇年
●『和歌山県方言』和歌山県女子師範学校・和歌山県立日方高等女学校郷土研究会　一九三三年

鳥取県

かつての因幡と伯耆の二国からなる。「雨の因幡、風の伯耆」と言われるように、風土の相違とともに、互いのことばにはかなりの違いがある。

調査地点…八頭郡八頭町を中心として

——鳥取県のケンカ

A：おーい、なんしょっだいや。酒が たりんがな。酒ぐらい 用意しとかんかいな。
B：えーかげんにせーや。いつまで 飲みょーるだいや。
A：あえんな。なんか 文句 あるかいや。
B：おめー 誰に向かって もの言《い》よーるだいや。
A：なにー、やるか。
B：えーで、いつでも 相手 するで。
A：われ、偉そーに すんなよ。しばきまわすぞ。
B：やれるもんなら やってみーや。このだらず。
A：なに、だらずだー。おめー よー言《ゆ》ったなー。
B：あえんな。

※文末詞「ぞ」は、荒っぽい表現のときは「ど」となる。
※対称詞「おめー」は対等・目下だが、「われ」は目下にのみ用いる。

【ケンカの際の捨て台詞、決まり文句、脅し文句】

●子ども・喧嘩捨て台詞
あっかんべー！ いーだ！
●子ども・喧嘩決まり文句
ばか、かば、ちんどんや、おまえのかーちゃん、でべそ。
●言いがかりをつける時
われ、なんだいや。
●バカにされた時に
ばかにしとった こらえらせんど。

アホ・バカに相当する基本の罵倒語

語形
だらず、あほー

用法

◉強調の段階
特に段階はなく一括して「だらず」

◉用法
相手に向かって
（怒って）「こんだらずが」
（甘えて）「ばかー」 男性の使用は稀。
だめになる
（ネジなどが）だらずになる。

◉決まり文句
「だらずげなことを ゆーな」（ばかなことを言うな）
「あほんすんな」（ばかにするな）
「あほらしー」（ばからしい）
「ばかんならん」（ばかにならない、侮れない）

◉特徴
鳥取県内では、ほぼ全域に「だらず」が分布する。一方、岡山県に近い一部地域には「あんごー」もみられる。

言いまわしの特徴

● 「ごちゃごちゃ言ってたら、どたまカチわんど〜」
ごちゃごちゃ 言《い》よったら、どつきまわすどー。

● 「いいかげんにしろ こら、やっちまうぞ」
えかげんに せーや こら、やったんぞー。

● 「ひどい目にあわせるぞ」
しばくどー／しばくぞー。

● 「たたきのめすぞ」
どつきまわすどー。

● 「あいつが、どうだって言うんだ」
あいつが、なんぼのもんだ。

● 「うるさい、黙りやがれ」
やかましー、静かにせーや／黙らっしゃい。

接辞・間投詞などを用いた強調表現

● 「この、どすけべが」「どけち野郎」
この、**どすけべが／どけち野郎。**

● 「くそったれ、なめくさりやがって、あんなぬけさくに負けてたまるか」
くそったれ、ばかにしやがって。 あんなんにゃー負けちゃー いけん。

● 「あのくそ坊主、読経が下手くそなんだよな」
あの **なまぐさ坊主、** お経が **下手くそ**だけーな。

● 「とぼけたこと言いやがったらぶっころすぞ」
仕様《しょー》もないこと **言《い》よったら こらえりゃせんぞー。**

● 「芋すけ、田舎モンは帰りやがれ」
田舎もんは **とっとと いねー**／あっち いけー。

その他

ことわざ・言い草

ばかと 煙は 高いところに のぼる

あいつは だらずだけー→どうしようもない
※見放したような、あきれたようなニュアンス。

あえる→ばかにする

八頭郡郡家町の地方誌に記載された語句の例

※今では古老にのみ残るものを含む

あえんな→やかましい
※原義「ばかにするな」からの捨てぜりふ的用法への転化。

ばれる→騒ぐ、暴れる、どたばたする

くじおくる→文句を言う

〈参考文献〉

●『因伯俚言』古田恵紹著　富士書店　一九七二年
●『鳥取県のことば』平山輝男編・室山敏昭著　明治書院　一九九八年
●『鳥取県方言辞典』森下喜一編　富士書店　一九九九年
●『鳥取の方言をたずねて』森下喜一著　白帝社　一九九九年
●『鳥取の伝統方言』今石元久著　日本文教出版　二〇〇四年

島根県

石見の人に比べ出雲の人は寡黙で、話すテンポも比較的ゆっくりしている。しかし、過去の文化の蓄積からくるプライドは強烈。

調査地点…松江市周辺

――島根県のケンカ

A：これ、酒が ねがの。まっと ようぇ しちょけ。

B：えーかげんに しさがれ。えつまで 飲んじょーだー。

A：黙っちょれ。おのらー なんか 文句が あーか。

B：わーこそ、だーに向かって 言っちょーだらー。

A：なにー、おどらー やーだかー。

B：おー、えつでも 相手に なっちゃーぞ。

A：わーが 偉ぶっちょったてて しわがれーぞ。

B：やーならやーてみーだわや。この だーくそめが。

A：なにー だーくそだててー。おどらー よーも 言《い》ーさがったなー。

B：やかましわや。

※しわがれーぞ（「しわぐ」はたたくの意で、「たたかれるぞ」と受身の表現になっている。

【ケンカの際の捨て台詞、決まり文句、脅し文句】

●子ども・喧嘩決まり文句

この だーくそやー。

●言いがかりをつける時

なんだててー おどらー。

なんだてて ててっぽよー。

※「ててっぽ」は「無一文・すっからかん」ということから、「からっぽで、何にもない奴」という意味で用いられる。

●バカにされた時に

おのら ばかに したなー。

アホ・バカに相当する基本の罵倒語

語形

あほ、あほたら、あほたれ、あほんだら、あんぽ、あんぽんたん、おとだら、おっとんだら、おてでこてん、げだ、げだまつ、さんもんでこ、じょーとーさん、じょーとやん、だら、だーくそ、だらくそ、だらじ、たんぽなし、てんぽせん、てんぽなし、とーしした、とーへんぼく、どべろく、とんこまつ、とんこまち、どんだら、とんぱち、ぬけさく、のーたりん、のーまつ、ばかたれ、ばぼ、ほーけまつ、ほーけまち、ほーけだま、ぼやすけ

※「げだ」は「外道」から。

用法

◉強調の段階

だら・だらじ → だらくそ・だーくそ → おとだら・おっとんだら

げだ → げだまつ

ばか → ばかたれ

あほ → あほたら・あほたれ → あほんだら

◉用法

相手に向かって

(怒って)「このげだめが」「あのげだめが」「げだ」「こんげだみゃ」「こんだーくそめが」

(甘えて)「またださらえってー(またばか言って)」

だめになる

「ほんにだーだけん(ほんとにばかなんだから)」

ねじがだらんなー。

◉決まり文句

「だらじまめ」

※「インゲン豆」のこと。時無しのため。

「だらずばら」

※「大食漢」のこと。

「だーくそめが、なにやっちょらー」

※「ばか者、なにをしてるんだ」の意。

◉特徴

「だら」「だーくそ」が頻用される。「だーずげな（ばかみたいな）」という形も頻繁に聞かれる。「だーずげなこと えっちょーわー（ばかげたことを言っているよ）」「だーずげな（ばかみたい）」

また、「〜くそ」「〜まつ」「〜たれ」の接尾辞が多用されて、語形のバリエーションができている。

言いまわしの特徴

● 「ぐちゃぐちゃ言ってたら、殴るぞ」

ぐちゃぐちゃ言《い》ーさがったら、くらかすぞ。

● 「いーかげんにしろ、こらー、いてまうぞ」

えーかげんにしさがれ、こらっ、くらかすぞー。

● 「殴るぞー」

しわぐぞー。

● 「お前がどれほどのもんなんだ」

わが なんぼ すーだか。

● 「うるさい、黙りやがれ」

やかましがな、黙っちょれ。

接辞・間投詞などを用いた強調表現

● 「この、どすけべが」

どすけべ。

● 「くそったれ、なめくさりやがって、あんなぬけさくに負けてたまるか」

だらくそ、なめさがってー／だらくそめが、だらにしさがってー、あげな **だらくそ**に 負けられーか。

● 「あのくそ坊主、読経が下手くそなんだよな」

あん **くそばーず**、読経が **下手くそ**だわ。

● 「とぼけたこと言いやがったらぶっころすぞ」

だらずげなこと **言《い》ーさがって、ぶちころすぞ。**

● 「芋すけ、田舎モンは帰りやがれ」

ざいごたれ、**いにさがれ。**

特徴的な接辞

● ～しさがる
何を言《い》ーさがる。
※共通語では「いーやがる」と「～あがる」になるもの。

● だらくそ げだまつ
※「～くそ」「～まつ」が頻用される。

その他

（頑固者）いっこくな、かたきこ、きこーじん、きこはり、こーじくな、きこな、まがわたらん、はーこばち、かたぱん
（乱暴者）あくだれもん、あとみず、ごんぞ、ごんた
（偏屈者）へんたら、こーじくな、いっこくな、しゃちこばる、もーりん、もんりん
（お調子者）えーかっこしー、ちょーさえもん、ちょーたまち、ひょーげまつ、ひょーげもん
（食い意地の張った人）じーくそがわり、じぇぼ、ずぃーた、ずぃぼ、ずいぼたら、ぜぼ、たらふくまんま
（手に負えない人）しごならず、てこにあわん、てしこにあわん、てにやわず
（だらしがない）じくたらし、ずぃくだれる、ずぃくだれこむ、らしがね

ことわざ・言い草

しーらのさきばしり↓小者のお先棒
はなん下からさき生まれた↓おしゃべり
味噌に骨のあーやーなこと言う↓皮肉屋
まのこのただあるき↓役に立たない
えちもとらじ、にもとらじ↓虻蜂取らず
きつねまんのせたやな↓落ち着きがない

〈参考文献〉
●『島根県方言辞典』矢富熊一郎・広戸惇編　島根県方言学会　一九六三年

岡山県

どこか醒めつつも物事を思いつめて見るところがある。言語研究者をたくさん輩出しているが、その多くが理論追究型である。

調査地点：岡山県

――岡山県のケンカ

A：おえ、酒が たりまーがー。酒ぐれー だしとけー。

B：えーかげんに せーよー。いつまで 飲みょーるんならー。

A：うるせー、なんか 文句 あるんかー。

B：おめーは、でーに 言《い》よんならー。

A：なんじゃー、やるんかー。

B：おー、いつでも 相手に なるでー。

A：おめー、偉げに 言《ゆ》ーな。たたっころすぞ。

B：やれるもんなら、やってみー。このあんごーがー。

A：なにー、あんごーじゃとー。おめー、よーも 言《い》ーやがったなー。

B：うるせー。

※でーに（誰に）

【ケンカの際の捨て台詞、決まり文句、脅し文句】

●子ども・喧嘩捨て台詞

あっかんべー。いーだ。

●子ども・喧嘩決まり文句

ばーか かーば ちんどんや おめーの かーちゃん でーべーそ。

●言いがかりをつける時

おどりゃー なんか 文句 あるんかー。

●バカにされた時に

おどりゃー なみょーたら おえんでー。

※おえん（だめだ）

アホ・バカに相当する基本の罵倒語

語形

あんごー、あほー、あほたれ、あほんだらー、あほ(ー)だま、ばか、ばかたれ、あんぽんたん、くそたれ、まぬけ

※文献上では、「ほーけ」「だらず」「たわけ」「ぼけ」「ごじゃばこ」「ちょーさいぼ（ー）」もみられる。

用法

◉**強調の段階**

あほー→あほたれ・あほんだら・どあほ

ばか→ばかたれ

◉**用法**

相手に向かって

（怒って）「この～が」では、どの語も使う。

（甘えて）「あほじゃねー」「ばかじゃねー」を使う。後者よりも前者のほうが柔らかい言い方。

だめになる

このねじゃーばかになっとる。

このねじゃーあんごーになっとる。

◉**決まり文句**

「あほいえー」「あほゆーなー」「ばかいえー」「ばかゆーなー」

◉**特徴**

伝統的な形として「あんごー」が県内全域にみられるが、「あほー」も多用されている。「あほ（ー）だま」の「だま」、「あほんだらー」の「んだらー」は、「あほ」以外には付かない。「あんぽんたん」は子どもに対して使う。「ごじゃばこ」は日生《ひなせ》地域で使用。「ちょーさいぼ（ー）」は「嘲斎坊」。

言いまわしの特徴

●「ぐちゃぐちゃ言ってたら、ぶちころすぞ」

ごたごた言《い》ーやがると／言《い》やーがると、ぶっころすでー。

●「いいかげんにしろ。おまえやってしまうぞ」

えーかげんに せー。おどりゃー いてまうでー。

●「しめあげるぞ／殴りとばすぞ」
しばくでー。／ぶっとばすぞー。

●「殴りまわすぞ」
ぶちまわすぞー。

●「それがなんだ。それがどうしたと言うのか」
せーが なんじゃい。せーが どねーした ゆんなら一。

●「うるさい、黙れ／やかましい、帰れ／帰れ」
うるせー、黙れ。／やかましー、帰れ。／いねー。

接辞・間投詞などを用いた強調表現

●「この、どすけべが」「どけち野郎」
この、**どすけべ**が。／**こすっぽ。**

●「くそったれ、なめくさりやがって、あんなぬけさくに負けてたまるか」
ばかたれ／どあほ／あほたれ、ばかにしくさりやがって、あねーな **ばかたれ／どあほ／あほたれ**に 負けれるか。

●「あのくそ坊主、読経が下手くそなんだよな」
あの **あほ坊主／ばか坊主、**お経が **下手くそ**じゃわー。

●「とぼけたこと言いやがったらぶっころすぞ」
どぼけたこと ぬかすと **たたっころすでー。**

●「芋すけ、田舎モンは帰りやがれ」
いもがー、田舎もんは とっとと **いにやがれ。**

その他

ことわざ・言い草

言《ゆ》ーたろ こーたろ せーんせーに 言《ゆ》ーたーろ→言ってやろう言ってやろう、先生に言ってやろう

※悪いことをした人に対して、先生への告げ口を宣言する言葉。

しびきった

※汚いものを引っ付けようとしている人に向かって、その行為が自分には無効であることを宣言する言葉。若年層は「バリ

ア」と言う。

泣ーいたからすがもー笑《わろ》たー

※泣き虫をからかう言葉。

あー、みたらそんが とびょーるー↓あー、「みたらそん」が飛んでいる

※「みたらそん」は「見たら損」。この言葉を言って、指を差した方向を見た人をからかう。

ばっかが 見るー ぶったの けつー↓馬鹿が見る豚のけつ

うそーちーたら しりー 松が 生える↓嘘をついたら尻に松が生える

※子どもへの教訓。

わりーことしたら、鬼が 来るでー↓悪いことをしたら鬼が来るぞ

※子どもへの教訓。

くちばしがきーれー奴↓嘴《くちばし》が黄色い奴

※若造の意。

とっぱー（無茶なことをする人）

がーがんぼー（やせっぽち）

〈参考文献〉

●『岡山方言事典』岡山方言事典刊行会　日本文教出版　一九八一年

●『岡山言葉の地図』今石元久著　日本文教出版　二〇〇〇年

●『現代キャンパスことば辞典：岡山大学編』中東靖恵著　吉備人出版　二〇〇二年

広島県

気候温暖。「明朗で楽天的、快活なことばづかい」といった特徴はそのような環境によるものか。積極性と進歩性を備えている。

調査地点…広島市周辺

――広島県のケンカ

A：おい、こりゃ、酒が たらんぞ。酒どまー 用意しとけや。
B：おどりゃー えーかげんにせーや。いつまでー 飲みよるんなら。
A：たれっ。わりゃー なんか 文句が あるんか。
B：おどりゃー わしゅー誰じゃおもーとんなら。かばちゅーたれな。
A：なにー、やるんか。
B：おー、いつでも 相手になっちゃらー。
A：おどりゃー えらげにすな。ぶちまわすぞ。
B：やれるもんなら やってみーや。この たわけ。
A：なんじゃー たわけじゃとー。わりゃー よーも 言《い》ーやがったなー。
B：やかましんじゃーや。

※かばちゅーたれな（つべこべ言うな）。

【ケンカの際の捨て台詞、決まり文句、脅し文句】

●子ども・喧嘩捨て台詞
うるさいんじゃーや（うるさいんだよ）。ばーか。

●子ども・喧嘩決まり文句
馬鹿が見る、豚のけつ。

●言いがかりをつける時
おどりゃー なんか 文句があるんか。

●バカにされた時
おどりゃー ばかにしょーりゃー しばきあげるで。

アホ・バカに相当する基本の罵倒語

語形

ばか、ばかたれ、おーばか、おーばかたれ、あほー、あほーたれ、あほんだら、あんごー、あんごーたれ、おーあんごー、たわけ、だらず、おーだらず、あんぽんたん、とーすけ、くそげどー、おたんちん、ごんじゅー、うんてらがん

用法

◉強調の段階

ばか→おーばか ばかたれ→おーばかたれ
あほー→あほーたれ・あほんだら
あんごー→おーあんごー・あんごーたれ
だらず→おーだらず

◉用法

相手に向かって

(怒って)「この～が」では、どの語も使う。
(甘えて)「ばかじゃねー」「あほーじゃねー」以外は使わない。

だめになる

もー このネジがばかんなっとる。
もー このネジがあんごーんなっとる。

◉決まり文句

「ばかにする」「ばかにすな」「ばかんならん」「ばかーゆーな」「ばかーいえ」「ばかーたれ」「あほーいえ」「あんごーいえ」「あんごーゆーな」

◉特徴

「ばか」が多用される。「あんごー」は県東部の備後地方が中心で、「だらず」は中国山地。「くそげどー」はよほどのことでないと使わない。「あんぽんたん」は子どもに向けて。「とーすけ」は「唐助」か。「ごんじゅー」「うんてらがん」は使用地域・語源も不明。強調するときは、「おー～」「～たれ」「おー～たれ」となる。

言いまわしの特徴

●「文句言ってやがると、殴るぞ。この野郎」

かばちゅーたりょーりゃー ほんま しばくで。
わりゃー。

● 「いいかげんにしろよ。こらーやっちまうぞ」
えーかげんにせー。おどりゃー しごーするぞ。

● 「ぶちのめすぞ」
しばくぞー。

● 「たたきのめすぞ」
ぶちまわすぞ。

● 「それが、どうしたってんだよ」
せーが どーした言《ゆ》んなら。

● 「何をぬかす」
たれこな。

接辞・間投詞などを用いた強調表現

● 「この、どすけべが」「どけち野郎」
この どすけべーが／こすったれ。

● 「くそったれ、なめくさりやがって、あんなぬけさくに負けてたまるか」
くそったれ、なめやがって。あんとな ばかたれに 負けれるか。

● 「あのくそ坊主、読経が下手くそなんだよな」
あの くそ坊主、説教が 下手くそなんじゃ。

● 「とぼけたこと言いやがったらぶっころすぞ」
かばちゅー言《い》ーやがってみー、ぶちころすぞー。

● 「芋すけ、田舎モンは帰りやがれ」
ざいごべーが、田舎もんは とっとと いにゃーがれ。

特徴的な接辞

● しゃーたらまつが また 口《くちゅー》だしょーる（おせっかいが また口をだしてる）。

● 朝寝こきじゃけー まだ にょーる（朝寝坊だからまだ寝ている）。

● ごっぽーさくで困ったもんじゃ（かんしゃくもちでこまったもんだ）。

● ねじれっぽーじゃけん、相手にすな（根性悪だから相手にするな）。

● ひょろくそ、しっかりせー（意気地なし、しっかりしろ）。

その他

ことわざ・言い草

バカの高上がり↓進められもしないのに、上席にすわる人

一人子は、おらんより悪い↓一人っ子はわがままでよくない

むっつり者の屁は臭い↓黙り者は油断がならない

利口からすが水田へ子を産む↓知ったかぶりをする者は、思わぬ失敗をする

「かばち」の頻用

広島県の罵倒語は、「かばち」がその代表である。

かばちゅー たれな（つべこべ言うな）。

かばちたれ（文句言い）。

かばちじゃ（なにをぬかすか）。

かばちよ（つまらんことを言うな）。

といった使い方がなされる。「かばち」は顎《あご》をいう語から変わったもの。

〈参考文献〉

●『広島県方言辞典』村岡浅夫編　南海堂　一九八一年

山口県

かつて軍人と政治家を養成する学問を奨励し、多くの人材を輩出した。気品あることばづかい、伝統的中央志向は今も生きている。

調査地点…山口県

――山口県のケンカ

A：おいっちゃ、酒が たりんわーや。酒ぐらい こーちょけ。
B：えーかげんに せーよ。いつまで 飲みよるんか。
A：うるさい、なんか 文句が あるんか。
B：おまえも、誰に 向かって 言《い》ーよるんか。
A：なにを、やるっちゅんか。
B：えーど、いつでも やっちゃる。
A：おまえ、えーかげんに せーよ。ぶちたたいちゃる。
B：やってみーや。ばーか。
A：なんて、ばかって 言《ゆ》ーたか。おまえー。よー 言《ゆ》ーたのー。
B：やかましー。

【ケンカの際の捨て台詞、決まり文句、脅し文句】

●子ども・喧嘩捨て台詞
あんたすかん。べろべろべー。いーだ。

●子ども・喧嘩決まり文句
ばか、かば、ちんどんや、おまえのかーちゃん、でべそ、いーつになったら ひっこむか、十月三日のうんどーかい、すべって ころんで ひっこんだ。

●言いがかりをつける時
なんか 文句 あるんか。

●バカにされた時
おんどりゃー なめくさっちょりゃ ばちかんど。

アホ・バカに相当する基本の罵倒語

語形

ばか、ぽんすー、あんぽん

※文献上では「ぼけ」「たわけ」「ほーけ」「あんつく」「いかず」「おたんちん」「はちもん」「天保銭」もみられる。

用法

◉**強調の段階**

ばかたれ → くそばか

◉**用法**

相手に向かって

（怒って）「この～が」では、どの語も使う。

（甘えて）「ばかじゃねー」「ばかやねー」「ばかじゃん」「ばかやん」を使う。

だめになる

ネジが ばかに なっちょる／なっちょー。

◉**決まり文句**

「ばかゆーな」「ばかいいんな」

◉**特徴**

県内全域で「ばか」が使用される。「ぽんすー」は宇部で使用。「たわけ」「ぼけ」も散見される。「ほーけ」は東部でみられる。

言いまわしの特徴

● **ごちゃごちゃ 言《ゆ》ーちょったら、頭 殴るど／殴るぞ。**

「ぐちゃぐちゃ言ってたら、頭殴るぞ」

● **えーかげんに せーよ こら、やっちゃるけー。**

「いいかげんにしろよ こら、やってやるぞ」

● **ぶちなぐっちゃる。**

「たたき殴ってやる」

● **どつきまわすど。**

「殴りまわすぞ」

● **それが、どねーって 言《ゆ》ーんかい。**

「それが、どうだと言うのか」

● **やかましー、黙っちょけ／黙っちょれ。**

「うるさい、黙っていろ」

接辞・間投詞などを用いた強調表現

●「この、どすけべが」「どけち野郎」
この、**どすけべ**が。／**どけち**野郎。

●「くそったれ、なめくさりやがって、あんなぬけさくに負けてたまるか」
くそったれ、なめくさりやがって、あんな **ぬけさく**に 負けてたまるかいや。

●「あのくそ坊主、読経が下手くそなんだよな」
あの **くそ坊主、**お経が **下手くそ**なんじゃ。

●「とぼけたこと言いやがったらぶっころすぞ」
とぼけたこと **言《い》ーやがったら ぶっころしちゃるど。**

●「芋すけ、田舎モンは帰りやがれ」
田舎もんは **帰れーや。**

特徴的な接辞

●**くそ意地**が悪い
※「くそ」は接頭辞にも接尾辞にもなる。「くそでぶ」「じゃまくそ」「ぶちくそ」「わやくそ」など。

その他

ことわざ・言い草

あーりゃりゃ こりゃりゃ 見ーちゃった 見ーちゃった いーけないんだ いけないんだ 言《ゆ》ーちゃーろ 言《ゆ》ーちゃーろ せんせーに 言《ゆ》っちゃろー。
※先生への告げ口を宣言する言葉。

言《ゆ》ーちゃーろー こーちゃーろー せんせーに 言《ゆ》ーちゃろー。
※先生への告げ口を宣言する言葉。

ぴーす、透明バーリア
※汚いものを引っ付けようとしている人に向かって、その行為が自分には無効であることを宣言する言葉。

ばーかが 見ーるー ぶーたの けーつー
※指を差した方向を見た人をからかう。岡山県でも同様の言い方をするが、メロディーが異なる。

見ーた 見ーた きんごろー
※指を差した方向を見た人をからかう。岩国での言い方。

はよー 帰らんと ごんごんしーが 来るよ

※子どもに帰宅を促す言葉。「ごんごんしー」は夕方に出てくる妖怪。「ごんごんじー」「ごんごし」「ごんごち」ともいう。

ほら 見てみー→ざまあみろ、言わんこっちゃない

ごそ（ごそごそして落着きがない人）

しっぽが長いね

※ドアを閉めないときに言われる嫌味。

ぎーす／いーご／かます／やせひぼけ／やせぎーす／やせがます（やせっぽち）

〈参考文献〉

●『中国・四国地方の方言（調べてみよう暮らしのことば）』井上史雄・吉岡泰夫監修 ゆまに書房 二〇〇三年

●『やまぐち方言帳』森川信夫監修 （財）山口観光コンベンション協会発行 二〇〇一年

●『面白くて為になる山口弁よもやま話』森川信夫著 二〇〇二年〈私家版〉

徳島県

四国の中では近畿的傾向が最も強い。ことばも同様である。徳島弁は素朴で柔らかく優しい響きを持っている。

調査地点…徳島県

——徳島県のケンカ

A：おい こら、酒が たらんぞ。酒ぐらい用意しとけ。
B：えーかげんに せーよ。いつまで どべどべ 飲みよんな。
A：だーっとれ、なんぞ 言《い》ーたい こと あるんか。
B：おどれ 誰に 向こーて 言《い》ーよんな。
A：おー なんやと やるんか。
B：おー、くるんやったら こいだ。いつでも 相手に なったるぞ。
A：おどれくそ ど偉げに なん ぬかしよんな。どしばくぞ。
B：やれるものなら やってみー。この どぼれ／どあんが。
A：なに どぼれ／どあんがってか。こら おどれ よー ぬかしたな。
B：じゃかんしー。

※どべどべは「ごくごく」と類似のオノマトペ。
※どぼれは「あほ・ばか」の意味。「ほれ」とも言う。
※どあんがは「あほ・ばか」の意味。

【ケンカの際の捨て台詞、決まり文句、脅し文句】

●子ども・喧嘩捨て台詞
べかこ。あかんべー。べっかっこー。
●子ども・喧嘩決まり文句
ばか、かば、ちんどんや、おまえのかーちゃん、でべそ。
●言いがかりをつける時
なんしょんな こら。
●バカにされた時に
なに ほーけに しよんな。おどれくそ、なめくさったら しゃっきゃっそ。
※しゃっきゃっそは「しばきあげるぞ」を早口に言ったもの。「なぐりとばすぞ」の意味。

アホ・バカに相当する基本の罵倒語

語形

あはー、あほ、あほー、あほがんす、あほーだま、あほたれ、あほんだら、あぼ、あぼー、あぼった、おたんちん、だーほ、くそだーほ、どあほ、どだーほ、あんだら、あんぽ、あんぽん、あんぽんたん、あんが、あんがー、どあんが、あんご、あんごたれ、どあんご、あんつく、うっとぬけ、うんきち、うんつく、うんたま、うんたらがんす、うんたろ、うんにゅー、おかへ、くそたれ、きょろつく、きょろっと、どきょろ、すか、すかたん、どすいびん、とろくそ、とろくそだま、どん、どんがん、どんつく、ぬけさく、ぱー、ぱーすけ、ばか、ばかたれ、ばかもん、ばかへー、はちふん、へげたれ、へげたれがんす、ほーろくがんす、ぼけ、ぼけー、ほげ、ぼけなす、ほた、ほっか、ほっかだま、ほっこ、どぼっこ、なまぼっこ、ほれ、どぼれ、くそぼれ、なまぼれ、ぼろ、どぼろ、ぼんくら、ぼんやん

※「あんぽ」は幼児語。

※「ほれ」は「惚れ」でぼうっとしている人を指す。

用法

◉強調の段階

あほ→あほたれ→どあほ・だーほ→どだーほ

あんが→あんごたれ→どあんが

きょろ→どきょろ

ほっこ→ほっかだま・なまぼっこ→どぼっこ→どぼっこされ・どぼくされ

ほれ→どぼれ→くそぼれ→どくそぼれ

ぼろ→どぼろ

◉用法

相手に向かって

(怒って)「この とろくそが」「この どぼれが」など、「この〜が」ではほぼどの語も使う。

(甘えて)「あほじゃー」「あほで(「あほか」の

意味)」「おばか」のほか、最近は若い層を中心に「あほちゃ(う)ん」という言い方も行われる。

だめになる

このネジ あほになっとる。

ネジが ばかんなっとる。

◉決まり文句

「あほいえ」「ばかにすなよ」「ほーけにする(ばかにする)」「たすいことゆーな(ばかなことを言うな)」「ごじゃゆーな(ばかなことを言うな)」「しんだいはなしじゃ(ばかばかしい話だ)」「くそくらう(ばかをみる)」「くそだけゆーな(ばかなことを言うな)」「くそだけするな(ばかなことをするな)」

※「くそだけゆーな」には多少ユーモアがある。「くそだけするな」にはかなりユーモアが込められている。

◉特徴

「あほ」「あほー」が全県的に多用される。「どあほ」は「だーほ」となるが、さらにこれに「ど」がついて「どだーほ」という形式も生まれている。「あんが」「あんご」系は吉野川北部の香川県隣接地域に限定され使用される。また、県西部の吉野川上流域で「ほれ」「どぼれ」系が、「とろくそ」は主として県東部を中心に使用される。「ほっか」「ほっこ」系は県南での使用が中心である。強調では「ど」「くそ」がよく使用され、「〜たれ」「〜がんす」「〜だま」などの使用も目立つ。

言いまわしの特徴

●「ごちゃごちゃぬかすとあたまぶんなぐるぞ」

ごちゃごちゃ ぬかしとったら どたま どしばっきゃげるぞ。

●「いいかげんにしやがれ。おのれくそ、ぶん殴るぞ」

えーかげんに せー。おどれくそ どしばくぞ。

●「しばくぞ(殴るぞ)」

しやっきゃっそー/しばっきゃげるぞ。

●「殴りまくるぞ」

どっきまわっそ/くらっしゃげるぞ/くらわっ

しゃげるぞ。

●「おまえ、何だよう」
おどれ、どない したんな。

●「やかましい、黙ってろ」
じゃかっし あー、だーっとれ。

接辞・間投詞などを用いた強調表現

●「この、どすけべが」「どけち野郎」
この **すかべ**／**すきものが。**／ **しみったれ**／**ちょこまいやつ。**

●「くそったれ、なめくさりやがって、あんなぬけさくに負けてたまるか」
どぼれ、なめくさって、 あんな **どあんが**に 負けてなるか。

●「あのくそ坊主、読経が下手くそなんだよな」
あの **なまくら坊主** お経 なんな これ 下手なん。

●「とぼけたこと言いやがったらぶっころすぞ」
ねぼけたこと **ぬかしやがったら ぶちころすぞ。**

●「芋すけ、田舎モンは帰りやがれ」
いも、田舎もんは とっとと **いにくされ。**

特徴的な接辞

●この **なまぼれ**が（このばかが）。

●この **ど犬** よー 鳴っきょんなー（この犬、よく吠えるねえ）。

※「ど雨が よー ふんりょる（雨がよく降る）」などの言い方もある。接頭辞「ど」は卑罵の度合いがさほど強くない。

●あいつは **うんたらがんす**じゃのー（あいつはばかだねえ）。

●**あほいき**に 力が 強いのー（ばかに力が強いねえ）。

●**つべくそ** 言《ゆ》ーな（つまらぬことを言うな）。

●**ごじゃんぽ**じゃな（無茶苦茶だね）。

●あいつは **ひょーげだま**じゃ（あいつは滑稽な奴だ）。

四国地方

その他

ことわざ・言い草

お多福こけても鼻打たぬ↓不器量な者でも時には得をすることがある。

北方から嫁とるな↓北方（徳島県北部、または吉野川北岸域）は裕福な家が多いので、婚礼後の家同士の付き合いがなにかと大変になる。

口では大阪の城も建つ↓口先では何とでも言える。

臆病者は機会を逃す↓臆病なために決断が遅れ、せっかくのチャンスを逃してしまう。

こずっぱ／こべそ／こびんちょ／こびっちゃ／こめっちょ／がきった（ちび）

せんめんだる／ふとろく／ぼて／ぼったい（でぶ）

へすばり（やせっぽち）

鴨居外し（のっぽ。背が高すぎて頭が鴨居に当たり、鴨居を外してしまうほどだということを言ったものであろう）

こわかいし（「小若い衆」若造のこと）

〈参考文献〉
●『阿波言葉の辞典』金沢治著　徳島県教育会　一九六〇年
●『阿波言葉の語法』金沢治著　徳島市中央公民館　付属図書館　一九六一年
●神山町成人大学講座『神山の方言と言い伝え』神山町教育委員会社会教育課　一九八八年
●『総合学術調査報告　松茂町』川島信夫・森重幸・金沢浩生「松茂町の方言」郷土研究発表会紀要37号　阿波学会・徳島県立図書館　一九九一年

香川県

風光明媚《ふうこうめいび》、箱庭的な美しさをもった自然環境。人々の大らかさ、円《まろ》やかな言語行動はそのような中で培われたのであろう。

調査地点…香川県

——香川県のケンカ

A：こら。酒が ないぞ。酒ぐらい いつでも 余分に おいとけ。
B：もー えーと ちがうか。いつまで 飲んみょん。
A：なに ぬかっしょん。
B：おまえ なにさんぞ、誰の もの 言《い》よん。
A：なにー、けんか 売る気か。
B：いつでも かかってこい。
A：おどれ、りこーげに 言《い》よったら、ぶちのっそ。
B：やるんなら やってみー。くそぼっこ。
A：くそぼっこやと。おのれ よーもよーも かばち たたいたなー。
B：黙らんか。

※「りこーげに」は「利口そうに・かっこよく」の意だが、「りこーげに言うな」などと否定的に用いられることが多い。
※「かばち」は「悪口」の意。「かばちたたく」は「悪口を言う」。

【ケンカの際の捨て台詞、決まり文句、脅し文句】

●子ども　喧嘩捨て台詞・決まり文句
あほー。ほっこ。くそぼっこ。覚えとけー。ばか、かば、ちんどんや、おまえのかーちゃん、でべそ。／とたんやね。
※ただし、この表現は中高年層しか使用しない。

●言いがかりをつける時
なに 言《い》よん ぞー おまえ。いんねん つけるんかー。／どーしたんや。やるんか。

●バカにされた時に
覚えとけよー。こらえんぞー。／りこげーに 言《い》よったら こらえんぞ。／おどれ あほに しよったら こらえんぞー。しばっきやげるぞ。

アホ・バカに相当する基本の罵倒語

語形

あほ、どあほ、あほくらい、どあほくらい、ほっこ、ほっこまい、くそぼっこ、おたんちん、おたんこなす、あんが、どあんが、あんご、どあんご

※「ほっこ」の使用は全県的。「あんが、あんご」は讃岐東部で主に使用される。

用法

◉強調の段階

ほっこ・ほっこまい→くそぼっこ
あほ→どあほ
あほくらい→どあほくらい
おたんちん→おたんこなす
あんが・あんご→どあんが・どあんご

◉用法

相手に向かって

（怒って）「くそぼっこ」「あほにもほどがある」

（甘えて）「ほっこやな」「あほやな」「ほっこな」「そんなあほな」

※いずれも親愛的な言い方。

だめになる

ネジがあほ／ばかになる。

※一般的な言い方。ネジが完全にだめになっている場合に使う。「ネジに少し引っかかりがある」という場合は「ネジがぐずっとる」と言う。

◉決まり文句

「ずっとの くそぼっこじゃ。なんど このざまは」

「よーも よーも あほにも ほどがる」

「へなぶり」（「へなぶったげに いいやがって（ばかにしたように言いやがって）」讃岐西部）

◉特徴

「あほ」「ばか」よりも全県的に「ほっこ」「どぼっこ」を多用する。少しの失敗や幼稚さなど、親しみを込めて「あほやな」「ほっこやな」という。

言いまわしの特徴

●「ぐだぐだぬかすと、あたまかちわるぞ」
ぐだぐだ ぬかっしょったら／どぐんだら 言《い》ーよったら、どくろ かちわるぞ。

●「いいかげんにしやがれ、ぶちのめすぞ」
えーかげんに しくされ、ぶちのっそー。

●「ぶんなぐるぞ」
しばっきゃげるぞ。

●「ぶんなぐるぞ。あたまかちわるぞ」
かちまっそ。どたま ぶちわるぞ。

●「それがだから何だよ。どこのどいつがほざいてんだ」
そいで どうしたんや。どこの どいつが ぬかっしょん。

●「やかましい。黙れ」
じゃかましいー、もの ぬかすなー。

接辞・間投詞などを用いた強調表現

●「この、どすけべが」「どけち野郎」
この **のどっせくらい。**／けちも えーかげんにせー。

●「くそったれ、なめくさりやがって、あんなぬけさくに負けてたまるか」
はがいまし なめくさって／**りこーげに しくさって、**あんな あほ／ぼけ／あほくらいに 負けるか。

●「あのくそ坊主、読経が下手くそなんだよな」
あの おじゅっさん、お経が **どべたくそ**やな。

●「とぼけたこと言いやがったらぶっころすぞ」
あほげなこと **言《い》よったら いてしまうぞ。**

●「芋すけ、田舎モンは帰りやがれ」
ざいごべ、田舎もんは **いにくされ。**

特徴的な接辞

●**どはがいまし**（「はがいまし」は「歯がゆく腹立たしい」の意味）

●くそはがいまし（「くそ」は「ど」よりもさらにその度合いがはなはだしい）

●あんごたれ（ばかたれ）

●おじみそ（小心者）、なきみそ（泣き虫）

●ごじゃはげ（むちゃくちゃ）

その他

ことわざ・言い草

我が子ほめるは天下のばかよ。人にほめさせ陰で聞け→親バカはほどほどにしろ

親の言うこと聞かん子はなんでよかろか、行く末が→親の言うことはちゃんときくべきだ

下さる物なら赤葉まで→もらえるものなら何でももらう

姑に似ない嫁なし

※嫁姑の喧嘩を戒めたもの

〈参考文献〉

●『方言資料叢刊　方言比喩語の研究』第三巻　方言研究ゼミナール編　方言研究ゼミナール　一九九三年

●『讃岐方言の研究』脇田順一著　国書刊行会（復刻版）一九三八年

●『香川県方言辞典』近石泰秋著　風間書房　一九七六年

●『東讃の方言』私家版　赤松考章・島田治著　一九八九年

愛媛県

大らかなことばづかい、陽気で親切、正直で情に厚い。一方で、真摯で理論好き、探究心のある人も多い。

調査地点…愛媛県

―― 愛媛県のケンカ

A：おい こら 酒が たらんぞ。酒ぐらい 用意しとかんかい。

B：えーかげんに せーよ。いつまで 飲んどんな。

A：黙れ なんぞ 文句 あるんか。

B：おまえこそ 誰に 向こーて 言《ゆ》ーとんじゃ。

A：なにー やんのか。

B：おー いつでも 相手に なったるぞ。

A：おどれ 偉そーに すなよ。たたきのめっそ／にやっそ。

B：やれる ものなら やってみー。この どあほ。

A：なにー どあほやと。おどれくそ ぬかしたなー。

B：じゃかんしー。

※にやっそ（ぶんなぐるぞ）。

【ケンカの際の捨て台詞、決まり文句、脅し文句】

●子ども・喧嘩捨て台詞

あかべーー！ あかちゃかべーろ！ べっかんこー！

●子ども・喧嘩決まり文句

ばか、かば、ちんどんや、おまえのかーちゃん、でべそ。やったろかー。

●言いがかりをつける時

おどりゃー どこ 見よんぞ。文句 あるんか。

※「おどりゃー」は「おどれは」の縮約形。

●バカにされた時に

どーちくしょー。おどれ／おのし、この げどされ／くそばかが。なに 人のこと なめとんぞ。

※「おのし」は「お主」からの変化だが、待遇的には「おどれ」と同様、相手を強く卑しめる対称詞である。

アホ・バカに相当する基本の罵倒語

語形

あたんこなし、あほ、どあほ、あほたん、あっぱ、あんご、あんごー、どあんご、あんけつ、あんつく、あんづく、うどばか、うどがんす、うとろけ、うんつく、うんつくぼー、うんてらがんす、おとろけ、げどー、げどされ、ぼけ、たらずまい、たらずめ、たんこなす、とーぽーさく、どんびこ、どんつく、ぬけさく、ほーだら、ぼーずり、はんす、よた、よたもん、よもだ

用法

◉強調の段階

あほ→どあほ

ばか→うどばか→くそばか

あんご→どあんご

◉用法

相手に向かって

(怒って)「くそばかが」「このばかやろーが」「どあほ」

(甘えて)「よもだやのー」「あほじゃなー」

※いずれも親愛的。

だめになる

このネジ、ばかになっとる。

※「ばかになる」はネジについて使うのが一般的だが、身体などに対して使うこともある。「肩がばかになるんかとおもーた」「脚がばかになったんよ」

◉決まり文句

「あほみたいなこと、いわれん」(ばかなことを言っては駄目)

「ばかにしとんか」(ばかにしているのか)

「ばかじゃろか」(ばかじゃないの)

「また よもだぎり いーよらい」(ばかなことばかり言ってるね)

◉特徴

「ばか」「あほ」が多用されるが、親しみを込めて「あほやな」「よもだいーよるけん」と言う。「よ

もだ」は「ぼんやりしている状態」「いい加減、適当」などの意味もあり、愛媛方言を代表する言葉である。

言いまわしの特徴

●「ごちゃごちゃぬかすと、あたまをかちわるぞ」

ごちゃごちゃ ぬかしとったら、どたま かちわっぞ。

●「いいかげんにしやがれ こら。 ぶちのめすぞ」

えーかげんにせー こら。 いてまうぞ。

●「ぶんなぐるぞ」

しゃっきゃっそー／しゃきたっそ／しばっきゃげるぞ／どーつきまわっそ／どやくらかっそ／どやっそ／ぶちまっそ／ぶちまわっそ／くらわすぞ／くらっそ／くらわすど／にやすぞ。

●「おまえ、何だよう」

おどりゃー なんぼの もんじゃい。

●「うるさい、黙れ」

そーがましー／そーくらがましー／つかましー／やかんしー／じゃかましー、黙っとれ。

接辞・間投詞などを用いた強調表現

●「この、どすけべが」「どけち野郎」

この **どすけべーが。／よくんぼが。**

●「くそったれ、なめくさりやがって、あんなぬけさくに負けてたまるか」

おどれくそ、なめくさりよって あげな **もげさくに** 負けてたまろか。

●「あのくそ坊主、読経が下手くそなんだよな」

あの **たこ／たこにゅー、** 棚経《たなぎょー》が **下手くそ**じゃのー。

※「たこ、たこにゅー」は僧を罵った言葉。「棚経」は僧が経を読むこと。

●「とぼけたこと言いやがったらぶっころすぞ」

ぞえなよ、 寝言 **ぬかしよったら ぶっころっそ。**

※「ぞなえよ」は「ふざけるなよ」の意。

●「芋すけ、田舎モンは帰りやがれ」

ざいごべ、田舎っぺ／すねぐろは **いにくされ。**

特徴的な接辞

●**どんがめ**（亀）／**どんげつ**（びり）

●**どろまつ**（勘のにぶい者）／**きょろまつ**（あわてん坊）

その他

ことわざ・言い草

人の口にゃ手やおえん↓他人の悪口や陰口は制しがたい

ばかー 酒の粕に酔うたよう↓ただでさえばかなのに、酔いもしないはずの酒粕に酔うというのであるからよほどのばかである

ばかと相場にゃ勝てん↓ばかの言動と相場の騰落はまったく予想がつかず、手の施しようがない

こんにゃくの化け物みたように

※はっきりしない、意思表示をしない場合の罵り表現。

尻から出た虫みたように言う↓人のことをばかにして非常に悪く言う

〈参考文献〉

●『愛媛の方言』武智正人著　私家版　一九五七年

●『言葉の自然林』久門正雄著　私家版　一九七四年

●『方言資料叢刊 方言比喩語の研究』第三巻　方言研究ゼミナール編　方言研究ゼミナール　一九九三年

●『愛媛ことば図鑑』土井中 照著　アトラス出版　二〇〇五年

●『伊豫方言大辞典』こうたろう博物学研究所 Iseki kotaro（1996～2004）
http://www33.ocn.ne.jp/~kotaro_mil/hougen.htm

高知県

情熱を秘めた人が多い。ただそれが内向する傾向もあるか。抵抗的、反骨的な言語行動はこの地の伝統。

調査地点…宿毛市小筑紫町を中心として

――高知県のケンカ

A：おお こら、酒が 足らんぞ。酒ぐらい 構えちょけ。
B：えいかげんに せんかぁ。いつまで 飲みようがぞ。
A：やかっしわ、なんぞ 文句が あるがか。
B：われこそ 誰に 向かっち 言いよるがぞ。
A：なにい、やるがかぁ。
B：おう、いつでも かかっちこい。
A：わりゃ 偉そーに するなよ。ぷち殺すぞ。
B：おう、やれるがやったら やっちみよ。ばぁかが。
A：なにい、ばかじゃと。わりゃあ。よーも ぬかしたねや。
B：じゃかぁしい。

【ケンカの際の捨て台詞、決まり文句、脅し文句】

●子ども　喧嘩捨て台詞・決まり文句
あっかんベー。のーたりん。でべそ。目え噛んぢ死ね。いわしの頭の骨かつぎ／○○のいわしの骨かつぎ
馬のくその灰かぶり／○○の馬の尻たたき
○○のやしん子

※○○には地名が入る。「いわしの頭」は何の価値もないものの意。その骨を大事に担いでいるということで、漁村の子どもをはやして言った。「馬の」は農村の子ども、「やしん子」は山村の子どもに対するはやしことば。

●言いがかりをつける時
よー？　なにやー　わりゃ。言《ゆ》うちみよ。
わりゃー　なに　しようがぞー。

●バカにされた時に
なにや。わりゃー　おらを　ばかに　しよったら　ごーづきまわすぞ。

※「おんどりゃー半ごろしに　しちゃるぞ」とも言う。

アホ・バカに相当する基本の罵倒語

語形

あほう、ばか、ばかすけ、ばかのす、ばかたれ、くそばか、ぬけさく、げどのす、げどばち

用法

◉**強調の段階**

ばか→ばかすけ→ばかのす→ばかたれ→くそばか

げどのす→げどばち

※「あほう」は「くそばか」よりも上の罵倒語。「ぬけさく」は「ばかすけ」と同じぐらいの段階に位置する。

◉**用法**

相手に向かって

(怒って)「あほう」「このばかが」「ばーか」「○○(名前)のばかが」のように使う。「ばか」は「ばぁか」とやや伸ばすことが多く、いまいましげに吐き捨てるように言う。「げどばち」は相手に向かってではなく独り言でも使う。当たる先がなくいまいましい気持ちを吐き捨てる時に言う。

(甘えて)「ばか」「ばかすけ」は甘えて言うときにも使える。「おばかさん」を表す言葉に「ひょうろくだま」がある。これはまっすぐ飛ばずにふらふらしている鉄砲玉のこと。転じて「頼りない」「まぬけ」を指すが、「抜けているがどこか憎めない奴」をいう。ただし最近はあまり使わない。

※呆れて言う場合は、「ばーか そんなことあるかいね」「ばかそんなことしたって無理ぜ」「そんなことするが やめちょけ、ばかにかーらん」など。

※第三者を罵って言う場合に「○○(名前)のばかが」という言い方をよく使う。「○○のばかが、また要らんもん買うちきた(○○の奴、また余計なものを買ってきた)」

だめになる

もう ネジが ばかんなっちょ。

◉**決まり文句**

「ばかにする」「ばかんならん」「ばかなことば

つかりゆうちまわる」「ばかにかーらん」

※「ばかなことばっかり言うちまわる」は「ばかなことばかり言う」の意。「～しちまわる」という言い方をよく使う。「ばかにかーらん」は、「ばかじゃないの」と同じような定型表現。

◉**特徴**

「ばか」を多用する。「ばかな人」という意味で「ばかやん」という言い方がある（「あのばかやんが、また来たぜ」）。

言いまわしの特徴

●「ぐちゃぐちゃ言ってたら、ぶったたくぞ」

ぐだぐだ 言いよったら、ぶったたくぞ／どーづくぞ／はりまわすぞ。

※「はりまわす」は「平手で打つ」。「どーづく」は「突き飛ばす」。

●「いいかげんにしろ こら。怒るぞ。」

たいがいに せんか こりゃ。怒《おご》るぞ。

●「ぶちのめすぞ」

しばきあげるぞ。／しばくぞ。

●「ぶったたくぞ」

ぶったたくぞ。

●「あいつがなんだっていうんだ」

あいつが なんぞ。

●「うるさい、黙っていろ」

やかましい、黙っちょれ。

接辞・間投詞などを用いた強調表現

●「この、どすけべが」「どけち野郎」

この、**どすけべ**が。／**強欲もん**が。

※「ど～」はさほど多くはない。

●「くそったれ、なめくさりやがって、あんなぬけさくに負けてたまるか」

くそったれ、なめくそち あの **ぬけさく**に 負けちたまるか。

●「あのくそ坊主、読経が下手くそなんだよな」

くそ坊主／味噌すり坊主、 ろくに お経も よー読まん。

※「味噌すり坊主」とは「生臭坊主」のこと。世俗にまみれているという意味。「下手くそ」という言葉はあるが、「お経が下手くそ」とは言わない。ほかに「くそ」がつくのは「くそばか」「くそったれ」のほか、「くそ極道（ひどい怠け者）」「くそてんごのかー（しなくてもよい余計なこと）」などがある。

●「とぼけたこと言いやがったらぶっころすぞ」

とぼけたこと ぬかしよると ぷちころすぞ。

※「ぶちころす」よりも「ぷちころす」の方が強い言い方。

●「芋すけ、田舎モンは帰りやがれ」

田舎もんが、いにくされ。

※「しゃんしゃん 死にくされ（さっさと死にやがれ）」という言い方もあるが、「〜しくされ」という表現はさほど多くない。

特徴的な接辞

●**ばかのすが、余計なことばっかりしちまわる**（ばかめが、余計なことばかりする）。

※罵倒語として「〜のす」という表現がよく使われる。「〜め」「〜の奴」のような意味で、「ばかのす（ばかめ）」「〇〇（名前）のす（〇〇の奴）」のように使用する。「びったれのすが（弱虫めが）」「ねしょうのすが（女性の蔑称）」など。

その他

ことわざ・言い草

夜は一升こうじ、朝はかんなべのこがり→夜更かしの朝寝坊

※味噌を作る時に使う麹は一升ぐらいの量ではなかなか「寝ない」ということから、夜更かしの人を「一升こうじ」と言う。「かんなべのこがり」は鉄なべについたおこげのこと。

いしべきんきち→頭の固い人

ばかの高上がり→調子に乗る

その他の性向語彙

いっぷり（偏屈者）、**いられ**（あわて者、せっかちな人）、**酔狂きり**（酔っ払い。すり鉢を頭にかぶせると二日酔いが治ると言われている）、**どくれもん**（世をすねた人、ひねくれ者）、**どんばすな**（鈍い人）、**日だけた人**（「日長けた人」。間の抜けている人）、**ばぶれる**（甘えて好き放題する）、**ひょうげた人**（ひょうきんな人）、**りぐり**（文句を言う人。いちゃもんをつける人。動詞「りぐる」の連用形より）

夫と妻のケンカ

夫：おお こら、酒が 足らんぞ。酒ぐらい 構えちょけ。
妻：えいかげんに せんかね、もう たろば 飲んづろ。
夫：やかましい。かまんけん 持っちこい。
妻：もう えいば 飲んづろ。あるかえね。
（もうじゅうぶん飲んだだろう。出す酒などあるものか）
夫：われ 誰に 向かっち 言いようがぞ。かまんけん 持っちこい。
妻：いつまでも うだうだ うだうだ 言いよったら、おもてほり出すで。
（いつまでもうだうだ言っていたら、表に放り出すよ）
夫：おう、出せるがやった 出しちみよ。
（おう、放り出せるんだったら出してみろよ）
妻：偉そうに しよったら、誰っちゃ 相手に してくれらーせんぜ。
（偉そうにしていたら、誰も相手にしてくれやしないよ）
夫：やかましい、誰が 相手に せんか 連れちきちみよ。
（うるさい、誰が相手にしないか、連れてきてみろ）
妻：もう うだうだ うだうだ 酒飲みは ほんじゃけん いやよお。どこぞ そこらへんで もう はよ 寝ちもうた。
（もう、うだうだうだうだ、酒飲みはこれだからいやだよ。どこかそこらへんでもうさっさと寝てしまえ）
夫：じゃかましい。酒 持っちこんか。

〈参考文献〉

●『土佐弁ルネサンス　土佐ことば辞典』橋尾直和著
高知文化環境政策課　二〇〇〇年

福岡県

筑前の剛毅、淡白に対して、筑後は粘りと工夫が身上という。筑前の中心地、博多のことばが九州弁を代表する面が強い。

調査地点…博多を中心として

――福岡県のケンカ

A：ほら、酒が たらんぜ。酒ぐらい 用意しとかんや。

B：たいがいぃ しとかんや。いつまで 飲みよーとや。

A：しゃーしか、何の 文句が あるとや。

B：おまえこそ、誰に向こーて 言いよーとや。

A：なんてか、この。

B：おー、いつでも 相手に なっちゃーたい。

A：なんばこーかっとーとか、きさん。ぼてくりこかさるーぞ。

B：なんてか。なんばしきるてか。ばーかが。

A：なんがばかてか、きさーま。なんごと こきよーとか。

B：しゃーしか。

※「こーかっとーとか」（威張っているのか）は、「こーかる」（生意気にする、威張る）＋「とー」（継続を表す「～ている」）＋「と」（「の」相当の助詞）

※「ぼてくりこかさるー」（ひどい目にあわされる）は、「ぼてくりこかす」（ひどく殴る、ひどい目に合わせる）＋「～さるー」（～される）

【ケンカの際の捨て台詞、決まり文句、脅し文句】

●子どもの喧嘩

●言いがかりをつける時・バカにされた時

※いずれの場合も「なんかーきさーん、この（なんだ貴様この野郎）」を用いる。

アホ・バカに相当する基本の罵倒語

語形

ばかたれ、ばか、ばかちん、あんぽんたん

用法

◉強調の段階

ばかちん→ばか→ばかたれ

※「ばかちん」は、へまをした場合等に限られる。

◉用法

相手に向かって

（怒って）「ばーかが」「ばかちんが」

（甘えて）「あんぽんたん」「あんぽんたんの川流れ」（後者は古い言い方）

だめになる

もう このネジが甘《あも》ーなっとー。

◉決まり文句

「ばかぃする」「ばかぃならん」「ばからしか」「ばかばっかりしてから」

◉特徴

「あほ」は使わない。「ばかちん」は強い語気で言っても親愛の情が残る。親が子供をしかっているような教育的叱咤の感じ。

言いまわしの特徴

●「ぐちゃぐちゃ言ってたら、ひどい目にあわされるぞ」

がたがたこきよったら、ぼてくりこかさるーぞー。

●「いいかげんにしておけよ、この野郎。殴るぞ」

たいがいしとけよ、この。くらさるーぞ。

※ぼてくりこかす（殴って倒す）「くらす（拳骨で殴る）」「〜しちゃろーか」「〜さるーぞ／〜さるーぜ（じぇ）／〜さるーばい」などを使う。「ぼてくりこかしちゃろーか」など。

●「ダセーんだよ、バーカ（常套句）」

しけとったい。

●「うるさい／うるせーんだよ」

しゃーしか。／しゃーしかったい。

※「しゃーしい」「しゃーしか」は「うるさい」の意。

接辞・間投詞などを用いた強調表現

● 「この、どすけべが」「どけち野郎」
このいやらしかとが。／けちが。
※「と」は助詞の「の」に相当し、蔑み、低く言う意味合いで「～なヤツ」の意。

※接頭辞「ど」はあまり用いない。

● 「くそったれ、なめくさりやがって、あんなぬけさくに負けてたまるか」
あーもーはがいか、ばかぃしてから、あげな**ぬけさく**に負けとかるーもんね。

● 「あのくそ坊主、読経が下手くそなんだよな」
あの**破れ坊主ぁ**、お経ば読むとの**下手くそ**かもんなー。

● 「とぼけたこと言いやがったらぶっころすぞ」
いたらんことばっかり**こきよったら、ぼてくりこかさるーぞ。**

● 「芋すけ、田舎もんは帰りやがれ」
田舎もんなぁ、帰れ。

特徴的な接辞

●この**破れ○○**が。
※「破れ○○」は「その立場にいる資格がない」と相手を低めて言う方法で、かなり下品な言い方。ふつう男性の感情的な発話に使われる。自立した名詞として「破れが！」を使うこともあるが、接頭辞として用いるほうが圧倒的に多い。

その他

形容詞・動詞

博多方言は、名詞より、属性としての形容詞、相手に対する話者の態度表明としての動詞などの方が多いと思われる。次のような例がある。

しけとったい
※動詞「シケル」＋「トル」＋文末助詞「タイ」（「だよ」の意）。

ぼてくりこかさるーぞ、**しかともなか**／**しかとむなか。**
※しかと（大した状態、量を表す副詞か？）もない。

おーちゃっかったい＝横着カ＋ト（「の」に相当）

＋タイ（なんだよ）
※横着な態度に対してだけでなく、喧嘩の時の常套句としても使う。

名詞

よく使われたが、最近はあまり使われないもの

かつれ（食べ物等に卑しい人）、**ごーじょーもん**（強情者）、**しゃれこつ**（格好つけすぎの人。「つやつける」は「格好つける」）、**しわごんちゃく**（しわくちゃの顔、しわがついた状態）、**のぼせもん**（お調子者）、**ひょうげ**（ひょうきん者）、**へんちくりん**（変わり者、へんてこな）、**わからんちん**（理解が遅い者）、**やかましや**（うるさ型）

かなり古いもの

飽きやすの好きやす（熱しやすく冷めやすい様子）、**げってん**（偏屈者）、**げどうされ**（極道者）、**ごうつくばり**（強情張り）、**ぼーぶら**（かぼちゃ、見掛け倒し、役立たず。「ぼーぶらて聞いとったが、追い回したらよー働いたばい。」）、**むつかしもん**（頑固者）、**しゃくれ**（顔がしゃくれた人、よくしゃべる人）

福岡市で使われることがあったもの

夢《ゆめ》野《の》久作《きゅうさく》のごたー（非現実的だ）

名詞以外

よく使われたが、最近はあまり使われないもの

味もこーけもなか（味気ない）、**あっぱらぱー**（何の理解もできていない状態、ばかのような様子）、**あぺちか**（汚い、不潔である）、**言いたか言いの こきたかこき**（勝手なことばっかり言う奴、またはその態度）、**いやらしか**（いやな状況だ、すけべだ）、**往生《おーじょー》する**（困る、途方に暮れる。「あの人ぁ、ほんに往生する。」）、**おーまん／おーまんたくり**（いいかげん、おおざっぱ（な人））、**おーどーもん／おーろーもん**（横着者）、**ぎょーらしか**（おおげさだ、わざとらしい）、**ぐらぐらこく**（頭にくる）、**げさっか**（下品だ、趣味が悪い）、**けそけそしとー**（落ち着きがない）、**こすか**（ずるい）、**こーかる**（生意気にする、威張る）、**ざまなか**（格好がつかないことになっている。「偉そうに任しとけて言うたくせぃ、ざまなかたい。」）、**しゃばい**（大したことない）、**しかともなか**（取るに足りない、役に立たない程度だ）、**ひち**

こいたらしか（しつこい）、**ひっちゃがちゃ／ひっちゃんがっちゃん**（組み合わせが合わない様子）、**だらくさか**（ずぼら、自堕落）、**やりっぱなし**（なげやり、無茶苦茶）

かなり古いもの

ほけのごと（「火気」。ぼうっとしている様子。「なんばほけのごとしとーとや、しかしかせんや。」）

男女で言い合うケンカ

男：ほら、酒がたらんぜ。酒ぐらい 用意しとかんや。
女：もー、たいがいぃ しとかんね。いつまで 飲みよーとね。
男：しゃーしかねーおまやー、なんて 言《い》ーよるとや。
女：あんたこそ、もー 誰に 言《い》ーよーとかいなね、この人ぁ。
男：なんてや、きさん。
女：なんね、あんた。
男：おまやー、たいがいぃ しときやい。
女：ほー、何ね。
男：なんてか、この。
女：はいはい。

〈参考文献〉

●『日本のことばシリーズ40 福岡県のことば』 平山輝男編 明治書院 一九九七年
●『これが九州方言の底力！』 九州方言研究会編 大修館書店 二〇〇九年

佐賀県

真摯で一徹な人が多い。そこにはどこか「暗さ」もつきまとう。ことばはどこかゆっくりして鷹揚なところがある。

調査地点…武雄市を中心として

――佐賀県のケンカ

A：おい こりゃ、酒のたらんぞ。酒ぐらい 用意ばしとけ。
B：ちゃーがぶんにせろ。いつまで 飲みよっとか。
A：黙っとけ。なんじゃい 文句の あっとか。
B：わいこそ、誰《だい》に向かって 言いよっとか。
A：なんてー、やーとか。
B：おー、いつでん 相手に なってやーぞ。
A：わーが、偉かごと すんなよ。うったたくぞ。
B：しきーぎしてみんか。この ばかたれ。
A：なんてー、ばかてー。うんがー。よーも 言《ゆ》ーたにゃー。
B：せからしか。

※ちゃーがぶんにせろ（いいかげんにしろ）。
※しきーぎ（できるというのなら）。
※せからしか（うるさい）。

【ケンカの際の捨て台詞、決まり文句、脅し文句】

●子ども・喧嘩捨て台詞
わーがごたたあ、すかん。あっかんべー。
●子ども・喧嘩決まり文句
ばか、かば、ちんどんや、おまえのかーさん、でべそ。
●言いがかりをつける時
なんか 文句のあっとか。
●バカにされた時
わーが、なむっぎ しょーちせんぞ。
※なむっぎ（なめたら）。

アホ・バカに相当する基本の罵倒語

語形

ばか、ばかたれ、あほ、あんぽんたん、ふーけ、ふーけもん、ぼけ、ほけ、ほけまくい

用法

◉強調の段階

ばか→おーばか・ばかたれ

あほ→あほたれ

◉用法

相手に向かって

（怒って）「このふーけが」「このばかが」

（甘えて）「ばかねー」

だめになる

もー このネジのばかになっとー。

◉決まり文句

「ばかんごとゆーな」

「あいどまふーけとー（あいつらばかだ）」

◉特徴

「わーが、ふーけとりゃせんか」「このふーけもんが」など、「ふーけ」「ふーけもん」が多用される。

言いまわしの特徴

● 「ごちゃごちゃ言ってたら、頭たたき割るぞ」

ごちゃごちゃ言《い》ーよーぎ、頭たたきわーぞー。

● 「いいかげんにしろ、こら。やってやるぞ」

ちゃーがぶんにせろ こりゃ。くらさるっぞ。

● 「たたきのめすぞ」

ぼたうち すっぞ。

● 「それが、どれくらいのものなんだ」

そいが、どんくらいのもんか。

● 「うるさい、黙りやがれ」

せからしか、黙っとけ。

接辞・間投詞などを用いた強調表現

- 「この、どすけべが」「どけち野郎」
このどすけべが。／どけち。
- 「くそったれ、なめくさりやがって、あんなぬけさくに負けてたまるか」
くそたれ、なめてから、あがんふーけに負けてたまーか。
- 「あのくそ坊主、読経が下手くそなんだよな」
あの くそ坊主、読経の下手くそやーもんな。
- 「とぼけたこと言いやがったらぶっころすぞ」
とぼけたこと 言《ゆ》ーぎ ころさるっぞ。
- 「芋すけ、田舎モンは帰りやがれ」
田舎もんは はよー帰れ。

特徴的な接辞

- **うったたく**（たたく）
- **きゃーくいだます**（だます）
- **どまぐるっ**（酔っておかしな行動をする）

その他

ことわざ・言い草

佐賀んもんの通ったあとは草も生えん

〈参考文献〉

- 『佐賀の方言　上・中・下』　志津田藤四郎著　佐賀新聞社　一九七三年
- 『佐賀弁一万語』福山裕　佐賀印刷社　一九九五年
- 『白石地方の方言』　白石史談会編　白石史談会　一九九一年

長崎県

海の道が未知の世界へ挑戦する進取の気性と新しい文化への志向を育んだ。それぞれの島ごとに方言のバラエティがある。

調査地点…佐世保市を中心として

長崎県のケンカ

A：おい、こら、酒ん たりんばい。酒ぐらい ちゃんと用意しとかんか。

B：よかあんばいに せんか。いつまで 飲むとか。

A：やかまし。なんか 文句の あっとか。

B：わーがこそ、誰《だい》に向こーて 言《い》ーよっとか。

A：なーんて、やっか。

B：おー、いつでん 相手になっぞー。

A：わが、偉そーに すんなよ。うったたくぞ。

B：やいきんなら、やってみろ、こんふーけもん。

A：なんてー。ふーけもんてやー。わーが、よーも言《ゆ》ーたなー。

B：やぐらし。

※やぐらし（やかましい、うるさい）

【ケンカの際の捨て台詞、決まり文句、脅し文句】

●子ども　喧嘩捨て台詞・決まり文句

わーがんごたった いっちょん すかん。あっち行け。

わーが、ばかやっか。

●言いがかりをつける時

なんか 文句あっか。

●バカにされた時に

わが 今 なんと 言《ゆ》ーたか。くらっするぞ／だごにすっぞ。

※だごにする（団子にする。丸め込んで手も足も出なくする）。

ばかにすっと、しょーちせんぞ。

わーが なむっぎん くらわすっぞー。

※なむっぎん（なめるなら）。「ぎん」は仮定条件を表す接続助詞。

アホ・バカに相当する基本の罵倒語

語形

ばか、ばーか、ばかもん、ばかちん、ばかたれ、うーばかもん、ふーけ、ほーけ、あほ、あぽん、あほたれ、あほんだら、あんぽんたん、のーたりん、つーたん、あいかり、ありかり、あやかり、あんこー、あんたら、あんてら、あんとせ、ぬったり、ぱー、げっつー、げげらけっつー

用法

◉強調の段階

ばか→ばーか→ばかもん・ばかちん→ばかたれ

あほ→あほたれ→あほんだら

けっつー→げげらけっつー

◉用法

相手に向かって

（怒って）「ばかたれ」「ばかやろー」

（甘えて）「ばかねー」「おばかさん」

だめになる

ネジがばかになっとる。使いもんにならん。

◉決まり文句

「ばかにすんな」「ばかにならん」「ばかをゆーな」

「いたらんこつばすんな」（余計なことをするな）

「なんばてれっとしとっとや」（何をぼーっとしているんだ）

◉特徴

「ばか」「ばかたれ」などの「ばか」系の使用が多いほか、「あほ」「あんぽす」など「あほ」系の語もある。「あいかり」は「藍刈り」で、平戸や五島の方言形。藍を刈るために農民が口を開けて好天を待つ様子がおかしい、というところから言われるようになったと考えられている。「ぬったり」は遅鈍なさまを表す副詞「ぬたり」から。「けっつー」は「下司」。

言いまわしの特徴

●「ぐだぐだ言ってたら、拳を見舞うぞ」

なんのかんの 言《い》ーよっぎん、くらすっぞー／うっつらかすぞー／だごにすっぞー。

●「お前の都合の良いことばかり言うな、こら。ころすぞ」

わーが よかことばかい 言《ゆ》ーな、こら。うちころっそー。

●「手も足も出なくしてやるぞ」

だごになっぞ。

●「ぼこぼこにしてやるぞ」

うっつらかっそー／ころすっぞ。

●「おまえが、どうしたことか」

わいが、なんや。

●「うるさい、黙りやがれ」

せからしか／やぐらしか、黙っとれ。

接辞・間投詞などを用いた強調表現

●「この、どすけべが」「どけち野郎」

こん **どすけべーが。／どけち**野郎。

●「くそったれ、なめくさりやがって、あんなぬけさくに負けてたまるか」

くそたれ、なめとっとか、あがん **ぬけさく**に負けてたまっか。

●「あのくそ坊主、読経が下手くそなんだよな」

あん **くそ坊主、**読経が **下手くそ**やんねー。

●「とぼけたこと言いやがったらぶっころすぞ」

とぼけた言葉 **言《い》ーよっぎ ぶっころっそー。**

●「芋すけ、田舎モンは帰りやがれ」

いも、田舎もんは **帰ってしまえ。**

特徴的な接辞

●**うっすらごと**（大虚言）※「うっ」は「大」の意。

●**おーどぼし**（横着者、横柄な人）※「ほし」は「法師」。

●**きゃー腐れた** ※「きゃー」は古語の「掻き」から。

その他

ことわざ・言い草

しーらのさきばしり→実力もないのに出しゃばる人

※「しーら」は稲の穂先に出る実の入っていない籾のこと。

せせりの金玉→気の小さい者　※「せせり」は「ブヨ」。

塗ったも剥げたもわからん→動作が鈍く、仕事にけじめのない様子

※塗ったのか剥げたのか、見た目にはっきりしないことから。

せんすらまんみつ→嘘つき

※千の事柄がすべて「すら（空）」、万のうちやっと三つが真実ということから。

うどんやの釜→口先だけの人

※うどん屋の釜の中には湯だけしかないことから、「ゆー（言う）ばかり」の人ということ。

大根引き《だいこん》→臆病な人

※大根の根は北側に曲がっているとされ、臆病な人が道に迷うとすぐに大根を引き抜いて方角を確かめることから。大根は折れないように用心して引き抜くところからか。

根太落とし《ねだ》→訪問先でいつまでも居座ること

※樹木が根を張る様子にたとえたもの。

「唐人」の使用

江戸時代、唯一海外への門戸を開いていた長崎らしい表現として、「とーじん」（唐人）を使った表現がいくつかある。

分《わ》からん唐人《とーじん》（わからず屋）

唐人《とーじん》の寝言んごたる（何を言っているのかさっぱりわからないさま）

※「唐人の寝言のようである」の意。

〈参考文献〉

●『長崎県の歴史と風土』　長崎風土記刊行会　創土社　一九八一年

●『ふるさとの歴史　吉井町』　吉井町教育委員会　一九九一年

●『田平町郷土誌』　田平町教育委員会　一九九三年

●『方言資料叢刊　第三巻 方言比喩語の研究』　方言研究ゼミナール　一九九三年

熊本県

反骨精神が熊本県人の特性とされる。ただし、一方で権威志向の面も。方言に対する愛着は極度に強い。

調査地点…熊本県

―熊本県のケンカ

A：おい、こら、酒ん たらんぞ。酒ぐりゃー 用意しとかんか。

B：たいぎゃにせんか。いつまで 飲みよっとや。

A：せからしか。なんか 文句のあっとや。

B：ぬしゃ、誰も 言《い》ーよっとか。

A：なんや、すっとや。

B：おー、いつでん 相手すっぞ。

A：ぬしゃ、ふてつらすんなよ。打ちころすぞ。

B：しきんなら、してみれ。こんバカが。

A：なんてや、バカてかっ。ぬしゃ。よー言《ゆ》ーたね。

B：やかましか。

【ケンカの際の捨て台詞、決まり文句、脅し文句】

●子ども・喧嘩捨て台詞

ぬしゃ すかん。あっちゃん 行け。

※あっちゃん（あっちに）

●子ども・喧嘩決まり文句

ばか、あほ、ちんどんや、おまえんかーちゃん、でべそ。

●言いがかりをつける時

なんか 文句かなんか あっとや。

●バカにされた時

ぬしゃ たいぎゃしとかんか。なめとっと しよーちせんぞ。

アホ・バカに相当する基本の罵倒語

語形

ばか、ばかたれ、ばかたくりん、ばかたくろ、うーばかもん、にたくろ、にたくろさんぱち、すかたん、すこたん、ふぬけ、だら、くそ、くそたれ、のーたりん、あんぽんたん、あんぽんたれ、げど、ほーけ、あほ、あほたれ

用法

◉強調の段階

ばか→ばかたれ・ばかちん→ばかたくりん・ばかたくろ→うーばかもん

くそ→くそたれ

あほ→あほたれ

◉用法

相手に向かって

(怒って)「こん ばかが/ばかたれが」のように「ばか」の使用が多い。「こん くそが/くそたれが」のような「くそ」はほぼ男性専用。(甘えて)「ばーかばい」は共通語の「ばかだなー」に近い。「ばかだけん」は共通語の「ばかなんだから」に近い。

だめになる

もー このネジがばかになっとる。

◉決まり文句

「ばかちゅーはなか (何と愚かな)」「とんとつまらん (まったくつまらない (奴だ・物だ))」「あたまばつかわんか ((頭を使って) よく考えないか)」「くそくらえ」「くそもへったくれもなか」「おまえんごたるやつは (お前のような奴は (許さん))」「しってばしおるごつ (知りもしないくせに)」「たいぎゃなこつばゆーな (いい加減なことを言うな)」

◉特徴

「ばか」系が基本で、その他の語形、例えば「ばかたくりん」「うーばかもん」「にたくろ」などは、高年層以外ほとんど聞くことがなくなった。男性には「くそ」も多用される。面と向かって使うと喧嘩の言葉。「にたくろ」は「似て非なる、

まがいもの」のことで、「放蕩《ほうとう》者」のことをいう。

言いまわしの特徴

●「よけいなことばかり言ってると、拳を見舞うぞ」
いらんこつばかっ 言《い》ーよっと くらすっぞー。

●「もうこのあたりで止めとかないか。ころすぞ、お前」
たいぎゃにしとかんか こら。うちころすぞ、ぬしゃ。

●「ぶん殴るぞ、この野郎」
うたるっぞ、ぬしゃ。

●「首筋つかんで引っ張り回すぞ」
ひきまわすぞ。

●「それが、どうしたことか」
そるが、どぎゃんしたつや。

●「うるさい、黙りやがれ」
せからしか、黙れ。

接辞・間投詞などを用いた強調表現

●「この、どすけべが」「どけち野郎」
こん、**どすけべ**が。／**こすたくりん**が。

●「くそったれ、なめくさりやがって、あんなぬけさくに負けてたまるか」
くそたれが、なめちかっ、あん**ばかちん**に 負けちたまるかい。

●「あのくそ坊主、読経が下手くそなんだよな」
あん**くそ坊主**、お経の **下手くそ**とたいな。

●「とぼけたこと言いやがったらぶっころすぞ」
すっとぼけたこつ 言《ゆ》ーたら **うちころすぞ。**

●「芋すけ、田舎モンは帰りやがれ」
こんいもが、田舎もんな はよ帰れ。

特徴的な接辞

●あやつは **つんのぼせとる**（あいつは、すっかりのぼせあがっている）。

●あら **きゃー死んだごたる**ね（あいつはいつのまにか死んだみたいだね）。

●**仕事どま** すっとよかとに（仕事ぐらいするといいのに）。

●こどん **でっちゃしきる**とに（子どもでさえできるのに）。

●**うっぱずれた**こつばかりする（大きく道を外れた、非常識なことばかりする）。

●**うーばんぎゃー**だけん、任せられん（いい加減なので任せられない）。

※「うーばんぎゃー」は「大番外」。

その他

ことわざ・言い草

不用人《ふゆうじ》の盆働《ぼんばたら》き→怠け者は人の休む盆になって慌てて働かなければならない

漁師《じゅうし》の一気《いっきゅうさば》捌き→漁師はその場の大漁ばかりを考え、後先のことを考えない

阿蘇と同《おな》しこつ→言うだけの人

※阿蘇地方に温泉が豊富なことにかけて、「湯（言う）だけ」。

肥後のいっちょ残し→（宴席などで）大皿などに盛られた酒の肴やおかずを一切れだけ残す。遠慮する

※最後に残った物は手を出しにくいことから。肥後に特有な現象かどうかはわからない。

朝市ごまめ→よけいなおしゃべりばかりする人

※朝市のごまめは口だけ目立つことから。

石切屋《いしきん》の尻《じご》→堅物。慎重な人

鉄砲玉《てっぽんたま》→行ったきり帰ってくるのを知らない人

はんどがめ、みそぶた、みそがめ→家に引きこもっている人

※常に家の中にある水瓶、味噌蓋にたとえて。

しょーけみみ（聞いても理解できない人）

※「しょーけ」は籾《もみ》などを入れる大きなざる。

かぶんす、かぼんす（頭でっかち）

※「過分数」

雀ん巣（頭髪がくしゃくしゃな様子）

山桜（出っ歯）

※葉（歯）が先に出ることから。

だんべえ（太っている人）

日陰ん桃ん木（やせっぽち）

※日陰に育った桃の木はやせ細っていることから。

「～もん」の旺盛な造語力

プラスイメージ

がまだしもん（働き者）

きじょーもん（きれい好きな人）

ほんなもん（まともな人）

マイナスイメージ

せからしもん（うるさい奴）

げさくもん（下品な奴）

おーちゃくもん（思い上がった奴）

とっぱもん（軽はずみな奴）

ひょーげもん（面白い奴）

のぼせもん（すぐに夢中になる奴）

もまかしもん（もめ事を作る奴）

〈参考文献〉

●『方言資料叢刊　第三巻 方言比喩語の研究』　方言研究ゼミナール　一九九三年

●『こらおもしろか　肥後弁辞典』　中川義一編　熊本出版文化会館　二〇〇二年

大分県

常に新しいものを取り込む進取性に富んでいるが、熱しやすくさめやすいといった傾向もあるか。会話はやや荒っぽく聞こえる。

調査地点…大分市田原（中部）、豊後大野市（南部）を中心に

――大分県大分市（中部）のケンカ

A：よいこら 酒がたらんけん はよ持ちこんか。
B：たいがいにせんか いつまじ 飲んじょるんか。
A：黙っちょれ なんか 文句 あるか。
B：われこそ 誰に向かっち 言《い》ーよんのか。
A：なーに／なんや やるか。
B：おー いつでん 相手ん なっちゃるど。
A：わりゃ 偉そーにすんな こずくど。
B：やるごたら やっちみよ こんばかたれが。
A：なーに ばかたれじゃと きさま よーも／ゆうも 言《ゆ》ーたな。
B：せわしー。

【ケンカの際の捨て台詞、決まり文句、脅し文句】

●子ども　喧嘩捨て台詞・決まり文句
（南部）**覚えちょれ、お母《かあ》ちゃんに言《ゆ》ーちゃるぞ。いーえー。**
※「いーえー」は「やーい」に相当。相手を挑発する時に言う。
（南部）**○○の学校は ぼろ学校 ほーき一本 ない学校**
（南部）**○○の生徒が 屁をひった いーくつひった とーひった 隣のかんすー ひり割った**（隣の茶釜を放り割った）
（中部）**覚いちょれ、こんだみちょけ。**
●言いがかりをつける時
（南部）**ちょいと来い、わりゃ なん言《ゆ》ーた。**
（南部）**わりゃ もいっぺん言《ゆ》ーちみよ。**
（中部）**なんちゃ もーいっぺん言《ゆ》ーちみろ／みよ わりゃ なんち言うた**
※「なんちゃ」は「なんだと」。
●ばかにされた時
（南部）**わりゃ ばきーすんな ちちまわしちゃろか。**
※「おまえ、ばかにするな、殴り倒すぞ。」
（中部）**わりゃ ばけすんな ちちまわすぞ。**

アホ・バカに相当する基本の罵倒語

語形

南部 あほ、ばか、ばかたれ、ばかもん、ばかすけ、てれ、てれすけ、すこたん、くそたれ、ぬけさく、ぼけ、げどーされ

中部 あほ、あほたん、ばか、ばかたれ、てれすけ、ぼけ、ばかすけ、ばかたん

用法

◉強調の段階

南部 ばか→ばかたれ・ばかすけ

中部 ばか→ばかたん・ばかすけ→ばかたれ

◉用法

相手に向かって

(怒って)「こんてれすけが／ばかすけが」(南部)

「こんばかたんが」(中部)

(甘えて)「ばかなやっちゃね」(南部)

「ばかじゃね」(中部)

※「ばかじゃね」は優しい女性的な言い方。「ばかじゃの」とすると乱暴で男性的な言い方。

※「ばかたれ」「ばかもん」「あほ」等は悪意が強くなる。

だめになる

南部

つまらんごつ(と)なる／わやんなる

もー こんネジつまらんごつ(と)なっちょる。

※「使い物にならなくなっている」の意。「壊れる」は「くずれる」。

もー こんネジはがんたれじゃき つまらんごつなっちょる。

※「もう、このネジはぼろぼろだから、使い物にならない」

※「つまらん」が一般的だが、「役に立たない」に対しては「やくたいもねー」という表現もある。また、共通語の「つまらない」は「よしれん」を使う。

中部

つまらんごつ(と)なる／わやになる

ネジやつまらんごつなった。

※「ねじが使い物にならなくなった」

しもーた。ネジがわやになった。

※「しまった。ネジが使い物にならなくなった」

◉特徴

「ばか」は用法が広く、非常に強い罵倒から冗談で使う場合まである。「てれすけ」や「すこたん」は少し間が抜けた感じを表す。方言形は共通語形よりも悪意が少ない。

言いまわしの特徴

●「ごちゃごちゃ言ってたら、殴るぞ」

南部　**どたばた言《い》ーよったら　ちちまわすぞ。／ごちゃごちゃ言《い》ーよったら　こずいちゃるぞ。**

中部　**ごちゃごちゃ言《い》ーよったら　こずくどー。**

●「いいかげんにしろ　こら。痛い目にあわすぞ」

南部　**いーかげんにせんか　こら。はちぐりかやすぞ。**

※「はちぐりかやす」は投げ飛ばすの意味。

中部　**いーかげんにせんか　こら　こずくどー。**

●「たたきのめすぞ」

南部　**ずぐらっそ／どづきまわすぞ／たたきまわすぞ。**

※こずく→ちちまわす→どづきまわす→ずぐらす、の順で強くなる。

中部　**たたかるるど。**

※「たたかるるど」「どづきまわさるるぞ」等の受身形が使われることも多い。

●「お前は何様だ」

南部　**お前や　何様《なんさま》とおもーちょるか。／わりゃなにもんか。**

中部　**わりゃ　何様《なんさま》ちおもーちょるか。何様《なんさま》かえ。**

●「うるさい、黙りやがれ」

南部　**しぇわしー／せわしー　黙っちょれ。**

※「うるさい」は「やかましー」が一般的。

中部　**しぇわしー／せわしー　黙れ。**

接辞・間投詞などを用いた強調表現

●「この、どすけべが」「どけち野郎」

南部　こんすけべーが。／けちが。

中部　こんすけべ。／けち。

※接頭語「ど」は用いない。

●「くそったれ、なめくさりやがって、あんなぬけさくに負けてたまるか」

南部　**くそったれ**が　人ばけんして　あもーみんな　あげんばかに負けちたまるか。

※「あもーみんな」は「甘く見るな」。

中部　**くそったれ**が　人うばけしち　あもーみんな　あん**ばかたれ**に　負くるもんか。

●「あのくそ坊主、読経が下手くそなんだよな」

南部　あん**くそ坊主**《ぼーず》が　お経《きょー》い　**下手くそ**じゃのー　聞ーちょられん。

中部　あん**くそ坊主**《ぼーず》　お経《きょー》が　**下手くそ**じゃ。

●「とぼけたこと言いやがったらぶっころすぞ」

南部　そげんとぼけたこつ言《い》ーよっち　**ちちころすぞ**。

※「ばちゅーあわするぞ（罰にあわせるぞ）」という脅し文句もある。

中部　とぼけたこと**言《ゆ》ーなや　ぶっころすど**。

●「芋すけ、田舎もんは帰りやがれ」

南部　こん**てれすけ**　田舎ぼーは　はよ去《い》ね。

中部　**てれすけ**　田舎もんが　帰れ。

特徴的な接辞

●**すーらへー**（ほらふきな人）

※人間に付ける接尾辞に「てれすけ（ばか）」「でぼすけ（外を出歩くのが好きな人）」などの「すけ」、「かじけぼー（寒がり屋）」「むしんぼー（恥ずかしがり屋）」などの「ぼー」、「すーらへー」「だったへー（怠け者）」などの「へー」がある。

その他

ことわざ・言い草

南部

ばかはとりゃるな↓ばかは相手にするな

こっけむくりにげた↓一目散に逃げた

さかくじょこぬる↓相手の非難や抗議に対して、逆になじりかえす。逆ねじを食わせる

うーげなし（大きな子供。大人に対して用いる。「うちんうーげなしにゃー困るのー（うちの大きな子供には困るね）」）

うせかくる（悪いことを人のせいにする）

おーぎさし（仕事嫌いな人。「あんしゃ ほんとにおーぎさしじゃなー」）

がまる（からかう）

※「せがう」「つきかわす」「つきやかす」とも言う。「そげーがまると わりーじ（そんなにからかうと悪いよ）」

ききとされもねー（聞きたくもない）

ぐぜる（ただをこねる。「いつまでん ぐぜるな（いつまでもだだをこねるな）」）

げさきー（下品）

けんつー（気取っている、つんつんしている。「あんしゃーけんつーじゃね（あの人はつんつんしているね）」）

こすい／こしー／かしきー／こしきー（ずるい）

※「かしきー」「こしきー」は「けち」の意が強い。

せせろしー／せからしー（うっとうしい、うるさい）

※「せわしー」「やぜねー」とも言う。「やぜねー」はハエが目の前を飛ぶようなうっとうしさ。

せちー（悔しい、悲しい。「あー せちー（ああ、切ない）」）

ぞーくる／どーくる（おどける、ふざける）

だこつ（つまらない）

たんてきもねー（気力もない）

つりあがり（おっちょこちょい、お調子者）

とこなすび（箱入り娘）

とぼくもねー（常識がない）

なんとんしれん（くだらない。「なんとんしれんことんじょーゆー（戯事ばかり言う）」）

ぬしとわろー／ぬすとわろー（盗人）

ねちぎー（しつこい）

はだくる（仲間はずれにする）

ばばぐち（無駄口。「ばばぐち たたいちょる（無駄口をたたいている）」）

ひらくち（方言。「うちどー 田舎ぼじゃーきー ひらくちじねーと しゃべりきれんがえー（私らは田舎者だから方言でないとうまく話せない）」）

へらへーとー（訳のわからないこと。「なんゆーか。へらへーとー ゆーな（何を言うか。訳のわからないことを言うな）」）

へんじょーこんごーゆー（なんだかんだと言う、減らず口をたたく。「あんしゃ すぐ へんじょーこんごーゆー（あの人はすぐに減らず口をたたく)」)

むがむとー（むやみやたらに）

めろさい（「女郎才」。年上の女性が年下の女性をやや見下していう言葉。「うちんよめじょわ めろさいじゃきーね（うちの嫁は女郎才だから）」）

わやく（いたずら、冗談）

南部のケンカ

A：よいこら 酒いたらんぞ 酒ぐれー用意しちょけ。

B：いーかげんにせんか いつまで飲んじょるんか。

A：しぇからしー／せからしー なーん 言《い》ーてーことい あるんか。

B：わりゃ／おまえや 誰に向こーち 言《い》ーよんのか／言《い》ーよるんか。

A：なにやー やるんか／けんかしかくんのか。

B：おーし いつでん 相手んなっちゃるぞ。

A：わりゃ／おまえやー 偉そーなこつ 言《ゆ》ーな／偉そーにすんな ずぐらっそ。

B：でくるこんなら／やりきるごたら やっちみよ こんばかが。

A：なにや ばかちゅーんか わりゃ／おまえや よーも言《ゆ》ーたの。

B：しぇからー／せからー。

※喧嘩をしかけることを「ほしかくる」という。偉そうにすることを「てんぽこる」ともいう。

〈参考文献〉

●『大分弁語録解説　現代大分弁の基礎知識』　月刊シティ情報おおいた・ブラス　おおいたインフォメーションハウス　一九九二年
●『日本のふるさとことば集成　第18巻　福岡・大分・宮崎』国立国語研究所　国書刊行会　二〇〇八年
●『OBSラジオ使おうえ！大分弁2大分方言辞典』　松田督治・吉田寛　大分放送　二〇〇四年
●『方言生活30年の変容』　松田正義・糸井寛一・日高貢一郎著　桜楓社　一九九三年

宮崎県

のどかに落ち着いた表現行動をする人が多い。幕府の天領であった宮崎市と島津氏が治めた都城地方のことばには大きな違いがある。

調査地点…日向市曽根（北部）、宮崎市（中南部）を中心として

―宮崎県宮崎市（中南部）のケンカ

A：おいこら 焼酎《しょちゅ》が たらんど。
B：てげてげにしぇんか いつまじ 飲んじょっとか。
A：しぇわしが なんか 文句 あっとか。
B：われこそ 誰に向こーち もの言《ゆ》ーちょっとか。
A：なーんて やっとか。
B：おー いつでんかかってこい。
A：わりゃ 偉ぶんなよ たたっかるっど。
B：やるもんじゃったら やちみよ こんだろくが。
A：なーんて だろくじゃと わりゃ よーそんげなこつ言《ゆ》ーた。
B：しぇからしが。

【ケンカの際の捨て台詞、決まり文句、脅し文句】

●子ども 喧嘩捨て台詞・決まり文句
（北部）**覚えちょれ、こんだみちょけ。**

（中南部）**覚えちょけ。**

（北部）**今度おーたときにゃ ほえづらかくなよ。**

（中南部）**○○の子どもは どんぐりがらいも 切って干さてこずかれて 三月三日のからいも団子《だご》じゃ。**

（中南部）**○○の学校《がっこ》は 豚学校《ぶたがっこ》 豚ーと呼ばれて残念だ。**
※いずれも、隣接する学校の児童を挑発するときの台詞。複数対複数で、声を合わせて言う。

●言いがかりをつける時
（北部）**なんちゃ もいっぺん 言《ゆ》ーちみー**（何て言った、もういっぺん言って見ろ）。

（中南部）**なんじゃ文句あっとか。**

●ばかにされた時に
（北部）**おまいんよーなもんかい ばかんされんで いーわ。**

（中南部）**わりゃきかんど**（お前しょうちしないぞ）。

アホ・バカに相当する基本の罵倒語

語形

北部　あほ、あほんだろ、あほんだら、ばか、ばかたれ、ばかっそ、てれすけ、ふーけもん、ぼけさく、すこたん、きさっころ、だろす、うーばか、きっさろ、がんたれ／ぐゎんたれ

※「きさっころ」は「きさね／きっさね（きたない）」＋ころ（接辞）。芝居に使うそまつな人形→軽はくな人、ばかの意。

中南部　あほ、あほんだろ、あほんだら、ばか、ばかたれ、だろく、すこたん、がんたれ／ぐゎんたれ

用法

◉強調の段階

北部　ばか→うーばか・ばかったれ→ばかっそてれすけ→きさっころ→ばかっそ

中南部　ばか→ばかたれ→おーばか

◉用法

相手に向かって

（怒って）「こんきっさろが／こんばかっそが」（北部）、「こんばかが／こんだろくが」（中南部）

（甘えて）「ばかじゃね」「ばかじゃが」「ばかかね」「ばかにせんじょってね（ばかにしないでね）」

※悪意が少ない時は「ばかたれ」「きっさろ」「ばかっそ」「だろく」は使わない。方言形を使うと生々しく直接的になる。

だめになる

やくせんなる／やくせんごっなる／やくせんもんなる／つまらんなる／つまらんごつなる（北部）

※「やくせん」は「役に立たない」の意。

やくせんなる／やくせんごっなる／ぐゎんたれになる（中南部）

※「ぐゎんたれ」は不良な人や物の意。

なんもかんもわやんなった（何もかもだめになった）。

◉決まり文句

「ばかばっかゆーちょる」「ばかんならん」（北部）

「ばかじゃがちぇにゃおか（ばかだからしょうがない）」（中南部）

※「ちぇにゃおか」「てにおか」はあきらめる時に使う。

◉**特徴**

北部　多用されるのは「ばかっそ（大ばか）」「てれすけ（やや軽いばか。女性には使いにくい）」「きさっころ（通常のばか）」。

中南部　「だろく」は相手を威嚇する時に使う。「すこたん」は「何も考えていない人」。

言いまわしの特徴

●「ぐずぐず言うと張り倒されるぞ」

ぐずぐず言《ゆ》ーと　はったおさるっぞ（北部）／**はったおさるっど。**（中南部）

※終助詞は北部では「ぞ」、中南部では「ど」が主。

●「いいかげんにしろ こら たたかれるぞ」

いーかげんにせんか　こら　たたかるっぞ（北部）／**たたかるっど。**（中南部）

●「どつきまわすぞ」

どづきまわさるっぞ。（北部）／**どづきまわさるっど。**（中南部）

攻撃する動作を「はりたおさるる」「たたかるる」と受身形を使って表現する。

●「お前は何様なんだ」

お前《め》が　なんさまか。（北部・中南部）

われが　なんぼがつあるげなか。一銭がたもねーわ。（北部）

※お前がいくらの価値がある。一銭の価値もない。

●「うるさい、黙りやがれ」

わりゃ　なにもんじゃい。（北部・中南部）

しぇわしー　黙らんか／しぇわしー　黙っちょれ。（北部・中南部）

※「黙っちょれ」の方が意味が強い。

接辞・間投詞などを用いた強調表現

●「この、どすけべが」「どけち野郎」

北部　こん **どすけべ**が。／**せんこげつ**。

中南部　こん **どすけべ**が。／**けちんぼ**が。

●「くそったれ、なめくさりやがって、あんなぬけさくに負けてたまるか」
北部　**くそたれ**が ひとばかんして あもみんな あんばかっそに 負くるもんか。
※「あもみんな」は「甘く見るなよ」。

中南部　**くそったれ**が **なめくさっちょっとか** あんだろくに 負くるか。

●「あのくそ坊主、読経が下手くそなんだよな」
北部　あん**くそ坊主** 読経が **下手くそ**んくせしちょって。
あん**なまぐさ坊主** へぼ経《ぎょー》 聞くと 眠りかぶるわ。
※「あの生臭坊主のへたな読経を聞くと眠くなるよ」
中南部　あん**なまくさ坊主** 読経が**下手くそ**じゃが。

●「とぼけたこと言いやがったらぶっころすぞ」
北部・中南部　とぼけたこつ 言ーよったら **たたっころさるっど**。

●「芋すけ、田舎もんは帰りやがれ」
北部　**てれすけ** いなかぞ 去《い》ね。
中南部　**てれすけ** いなかずが **帰りやがれ**。

特徴的な接辞

●よだきぼ、よだきごろ

※人間に付ける接尾辞に「ぼ」「すけ」「ごろ」などがある。「ぼ」「すけ」は軽く、「ごろ」は強く卑しめる言い方。また、状態を表す語に「ぼ」や「ごろ」をつけて、その性向を持つ人を表す。造語法としての機能が強い。ほかに「あさねぼ、あさねごろ」「よちぼ、よちごろ（身体の弱い人、体力のない人）」「うそぼ、うそつきごろ」「なまけごろ」「いやしんぼ、いやしごろ」「わろんぼ（わんぱく坊主）」「じごろ（長く住みついている人）」など。

●ぬすっとわろ（盗人）

※「わろ」は強くあざけった言い方。「わろ」が付く語は少ない。

●なましんきな

※形容詞「しんきな（くやしい）」に「なま」がついた形。「なま」は悪い意味の性向語に付け、その性向を強調する。ほかに「きっさね（きたない）」→「なまきっさね」など。

その他

ことわざ・言い草

北部

あんぽんたんの川流れ
※相手をばかにするときに言う。

ふーけもねーこつ言《ゆ》ー ふーけもん→とんでもないことをいうばか者

山芋を掘る→酒に酔ってくだを巻くこと。

どんげもこんげも始末にゃうたんが→どうにもこうにも始末に負えない

中南部

屁なよなこつ言わんがましど→屁のようなこと（つまらないこと）は言わないほうがいいよ。
※話し手の発言を制するときに使う。

わやく言わんな→嘘を言うな
※「わやく」は「嘘、暴言」。

うーがたりとったてちょる→おしゃべりをしている
※ばかにした言い方。

ひゅーがかぼちゃにいもがらぼくと→「ひゅーがかぼちゃ」は肌が黒いが中身がしっかりしている女性のことで、日向女性の愛称（色白の美人には使わない）。「いもがらぼくと」は芋茎で作った木刀で、役に立たない見かけ倒しの男性のこと。日向男性の愛称。

中南部のその他の語彙

はんともん（仕事をしないでぶらぶらしている人）
※ばかにした言い方。

よこざ（囲炉裏で主人が座る席）
※よこざの反対側に薪が置いてある。よこざの反対側を通ると「盗人になる」「手癖が悪くなる」と言われた（猫くらいしか通らない）。

やどなかせと（飲み会を行う家の人を困らせること、また困らせる人）
※交代でのんかた（飲み会）のために家を貸すことを「宿前《やどまえ》」と言う。

もどかす（からかう）

北部のケンカ

A：おいこら 飲んもんがたらんぞ 飲んもんぐれ よいしちょけ。
B：てげてげにせんか いつまで飲んじょるか。
A：しぇわしー なんか 文句 あっとか。
B：われ／お前《め》 こそ 誰にもの言《い》ーよっと。
A：なーん やっとか。
B：おー いつでんかかってこい。
A：わりゃ 偉ぶんなよ たたかるっぞ／足腰 立たんこつしてやるぞ。
B：やるるもんじゃったらやってみよ こんばかっそ。
A：なーん ばかっそじゃと わりゃ／お前《め》 よーそんげなこっ言《ゆ》ーたな。
B：しぇわしー。

※「お前《め》」は、高年層ではやや丁寧な表現。

〈参考文献〉
●『延岡のことば』小嶋政一郎著　光輪舎　一九六九年
●『宮崎ことばの散歩道』早野慎吾著　鉱脈社　二〇一一年
●『残さんね宮崎弁　改訂版』早野慎吾・宮崎日日新聞社宮日文化情報センター　二〇一一年
●『宮崎県方言辞典』原田章之進編　風間書房　一九七九年

鹿児島県

古くからの海外との交流を通じての開放的な性格が形成された。ただし、方言運用には独自のものがある。

調査地点…鹿児島県

――鹿児島県のケンカ

A：あんよー 酒がねやいよ。焼酎《しょつ》どま 用意しとかんか。

B：てげてげせんか。いっずい飲んじょっとよ。

A：黙らんか。なんか議《ぎ》があっか。

B：わいこそ だいせー 言っちょっとよ。

A：なんちよ すっとか。

B：よかどー いっでんすっど。

A：うぇあ よかぶんな うったくっぞねー。

B：しがなっとならしっめ ばかすったんが。

A：なんち ばかやっちな わいが よう 言《ゆ》ーたねー。

B：黙らんか。

【ケンカの際の捨て台詞、決まり文句、脅し文句】

●子ども・喧嘩捨て台詞

わいなんか好かん。

●子ども・喧嘩決まり文句

こんばかが。

●言いがかりをつける時

なんよー。

なん 言っちょっとよ（なにを言ってるんだ）。

なんか文句があっとか。

なに 見ちょっとよ（なにを見てるんだ）。

●バカにされた時に

なんよ わいがー、うっころすっどね。

ばけすんな。

●捨て台詞

わいなんか死ねばよか（おまえなんか死ね）。

アホ・バカに相当する基本の罵倒語

語形

ばか、ばかたん、ばかたい、ばかすったん、ばかくっされ、ぬけたん、ぬけさく、のーたん、すったん、けっされ、ほがない、あほ、あほたん、あほすったん

※「のーたん」は「脳たん（脳が足りない）」。「すったん」は「末子」から。「ほがない」は「考えが足りない、不真面目だ」の意。

用法

◉強調の段階

ばか→ばかたん・ばかたい→ばかすったん→ばかくっされ

あほ→あほたん→あほすったん

※「けっされ」はかなり強い。

◉用法

相手に向かって

（怒って）「ばかが」「ばかたんが」「ばかすったんが」「こんけっされが」

（甘えて）「ばか」「あほ」「あほが」「あほすったん」

だめになる

ネジがばかになる。

こんネジはさびちょっでやっせん（このネジはさびているからだめだ）。

◉決まり文句

「ばけいうな」

「ばけんごた」

◉特徴

「ばか」系が基本。世代差はあまりない。「あほ」系はあまり使われない。ほかに「けっされ」「のーたん」など独特の語形が使われる。「ほがない」「ほがね」（誠意がない、不真面目）や「やっせん」（役立たず、だめ）なども「ばか」「あほ」に近い語として使用される。「やっせん」は否定的な意味を表す文脈で広く使われる。

言いまわしの特徴

●「ぐちゃぐちゃ言ってたら、頭をぼこぼこ叩くぞ」
ぐっしゃぐっしゃ言っちょったら、びんたうったくっどねー。

●「いいかげんにしろ、こら。ぼこぼこにするぞ」
てげせんか、こら。うったくっぞー。

●「それがどのくらいするのだ」
そいがどひこのもんよ／どひこすっとよ。

●「うるさい、黙れ」
せからしか／やぞろしか、黙らんか／げっすんな。

※「げっすんな」は「言葉を出すな」の意。

接辞・間投詞などを用いた強調表現

●「この、どすけべが」「どけち野郎」
こん**まんじゅしごろ**が。／こん**けっごろ**が。

●「くそったれ、なめくさりやがって、あんなぬけさくに負けてたまるか」
けっされが、**なむんなねぇ**、あん**がんたれ**に負けてたむっか。

●「あのくそ坊主、読経が下手くそなんだよな」
あん**けっされ坊主**が、読経が**やっせん**／**ちんがら**やっどな。

●「とぼけたこと言いやがったらぶっころすぞ」
とぼけたこと ぬかすと／言《ゆ》っちょったら **うっころすぞね**。

●「芋すけ、田舎モンは帰りやがれ」
いもが、田舎もんは帰れ／帰らんか。

特徴的な接辞

●親にがられっせー、**うったくられた**（親に叱られて、ぶたれた）。

●番号を**けわすれっせー**、電話ができんかった（番号を忘れてしまって、電話ができなかった）。

●急に停電になっせー、**ひったまがった**（急に停電になって、びっくりした）。

●**あまいごろ**（甘えん坊）

※「ごろ」は「五郎」からきていて、軽蔑の意を込めてある習癖

がある者につける接尾辞。ほかに「よかぶいごろ（格好をつける人）」「じごろ（地元の人、田舎者）」「おちゃっごろ（横着者）」「こしごろ（けちな人）」「だましごろ（魂五郎、ずるがしこい人）」「にぎいごろ（守銭奴）」「ぬすとごろ（どろぼう）」など。

その他

ことわざ・言い草

びんてきた↓頭にきた

しっちょっかぶいをすんな↓知ったかぶりをするな

ないごてそげんこっすっとよ↓どうしてそんなことをするんだ

びんた使わんか↓頭を使え

ほんなこち あいは やっせんぼやっでやね↓ほんとにあいつは使えないやつだからね

どげんもできん↓どうしようもない

勝手耳《かってみん》↓都合の悪いことは聞こえないこと

きっだべ↓ずんぐりした不美人（垂水）

かめんうっぽこい／かねっうっぽこい↓内弁慶（大隅地方）

けすいぼっのやっせんぼ↓日頃、威張っている人に限って、いざという時は臆病で何もできないものだ

仕事ちゃ小皿で飯ゃどんぶい↓仕事をさせると半人前だが、食事は人一倍食べること

出すもんな舌も出さん↓金はおろか舌も出さないくらいけちであること

黙りの大好《うず》き／黙いのうっず↓むっつり助平

ひっとんの肝↓臆病な人

※「ひっとん」は「セキレイ」。

股張《またばい》の膏薬《こうやっ》↓内股にはった膏薬のように、あちらこちらにつく人

〈参考文献〉

●『さつま語辞典』大久保寛著　高城書房　二〇〇二年

●『かごしま弁入門講座』坂田勝著　南方新社　二〇〇七年

●『鹿児島方言辞典』橋口満著　桜楓社　一九八七年

沖縄県

本土に同化すべく汲々としてきた過去を反省し、地域的特質の復権を通して、言語も含めた自立への道を模索する試みが始まっている。

調査地点…那覇市泉崎と首里、宮古島市伊良部を中心として

―沖縄県のケンカ（首里）

A：えーひゃー、酒《さき》ぬ たらんどー。酒《さけ》ーちょーんし こーとーけー。
B：うぬあたいっし しめーさに。
A：ごーぐち あびんなけーひゃー。
B：いゃーがどぅ たーんかい 向《ん》かてぃ むぬ いちょーが？
A：ぬーうぅー、しーどぅするい？
B：いー、いちやてぃん 相手《えーてぃ》 ないさ。
A：いゃーひゃー、いばんなけー。たっくるさりーんどー。
B：しーゆーすらー、しーんでー。くぬ ばか。
A：ぬーうぅー、ばかー？ ゆー いぃーくゎたんやー。
B：やがまさぬ。

※うぬあたいっし しめーさに（それくらいでいいだろう）。
ごーぐち あびんなけーひゃー（文句をぬかすな）。
ぬーうぅー、しーどぅするい（なにー、やるのか）。
いちやてぃん（いつでも）。
しーゆーすらー、しーんでー（やれるもんなら、やってみろ）。
ゆーいぃーくゎたんやー（ばかだと。よくもいいやがったな）。

【ケンカの際の捨て台詞、決まり文句、脅し文句】

●子ども・喧嘩決まり文句（那覇）
鼻 ひがりーんどー（鼻を削ぐぞ）。
とーひゃー、ないらー しぇー（さあ、やれるならやれ）。

●言いがかりをつける時
わんやなぐちる いーっくゎいるい（俺の文句をいいやがるのか）。
しーぶさどぅ あるい（やる気か）。
●バカにされた時に（那覇）
いったーや わんどぅ うしぇーとーるい（てめーら、俺をなめているのか）。

アホ・バカに相当する基本の罵倒語

語形

ふりむん、ふらー、うふそー、うふそーむん、うすーぐゎー、ぐどぅん、じんぶんくさらー、げれん(新)、げれんげれん(新)、げれんぐゎー、のーたりん(那覇・首里)、ぷりむぬ、うぷぷりむぬ、ぷりむぬがい(宮古)

用法

◉強調の段階

ふらーぐゎー→ふらー・ふりむん→そーふらー・そーふりむん→そーふらーひゃー・そーふりむんひゃー

ふりむん→くすふりむん

げれんぐゎー→げれん→げれんげれん

ぷりむぬ→うぷぷりむぬ→ぷりむぬがい

※接頭辞の「そー」を付けると程度が上がる。接尾辞の「ひゃー」はさまざまな単語に付けることができるが、強い侮蔑の意が加わるので、普段は使わないように大人から注意される。

◉用法

相手に向かって

(怒って) いゃーひゃー ふりむん。(那覇)

(甘えて) ふらーぐゎー。(那覇)

　　ふりてーうらに。(首里)

◉決まり文句

ふりむにー。(首里)

◉特徴

沖縄島では「ふりむん」「ふらー」が基本で、宮古島でも「ぷりむぬ」が基本である。「ふりむん」「ぷりむぬ」の語源は「惚れ者」で、ぽーっとした状態をさしていた。脅し文句に「たっくるさりーん」「ちかりーん」「ひがりーん」等の受身表現が使用される。そんなことをしたら俺にやられるぞという脅しだが、それが受身表現であるという意識はほとんどない。「たっくるさりーんどー(たたっころすぞ)」「くるさりーんどー(ころすぞ)」は「ぶん殴る、懲らしめる」ぐらいの感覚で使用される。

言いまわしの特徴

●「何だかんだ言ってると、ぶん殴るぞ」
ぬーやん くぃーやん すらー、たたっくるさりーんどー。(首里)

●「いいかげんにしろ、やっちまうぞ」
いちくゎれー、やなわらばー。(那覇)

●「横っ面を突くぞ」
みんちゃんば ちかりーんどー。(那覇)

●「更地にしてやるぞ(何も残らないほどぼこぼこにしてやるぞ)」

●「なんぼのもんだと思ってるんじゃい」
なー なさりーんどー。(首里)

ちゃぬさくぬ むんが。
ちゃぬさくぬむんでぃ うむとーがひゃー。(首里)

●「うるさい、黙りやがれ」
やがまさん、黙いくゎれー。(首里)

接辞・間投詞などを用いた強調表現

●「この、どすけべが」「どけち野郎」
はてぃ はごーむなー。/はてぃ はごーむのー。(首里)
※「はてぃ」は「果て」の意で、強調を表す。
※「〜ムン(〜者)」に接尾辞 − α が付いて「〜のもの」の意となる。
はてぃ にじやー。/はてぃ がにー。(首里)
※「にじやー」は金銭的なものだが「がにー」は物・金銭すべてに「けち」な人のこと。
※「にじやー」は「握る人」、「がにー」は「蟹」の意。

●「くそったれ、なめくさりやがって、あんなぬけさくに負けてたまるか」
くすくゎやー、うしぇーくゎてぃ、あんそーるうふそーんかい 負きーみ。(那覇)

●「あのくそ坊主、読経が下手くそなんだよな」
やなぼーじぐゎー ちょーむぬん ゆめーうぃーさん。(那覇)

●「とぼけたこと言いやがったらぶっころすぞ」

ぬーやん くぃーやん **いーくゎいねー くるさりーんどー。**（那覇）

※「ぬーやん くぃーやん」は「なんのかんの」。

●「芋すけ、田舎モンは帰りやがれ」

んむくぇー ふぃーふぃらー、田舎ーや **けーいくゎれー。**（那覇）

特徴的な接辞

●**ゆんかしまさぬ** あびーくゎんなけー（うるさい、ごちゃごちゃぬかすな）。（那覇）

●**くんたばてぃ** くちゃんかい たっくみらりんどー（ふんじばって納屋に押し込めるぞ）。（那覇）

その他

ことわざ・言い草

あびーる いのー くーらん↓吠える犬は咬まない（首里）

口ぬ あまれー 手《てぃー》ぬ んじゆん↓口が過ぎれば手が出る

犬《いん》とぅ 猫《まやー》↓仲が悪いたとえ。本土の「犬猿の仲」に同じ。

まーみぐゎー／いんちょーぐゎー（ちび「まーみぐゎー」は、「豆」、「いんちょーぐゎー」は「短い奴」の意）（首里）

わたぶー（那覇）／**くぇーぶたーひゃー**（首里）（でぶ）

よーがらひゃー（やせっぽち）

たかそー（のっぽ。「高竿」の意）。（那覇）

〈参考文献〉

●『沖縄語辞典』国立国語研究所編　大蔵省出版局　一九六三年

●『沖縄語辞典―那覇方言を中心に―』内間直仁・野原三義編著　研究社　二〇〇六年

語彙別

根性悪

この（根性悪）。いーかげんにしろ。

北海道 海岸部 この **へそまがり**。もーやめれ。

内陸部 この **へんくつもの／へんくつもん** がー。いーかげんにすれよー。

青森県 これまだ、**根性《こんじょ》くそいぐね** もんだ。いーかげんにせ。

岩手県 この **三角野郎《さんかぐやろー》／気《き》むぐれっちょ／むずくれ男《おどこ》／馬のくそ／べごのくそ／脳天気／悪《あぐ》だれ**。いーかげんにせー。

※「三角野郎」は態度・心・形・格好を広く含む。「気むぐれっちょ」は気分屋の意味に近い。「むずくれ」はむくれて何もしない感じ。

宮城県 この **いびつかだり／ろぐでなす**。やんべにすろっちゃや。

※「いびつかだり」は、「歪語り」で曲がっている感じのこと。性悪で気難しいことを言う人を指す。また、気難し屋の意味自体では「いんぴん」「いんぴんかだり」が多く用いられる。「あいづぁ **いんぴん／いんぴんかだり** だ（あの人は気難し屋だ）」これと類似した語に「むんつん」「かだむんつん」「むんつんたがり」「むんつんかだり」がある。

秋田県 この **意地《えじ》くされ**。えーかげんにしぇ。

／こんじょっぽね悪《わ》りな。えーかげんにしぇ。

山形県 おまえ、**あんまり性格《せーかぐ》いぐないな／少《すこ》す性格《せーかぐ》われんねが**。いーかげんにすろよ。

※形容詞文で言うのがふつうで（その場合、「根性悪い」ではいかにも共通語っぽい）、意味的にも「根性悪」に比べてかなりトーンダウンしている。その他、「こんじょーはらだくさい」といった形容詞もあるが、聞き手について言うことはない。（例）「あの人ほんてん（本当に）こんじょーはらだくさくて」。「はらだくさい」は「変だ、おかしい」の意。「～ちゃんの目、少《すこ》すはらだくさいなー」

福島県 この **根性《こんじょ》曲がり／ひねぐれもん**。いーかげんにしろ。

茨城県 この **根性悪／根性曲がり／へそ曲がり。**いーあんばいにしろ。

※「意地わりーなー」のように「意地が悪い」という表現を使うこともある。

栃木県 この **意地悪** め。いーかげんにしろ。／このねっからの **悪党** め。いーかげんにしろ。

※他に、「まったく意地がわりーんだから」という形容語を用いた表現も盛んである。

群馬県 この **おこんじょ** がっ。いーかげんにしろよ。

埼玉県 この **性悪／おこんじょー／ごーつくばり。**いーかげんにしろい。

※「おこんじょー」は女性ことば。

千葉県 この **根性悪。**いーかげんにしろよ。

※「根性《こんじょ》が悪い」とも言う。反対は「根性《こんじょ》がいい」。ただし、「根性《こんじょー》よし」とは言わない。

東京都 この **根性悪／きたねー野郎。**いーかげんにしやがれ。

神奈川県 この **性悪。**いーかげんしろよ（な）。

※厚木市周辺では「性《しょー》がわりー」を使う。

新潟県 この **根性悪** が。こてげにしれいや。

※「へそまがり」とも言う。

富山県 この **根性悪。**よいかげんにせんかい。

石川県 この **根性悪／性悪。**いーかげんにせー／いーかげんにせんけ。

福井県 この **根性《こんじょ》し** が。いーかげんにさらせ。

※福井市での言い方。越前市では「こんじょーぁ悪い」「いやらしやっちゃなー」（男性が言う）「てなわん」（女性が言う）を使う。

山梨県 この **がしったくれ／がしったれ／がし者《もん》／がし／与太《よた》くれ／与太《よた》／与太野郎《よたやろー》／与太者《よたもん》／よどーされ／よどーれ／がんぱ／がんぱ者《もん》。**えーかんにしろ。

※「がし」は「がし嫁《よめ》」「がし鳥《どり》」のように、悪いものによく使う。「よた」は悪いもの。「よどーされ」は特に若者に対しての使用がそぐう。「がんぱ」は乱暴で意地悪といった意味もある。

長野県 この **へそ曲がり野郎。**いーかげんにしれ。

岐阜県 **根性悪《こんじょわる》い** やっちゃな。いーげんになっとれ。

静岡県 おまえ、**根ぐさってるら**／**根ぐさったやつだ**なー。いーかげんにしろ。

愛知県 この **根性悪《こんじょわる》**。いーかげんにしとけ。

※瀬戸では「どごすー」

三重県 この **根性《こんじょ》くさ**／**いじくさり**／**いじくされ**／**ずくわり**。えーかげんにせー。／**根性《こんじょ》ばば**や。

滋賀県 あんた **根性悪《こんじょわる》**／**いけず** やなー。えーかげんにしーや。／また **おぞい** こと言《ゆ》ーて。えーかげんにしーや。

※「いけず」は「意地悪」に近い。

京都府 この **根性悪《こんじょわる》**／**いけず**／**ひねくれもん**。えーかげんにせー。／**こすい**／**すこい**／**おぞい**／**えげつない** やつやな。えーかげんにせー。

※「こすい」「すこい」「おぞい」はあまり使わない。

大阪府 **根性悪《こんじょわる》** やな／**ど根性の悪い** やっちゃな。えーかげんにしーやー。

兵庫県 この **根性悪《こんじょわるー》**／**性悪《しょーわるー》**。えーかげんにせー。

奈良県 この **くろへび**。えーかげんにせんかい。

※「くろへび」は「意地の悪い」の意。

和歌山県 この **性悪《しょーあく》**／**意地悪**。えーかげんにせーよ。

※「意地悪」のほうが共通語的。

鳥取県 この **しょーから**／**性悪**／**根性悪《こんじょわる》**。えーかげんにせー。

※「しょーから」は男の子に対して。

島根県 こん **ふねくれもん**。えーかげんにしさがれ。

岡山県 この **かたぶつ** がー。／**性根がわりー** なー。えーかげんにせー。

広島県 この **根性たれ**／**性根悪** がー。はーえーかげんにせーや。

※「性根悪」より「根性たれ」のほうがより強く罵倒する。

山口県 **意地くそ悪い**。えーころにせー。

徳島県 この **性根悪** がー／**ど性根悪** がー。えーかげんにせー。

※さらに激しく「ど性根がどぐさっとる」とも言う。

香川県 えーかげんにせー。この **性根悪／ど性根悪／ど性悪《じょーわる》／そこ性根悪／お性根悪。**

愛媛県 おまえは **性根が腐っとる。** えーかげんにせんかい。

高知県 **ねしょーの腐った** よーなやつじゃ。たいがいにしよ。／ありゃ **性根んわりー。／へごな人** よ。

※「ねしょー」は「女性《にょしょう》」のこと。「ねしょ」とも言う。「へごな」は「変な」の意。

福岡県 この **根性悪《こんじょわる》** が。たいがいーしとかんね。

※第三者についての属性としては、「あの人は、性の悪か」。

佐賀県 この **根性腐れ** が。たいぎゃぶんにせんか。

長崎県 この **根性腐れ／横着者《おーちゃくもん》／ぞくわる** が。えーかげんにせんか。

※「のふぞーか（横着だ、生意気だ）」という語もある。

熊本県 こん **横着者《おーちゃくもん》／根性腐れ／こしゃくれもん** が。たいぎゃにせんか。

※「こしゃくれ」は「小癪れ」で、小賢しく生意気なこと。

大分県 南部 わりゃ **おろいー** やっちゃ。いーかげんにせよ。／わりゃ **こすい** やっちゃ。いーかげんにせんか。

※「じねぐされ」「がきされ」「こすい」「はらぐりー」「おろいー（正常でない）」「おーどもん（悪賢い人）」「くされ（意地の悪い人）」。「こすい」「はらぐり」はややかしこまった表現。通常は「おろいー」を使う。

中部 こん **がんたれ** が。たいがいにしちょけよ。

※「がらわりー」も用いる。

宮崎県 北部 こん **がっきされ**。てげてげにせんか。

※「かっきされ」「おどもん」「だおもん」「根性腐れ」とも。

中南部 こん **ぐわんたれ** が。てげてげにせんか。

※「がんたれ」「根性曲《こんじょま》がり」「根性悪《こんじょわる》」とも。

鹿児島県 こん **けっされ** が。いーかげんにせんか。／あんひとは **ねそがわり／ねすがわり。**

※「けっされ」は根性が腐っている人。「ねそがわり」は根のもとが悪い人。

沖縄県 那覇 くぬ **やなくんじょー。** とぅいんちかみんならん。

※「とぅいんちかみんならん」は「取っても食えない」。

けち

あの人は（けち）だから、お願いしてもだめだよ。

北海道 海岸部 あの人《しと》 **けちくせ** から／**しみったれ** だから、頼んでもだめだわー。
内陸部 あの人 **けち** だから、頼んでもだめだー。

青森県 あれだっきゃ、**ほいど** だはんで、頼んでもまいねね。
※「ほいど」を強調する場合には「ほいどくされ」のように「くされ」をつける。

岩手県 あいづぁ **まで**／**までずけ** だがら、何《なぬ》でも頼んだってわがねじぇ。

※「まで」は「けち」のほかに倹約家、ものを粗末にしない意味もある。「までずけ」は「けち」の意味のみ。ほかに細かくけちな感じを「しょっぺ」「こすかれぇ」「けちくせぇ」「こめぇ」のような形容詞で表現することも多い。「こめぇ」は細かい。気が小さく、けちな感じ。

宮城県 あいづぁ **すわっぴり**／**まで**／**までずけ** だがら、頼んだってだめだど。
※罵倒語としては「すわっぴり」を多く用いる。「まで」には倹約家でつましい人の意もある。

秋田県 あえだば **けちたがれ** だがら、頼んでもだめだ。
※「ほいどたがれ」とも言う。

山形県 あいづだら **けち** でよ、なんぼ頼んだてだめだ／わがらね。
※「あいづ」は男性がよく使用する。女性は「あのひと」を用いる。「けち」に相当する名詞類には、ほかに次のようなものもある。「けちすけ／どけち」「ぴり／ぴりすけ」「すまず」「ねっづい（例えば、来客があった時など、仏壇にはお菓子がたくさん供えられているにもかかわらず、お客にはお菓子を出してもてなしたりしないような人のこと）」

福島県 あの人 **けぢんぼ** だがら／**けぢくそ** だが

ら／**けづめどちっちぇ** がら、お願いしたってわがんねーよ。

※「けぢんぼ」「けぢくそ」「しぶたれ」は「吝嗇《りんしょく》さ」を指す言い方。「けづめどちっちぇ」は「尻の穴が小さい」の意味で「度量の小ささ」を指す言い方。

茨城県

あの人は **けぢ／けぢんぼ／しみったれ／よぐばり** だがら、お願いしてもだめだよ。

※形容詞で「しわい」「しぶい」とも言う。比喩的に「あの人は べろ／しょーべんも出さねー（金どころか、舌／小便も出さない）」と言うこともある。また、「便所の土台《どだい》だ」と言うことも。

栃木県

あんちくしょー **こすっからい／すっからい／こすい** から、頼んだってだめだ。

※「お金」だけに限定しているけちは「締まり屋」、その形容語には「硬《かた》い」を用いる。

群馬県

やつは **しみったれ／しぶちん** だいなー。だから頼んだってだめさー。

※「しみったれ」「しぶちん」は人の名称として使われるが、この他に「やつは渋い」「やつはださねー（出さない）」のように形容語彙や動作語彙を用いて、性質を説明する言い方が多い。

埼玉県

あいつは **どけち／けちんぼー／しびー／しびっと／だしちびー／しえー／しあんぼー／しわんぼー／しわっかき／しゃーかち／締まり屋／始末屋／しみったれ／しむったれ／たまか** だから、頼んでもだめだい。

※「しびー」は「渋い」、「しびっと」は「渋い人」、「だしちびー」は舌を出すのも嫌の意、「しえー」は「しわい」、「しゃーかち」は「しわっかき」の訛、「たまか」は「節約家」の意で、元は否定的な意味ではなかった。

千葉県

あいづは **けち野郎／けづめど** だかんなー、頼んでもだめだっぺー。

※「けづめど」は「尻の穴（肛門）」のこと。尻の穴は「締まっている」ところから、「けちな人」の意。「度胸のない男、細かいことをごちゃごちゃ言うやつ」の意でも用いられる。

東京都

あいつぁー／あの野郎は **しみったれ／どけち／けちんぼー／始末屋／握り屋／みみっちー**（だ）から、たのんでもだめだ。

※「けちんぼー」は子供。「始末屋」は「倹約家」。「握り屋」は握ったきりだから。「みみっちー」は「細かいところでけ

ちである」の意。

神奈川県 あの人は **けち** だから、お願いしたってだめだよ。

※「しわんぼー」「けちんぼ」「こすい」も使う。厚木市周辺では「こすっかき」「しわっけつ」「しわんぼ」「しわっぽ」「ひっつかみ」を使う。

新潟県 あの人は **こまけー／ねつべかし／いけほいと／うましっぽ／けちたがり** すけ、頼んだてだめらて。

※「ねつい」はけちであること。「ほいと」(陪堂)は物を貰うから、貰うばかりで出さないこと。「いけ」は強調。

下越 **しわたかり／ねじくそ**(拗糞)**／ねじつぽ**

富山県 ありゃ **こっすい** で、頼んでもだちかんわ。

※よくんぼ(欲張り)とも。

石川県 あの人な **しみったれや／しみたれや／みみっちー** さけ、頼まんこっちゃ。

福井県 あいつぁ **けちんぼ** やさけ／**こまこい** さけ／**よくでかたまってさらす** さけ、頼んでもあかんて。

※越前市での言い方。福井市では「けちんぼ」を使う。

山梨県 あのしは **堅糞《かたぐそ》／堅《かた》ぐん／こすっか／こすっかー／こすったれ／こすんぼー／こすっぱち／こすっぴ／渋《しぶ》っとー／渋《しぶ》っかき／しわんぼー／しわっとー／ちーちー／ちっぴり虫《むし》／ちんぴり虫《むし》**／で、頼んどーってだめさー。

※「堅い」「こすい」「渋い」など形容詞を使った表現も盛ん。

長野県 あいつは **けちんぼ** だに、頼んでもだめだ。

岐阜県 あいつは **けちねっちゃ** で、頼んでもだしかんな。

※「なんばん」とも言う。

静岡県 あの人は **どけち／ばかけち** だから、お願いしてもだめだよ。

愛知県 あぇーつは **しぶちん** だで、頼んだってあきゃせんわ。

※尾張地方で「しわんぼ」「おかんちり(吝ん坊、出し惜しみ、

出費を恐れるなどの意)」「そうれんばおり(葬礼羽織。葬儀の際に大事な羽織が汚れないように着ないでたたんで懐中に持っていく様を揶揄した言い方)」もみえる。

三重県　あいつは **いじく／かにくい／けちんぼ／けち／けちくそ／しぶ／しぶちん／しわんぼ／がしんたれ／がしんど** やで、頼んでもあこかさ。

滋賀県　あの人は **しぶちん／しわんぼ** やし、お願いしてもあかんで。

※けちな人のことを「しわい」と形容することがある。「しわんぼ」は「しわい」から派生した語である。

京都府　あの人は **けち／けちんぼ／しぶちん** やさかい、頼んでもあかんわー。／あの人は **いじましー** さかい、頼んでもあかんわー。

※「しぶちん」はあまり使わない。「いじましー」は共通語的。女性は怒っていても「〜だから」は「〜やし」となる。

大阪府　あれは **しぶちん** や。頼んだかてあかんで。

※「あいつはほんまに **けちくさい／こすい** やっちゃ」とも。

兵庫県　あのがき **しぶちん** やで、頼んだかてあかんわ。

奈良県　あん人は、**こまこい** さかいに、頼んでもあかんで。

※ほかに「けちんぼ」「しわんぼ」「しぶちん」「しみったれ」「がしんたれ」「どけち」「ちんちり」も用いる。

和歌山県　てきゃ **けちんぼ** やさけー、頼んでもあかなー。／**こすい／すこい／せこい** さけー、頼んでもあかなー。

※「すこい」はほとんど使わない。「けちんぼ」は共通語的。「てきゃ」は三人称を表す。ただし、老年層は二人称を表す場合もある。「てきゃ」自体は罵倒語ではない。

鳥取県　あいつは **けちんぼ** だけー頼んでもだめだらでー。／あいつは **こすい** けー たのでもだめだらでー。

島根県　あのさんは **よくたら／よくしっぽ** だけん、頼んだててつまーしぇんわや。

岡山県　あいつぁー **こすっぽー** じゃけー／**こしー** けー、頼んでもどねーにもならんわー。

広島県 あんなー **くそげち** じゃけー、頼んでもどがーもならんわいね。

山口県 あの人は **けちんぼ** じゃけー、お願いしてもだめっちゃ。

※「にぎり」とも言う。

徳島県 あいつは **しぶちん／にぎりや／しみったれ／ちびったれ／つみきり** やけん、頼んでもあかんわ。

※このほか「どちょこいやつ」という言い方があり、「どけち」にあたる言葉として使われる。

香川県 あいつは **しまりや／しまっりゃ／どけち／にぎり／しぶちん／しまつな人／しみったれ／けちんぼ** やけん、なんぼ頼んでもいかん。

愛媛県 あいつは **にぎり／よくいやつ／よくんぼ** じゃけれ、なんぼ頼んでもいかん。

高知県 ありゃ **欲な** けん、頼んだちいかん。／ありゃ **握っちょー** けんねえ。

※「握る」は強欲で握ったら離さないことを言う。

福岡県 あの人は **どけち** やけん、ものば頼んだちゃつまらんばい。

佐賀県 あんしたぁ **けち** やーけん、頼んでもどがーもならんばい。

長崎県 あら **けちか** けん／**けちんぼー** やけん、お願いしてもだめばい。

熊本県 あら **こすたくれ** だけん／**こすたくりん** だけん／**きもんこまか** けん／**しぶちん** だけん／**にぎりきんたま** だけん、頼んだっちゃつまらんばい。

※「こすい」は古語の「こすし」で「ずるがしこい」の意味。「けち」の意味で使う。「～たくれ」「～たくりん」は、「太九郎」「太久郎」などと書かれる強調の接尾辞「～たくろ」の音変化したもの。けちのことを「握り」という地域は広い。「金玉」の「金」が「金を握る」ということにつながるか。

大分県 南部 あんしゃ **かしきー** きー、頼んでもむだじゃ。

※形容詞「かしき」は「賢い」からの転で、賢いので損はしないという嫌みを込めた言い方。「かしきー」は良い意味では使われず、ずる賢いけちのこと。賢い場合は「ちえがある」「ちえしゃ（知恵者）」という。名詞では「けちんぼ」「しみったれ」を使う。

中部 あんやつは **けち** じゃけん、なに頼んでもむだじゃ。

※ほかに「けちんぼ」、形容詞「かしきー」も使う。

宮崎県 **北部** あんやつは **せんこげつ** じゃかい、むだじゃがね。

※「よくずら」とも。また、「爪の上に火を灯すごつけちじゃ」「けちじゃかい、べろもださんわ」という言い方がある。

中南部 あん人は **けちんぼ** じゃかい、頼んでもむだじゃ。

※「けちなやつ」「けちくされ」とも。

鹿児島県 あん人は **けっごろ**／**けつ**／**にぎぃ**／**よっどん**／**よっごろ** やっで、頼んでんむだだが。

※「けっごろ」は「けちんぼ」、「けつ」は「けち」、「にぎぃ」は「貪欲な人」、「よっどん、よっごろ」は欲の深い人。

沖縄県 **那覇** あれー **いびらー** やくとぅちゃっさ、たぬでぃんさんどー。

比喩の地域差

「ごぼんしらえ」（厚化粧している色黒の女性　p.240参照）、「山芋掘り」（最後まで宴席にいる人　p.357参照）、「ひやみこぎ」（怠け者　p.220参照）、「菜っ葉の肥料」（口先だけの人　p.248参照）などなど、悪態語には比喩によるものが目立つ。

比喩による言葉づくりの盛んな地方とそうでない地方といった地域差があるだろうか。

半澤幹一によると、中国地方と九州地方が際立ち、ついで、東北地方に独自性の高い比喩が見られるという。これは、日本の中心部をはさむ東西両地域に目立つという分布と考えることもできよう。とすれば、「方言が文化的中心地から同心円状に分布する場合、外側にあるより古い形から内側にあるより新しい形へ変化した」とする、柳田國男の「方言周圏論」があてはまるのだろうか。

※半澤幹一「方言比喩語の地域差―比喩の素材および関係に着目して―」（小林隆・篠崎晃一編『方言の発見』ひつじ書房二〇一〇年）

怠け者

あの（怠け者）は、今日もぶらぶらしてる。

北海道 海岸部 ほんとにあの **からぽやみ**、ぷらっぷらしてる。

内陸部 あの **なまくら**、今日もぶらぶらしてる。

青森県 あの **からぽねやみ**、今日もぶらからってら。

岩手県 あの **せっこぎ／せやみ／しぇったぐれ／かまどけぁし／だらすけ／だらぐ／ぐーたら**、何《なぬ》もすねで寝でばりいる。

※「せっこぎ」「しぇったぐれ」（尻手操）「だらすけ」「ぐーたら」ともにほぼ同じような意味。「かまどけぁし」は破産者の意味だが、怠け者・遊び人の意味でも用いる。

宮城県 あの **かばねやみ**、今日もぶらりくさりすてる。

※「かばねやみ」は「屍病み」。

秋田県 あえだば **ひやみこぎ** で、今日も何《なん》もさねでだ。

※「ひやみこぎ」は「背病みこぎ」。背中が痛いと言って働こうとしない意。「からっぽ（ね）やみ」とも言う。

山形県 あいづだら **さっぱり働《はだら》がねくてよ／怠げでばりいでよー**、今日だてほごらばぶらぶら（し）てんなだ。

※該当する名詞なし。類義的な名詞には、「どーらぐやろー（するべきことをしないで遊んでいる人）」「おっぢゃぐやろー（動くのが嫌な人、横着）。あのおっぢゃぐやろー、まーだきょーもぶらぶらしったりゃー」「ずぐだれやろー（目の前にやるべきことがあっても、誰かがやってくれることを期待して、自分からは動かないような人。役に立たない人）」がある。なお、例に見るように、「擬態語＋している」には、「ぶらぶらしている」という形式と、「ぶらぶらてる（「ぶらぶらといる」に相当）」という形式の2つがある。また、「のだ」には、「んだ」と「なだ」の2つの形がある（後者が古い）。この例の

❖北海道、東北北部に「〜やみ」、中部に「なまかわ」、中国に「横着者」が目立つ。

ように「る」が撥音化して「ん」になった場合には、「してんだ」「してんなだ」の形で使用される。

福島県 あの **のらか**、今日も ぶらぶらしてる。

※「のらか」は無職のままぶらぶらする者のこと。このほか、面倒くさがって諸事を怠けるもののことを「たれか」という。「あのたれか、まだしごどさぎのばしにして、けっきょぐやんねがった（また仕事先延ばしにして、結局やらなかった）」など。

茨城県 あの **のらぼー** は、今日もぶらぶらしてる。

栃木県 あの **のらぼー／ぐーたら／ぐず**、今日もぶらぶらしてる。

群馬県 あの **ぐず** どーしょもねーな、仕事がきれーで今日もぷらぷらしてやがる。／まーたあの **ごしょーらく／六升袋《ろくしょーぶくろ》** が、むぎまきだっつんに、遊んでべーいやがって、どーしょもねーや。

※「ぐず」の他に、「ごしょーらく（後生楽）は〈五升が楽に入る袋だ〉。だから、六升袋だ」という言葉遊びによる表現がある。直接的な表現を回避した、巧妙な悪態語である。

埼玉県 あの **ぐず／ぐーたら／のさ／のさっぺ／のさぼーず／のさくさもん／よた野郎／のーもくぞー／うっぽっぽ** は、今日もぶらぶらしてる。

※「のーもくぞー」は「役立たず」、「うっぽっぽ」は「遊び呆けている、ほっつき歩く」。

千葉県 あの **ほねぬすと／ものぐさ** がよー、今日も仕事に出もしねーで、家《えー》でずぐんでいったわー。

東京都 あの **怠け者／脳なし** は、今日もぶらぶらしてやがる。

神奈川県 あの **怠け者** は、今日もぶらぶらしてるよ。／あいつは、**ずつなし** だから、なんにもやりゃしないよ。

※「ずつなし」は「融通の利かない者、横着者、仕事が嫌いで座って暮らす人、だらしがないこと、臆病な者」の意。ほかに「そらつかい（無精者）」「ぶしょーもん（無精者）」も使う。厚木市周辺では「じくなし（無精者、意気地のない人）」「ぶしょーたれ（無精者）」を使う。

新潟県 あの **のめしこき／のめし／ずくなし** は、

今日もぶらぶらしてるいや。

※「のめす」は怠けること。「こき」は軽卑の接尾辞。

上越・中越　**どーずり**

※「どーずり」の「すり」は「掏摸」か。

上越　**なまくら／のっこ**

富山県　あの **なまくらもん** な、今日もぶらぶらしとる。

石川県　あの **横着者**《おーちゃくもん》が、なーもせんとぶらぶらしとる。

福井県　あの **だわもん／くそだわもん** ぁ、今日もぶらぶらしてる。

※越前市での言い方。福井市では「だわもん」を使う。

山梨県　あの **ずくなし／じくなし／じちなし／ずつなし／じくっとーなし／じくどーなし／どーじくなし／どーじくまくれ／どーじくまくりゃー／御苦労**《ごくろー》**なし／暇人**《ひまじん》**／のめくり／のめっとー／のめり／のめりっと／のもくら／のもく／のらくら／のらさく／のろすけ／のろっかー／のんべんくらりん／のんべんぐらりん／のんべんだらり／のんべんだらりん／ぬけさく／のけさ／ぬかれ者**《もん》**／ぐーたら／ぐーたらべー／うなんだら／うなんだれ／油**《あぶら》**売**《う》**り／油虫**《あぶらむし》**／銭**《ぜに》**どーな／まくらいどーな／無精**《ぶしょー》**なし** は、今日もふすっかふすっかしてーるじゃん。

※「ずくなし」類はよく使われる。「ずく」を使った表現は多く、動詞形で「ずくーこかす、ずくーやむ」、形容詞形の「ずくんねー」がある。「じく（ずく）」に接頭辞「どー」がついた形もあり。「暇人」は中年層以下は「くだらないことを精出してやっている人」の意で使うことが多い。「油虫《あぶらむし》」は「油売り《あぶらう》」から派生した語形と思われる。「～どーな」は接尾辞。「だくな」の転訛で、無駄になるの意。「まくらいどーな」は大食漢で怠け者のこと。「怠け者」にあたる表現は非常に多い。

長野県　あの **ずくなし野郎** は、今日も仕事しねー。

岐阜県　あいつは、**なまかわ** やで、今日もぶらぶらしとる。

※飛騨地方には「ずくなし」「のさく（もの）」なども見られる。美濃地方では「なまかわもん」が一般的。

静岡県　あの **なまかー** は、今日もぶらぶらしてるら。／あいつは **やくたい** だなぁ。今日もぶらぶらしてるら。

愛知県 あの **なまかわもん** は、今日も遊《あす》んでばつかおる。

※西三河では「なまかわもん」とはあまり言わず、「なまかわなところがある」という。

三重県 あの **あえもん／油売り／ぐーたら／ごくどぼし／のら／なまくら／べーたろ／米くい虫** は、今日もぶらぶらしとんなあ。なんにもせんと。

滋賀県 あの **ぶしょーたれ／ぐーたら／だわこき** は、今日もぶらぶらしとるわ。

※あいつは今日もぶらぶらして、**なまかわ** しとる。（県東北部）

京都府 あの **なまくら／ぐーたら** は、今日もぶらぶらしとるわ。

※「なまくら」「ぐーたら」ともに若年層には共通語的と意識される。

大阪府 あの **のら／のらくら／どら息子** は、今日もまたなーんもせんとぶらぶらしとるわ。

兵庫県 あの **ずぼら**、今日もぶらぶらしよら。

奈良県 あの **ずぼら** は、今日もぶらぶらしとる。

※ほかに「なんさくもの」「やくざもの」「ごくどー（放蕩者）」「なまけもん」「なまくらもん（無責任な人、廉直でない者の意味でも使う）」「ずるけもん」も用いる。

和歌山県 あの **ぐーたれもん／ぐーたら**、今日もぶらぶらしちゃーる。

鳥取県 あの **怠けもん** は、今日も なんもしとらんでー。

島根県 あん **横着者《おーちゃくもん》／ぶしょたら** は、今日もぶらぶらしちょーわ。

岡山県 あの **横着者《おーちゃくもん》／横着たれ／用無し** は、今日もぶらぶらしょーる。

広島県 あの **横着たれ／のーくり／おーだらず** が、今日もぶらんぶらんしょーる。

山口県 あの **横着たれ／横着者《おーちゃくもん》** は、今日もぶらぶらしちょー。

※「のーくり」「のーくれ」「なえんぼー」「ほねこやし」とも言う。

徳島県 あの **横着者《おーちゃくもん》／極道／ぶしょーもん／な**

まず／なまたれ は、今日もぶらぶらしよんか。

香川県 あいとは **ぐーたら／ほーろく／なまくら／ごくとれ** やけん、今日もぶらぶらしとる。

※「ほーろく」（焙烙）。粗末という意味から。「どくとれ」は「極道」に由来するものであろう。

愛媛県 あの **ごくどされ／しりごね／じりごね／てんくら／のら／なまか／まいろく** は、今日もぶらぶらしよる。

高知県 あの **極道もん／用無し者《よーなもん》** は、今日もぶーらぶらぶーらぶらしよる。

※「極道する」は「怠ける、ずるをする」の意。強めて「ごくどされ」とも言う。

福岡県 あの **怠けもん** な、今日もぶらぶらしよる。

佐賀県 あんな **怠けもん** な、今日もぶらぶらしとっばい。

長崎県 あんぶ **しょもん／ぶしょたれ／ぐーたら／ずぼら／遊びもん／ひょしたろ／ひゅーなし／ひょーなし** は、今日もぶらぶらしとるばい。

※「ひゅーなし」は「不用者」の音変化形。

熊本県 あん **ふゆじ** は／**どぐら** は／**ゆーきゃなしゃ**、今日もあすどる。

※「ふゆじ」は「不勇人」「冬人」「不用人」など語源は諸説ある。「どぐら」は「道楽」。「ゆーきゃなし」は「言う甲斐なし」。

大分県 **南部** あんやたー **ずーしん** じゃ。今日もぶらぶらしちょる。

※ほかに「ごてーしん」「だったへー（「だる」は「疲れる」。疲れたと言って怠ける人のこと）」「なまけもの」。豊後大野市では一般には「ごてーしん」が使われる。「ずーしん」は古い言い方。「ごてーしん」「ずーしん」は主に男性に対して使う。

中部 あん人は **よだきー** けん、今日もぶらぶらしちょる。

※「よだきー」は形容詞。「よだきーやつ」も使う。

宮崎県 **北部** あん **よだきぼ**、今日もぶらぶらし

河内弁のけんか　　今東光『悪名』から

『悪名』は「河内もの」の代表作で、映画でも大ヒ

ちょる。

※「ずそ」「ずそたれ」「よだきごろ」とも。

中南部 あん **よだきごろ、** はんともんじゃかいいつもぶらぶらしちょる。

※「よだきぼ」「よだきんぼ」「よだっごろ」とも。「はんともん」は仕事をしないでぶらぶらしている人を卑下した表現。

鹿児島県 あん **なまけごろ／ふゆっごろ／すろっぱ** は、今日もふらいふらいしちょらいなぁ。

※「なまけごろ」「すろっぱ」は「怠け者」、「ふゆっごろ」は「ものぐさ者、めんどくさがり」。

※香川県に「ずろー（だらしない）」、新潟県に「ずろーやみ（怠け者）」があり、「すろっぱ」は関連する語であろう。「ずるい」に由来するものと考える。

沖縄県 あぬ **ふゆーなむのー、** ふぃっちー、にんたいうきたいそーん。／かぬ **なまだんむのー、** きゅーまいすかまーあしだどぅあすびじぶ。

※前者は首里での言い方。「あの怠け者は、一日中寝たり起きたりしている」の意。後者は宮古での言い方。「あの怠け者は今日も仕事はせず遊んでいる」の意。

ットした。威勢のいいけんか場面がでてくる。やくざ風の男と遊女とのけんかを取り上げてみよう。

「さあ。殴れ。さあ殺せ。ふん。よう手ェ出さんのか。がしんたれ。わてを誰と思うてけつかる。今でこそ白糸なんど言うて、この島で女郎してるけどな。元は」

「うるさい。その頬桁《ほおげた》ぶっくらわすぞ。もう二度と吼えさらさんように」

「うだうだ何ぬかしとんね。男やったら思いきってかかって来い。金玉蹴りあげるぞ」

「何ッ。何ちゅうことぬかす」

「口は調法やわい。なんぼなと言うたるわ。よう耳の垢とって聞いとれ。阿呆助め」

「よう口の廻る奴やな。そこ離せ。もう我慢ならん。どつき廻したるわい」

「来るかッ」

迫力満点である。「がしんたれ」は、能なし、意気地なしの意。「がしん」は「餓死」の転、「たれ」は人をののしる意の接尾辞で、「餓死するしか能のない奴」。

動作がのろい人

（動作がのろい人）、さっさとしろ。

北海道 海岸部 **のろま**、さっさとせー。

内陸部 **ちょろい** なー、さっさとやればいーのに。

青森県 これまだ **のろのろって**、さっさどせ。

岩手県 **のさくさ**、ちゃっちゃどしぇー。

宮城県 **べごやろ**／**のっかれ**、さっさどやれ。

※「べごやろ」は「牛《べご》野郎」。「のっかれ」には無能の意味も入る。

秋田県 **とれ** な、ちゃっちゃどしぇ。

山形県 おまえ **いづなたら** **仕事《すごど》終わるんだ**、ちゃっちゃどすろよ。

※その他、「やじゃがね」（「埒があかない」が語源）などの言い方もある。「あの人だら、何させでもやじゃがねー（あの人は何をさせてものろいね）」ただし、聞き手については使わない。「ぼさぼさすんなよ（ぐずぐずするなよ）」など、行動を指示する言い方のほうが多い。

福島県 この **でれすけ**、さっさとしろ。

※動作がのろい様子を擬態語で「でれでれ」「でれらでれら」という。「そだい **でれでれ**／**でれらでれら** してっと、あしたんなっちまぞ（そんなにとろとろしていると、明日になっちゃうぞ）」

茨城県 この **のろま**、さっさとしろ。

※形容詞で「のろい」「とろい」ということもある。また、「くらやみがらうしだすよーだ（暗闇から牛を出すようだ）」という比喩が使われることもある。

栃木県 **うすのろ**、さっさとやれ。

群馬県 この **のろま**／**うすのろ**、さっさとしやがれ。／まったく **たっこねー野郎** だなー、さっさとしやがれ。

※「のろま」より「うすのろ」の方が強い言い方。「たっこねー」という形容語を用いる言い方も多い。この形容語の反対語は「はしっけー」。

埼玉県 **ぐず／ぐずら／ぐず野郎／のろま／のろすけ／とろ／とろさく／のさくさ坊主／ずるっけーやつ**、さっさとしろい。

千葉県 このでれすけ、しみじみしろ。

※「しみじみする」は仕事などをしっかり行うこと。

東京都 この**ぐず／のろま／にぶい野郎／蛍光灯／ガス灯**、さっさとしろ。

※「蛍光灯」「ガス灯」は点灯するのが遅いことから。

神奈川県 **ぐず**だなー／**とろい**なー／**とれー**なー、さっさとしなよ。

※「ぐーたら（だ）」も使う。

新潟県 **のろま**、さっさとしれいや。

下越 **のろけ／のろすけ**

富山県 **とろい**やっちゃな、さっさとせーま。

石川県 **のろま**やなー／**とろい**やっちゃなー、さっさとせんかい／さっさとしればいーがに。

※「たるい」も使う。

福井県 **のれー**やっちゃなー、ちゃっちゃとせーま。

※越前市での言い方。「はてんやっちゃ」とも言い、人が十やるところを三しかしないような人を指す。福井市では「のろま」を使う。

山梨県 **おーま／のろっかー／のそっかー／のもく／うすばか／うそばか／うそらばか／うそろばか／うそのろ／ぐず／ぐずっか／ぐずぐずべったり**、ちゃっちゃとしろ。

※形容詞形では「おーっこい」（のろい）、オノマトペを使った表現では「おーらおーらする」（のろのろする）がある。「っかー」は人を表す接尾辞で「のろい人」の意。「うすばか」は「ばか」も指すが、特にのろいことにそぐう。

長野県 この**うすのろ／うすのろ野郎**、早くしちめー。

岐阜県 **のろま**、はよせよ。

※美濃地方では「のろくさ」とも言う。

静岡県 **とろくさいやつ**だな／**のんろー**、さっさとしろ。

愛知県 この**のろま**、さっさとしんか。

※名古屋では「挙動がはきはきしない人」に対して「しみたれ」を使うことがある。

三重県 **のろま／どん／どんけち、**さっさとせー。

滋賀県 **のろ／ぐず、**さっさとせーよ。／**どんくさい**やっちゃなー。さっさとせーや。

京都府 **とろい**やっちゃな、さっさとせー。

大阪府 **どんくさい**やっちゃなー、はよせんかいな。

※「とろい」「とろこい」「とろくさい」とも言う。「どんくさい」は「鈍くさい」で、にぶいこと。

兵庫県 この**どんがめ、**さっさとせんかぇ。

奈良県 この**ぐずま**め、ちゃっちゃとせんか。

※ほかに「のろま」「うすのろ」「のろ」「とぼけ」も用いる。

和歌山県 **のろま、**さっさとせー。

鳥取県 この**のろま、**さっさと しんさいな／せんかいな。

島根県 **てぼ、**はやことせー。

※「てぼ」は「手棒」からか。

岡山県 **ぐしー／とれー／ちょれー**なー、はよーせー。

広島県 **とろすけ、**さっさとせー。

山口県 **ぬるさく／ぐず／のろま、**さっさとせー。

徳島県 **ぐずった／ぐずいやつ／きょろいやつ／とろくそ、**ちゃっちゃとせー。

香川県 **のろま／ぐずたれ／とろくそ、**はよせー。

※「動作がのろい」という意味で「とろくそい／どんくさい／とろこい／よもくらい」が使われる。「なにとろくそげにしよんな、はよせー」。

愛媛県 **とろこい／とろくさい／すこどんな**やつじゃなー。さっさとせー。

高知県 **ぐずかさぐずかさ**しよらんと、しゃんしゃんしよ／**のんべんだらりとしちょー**けんね、間にもひょうまにも合わん。／**どんばす**なね。

※「ぐずかさ」は「のろのろ」の意。「間にもひょうまにも合わん」は「間に合わない」を強める言い方。「ひょうま」は「京間」の転じたもので、「間」と「京間」とをかけている。「どんばす」は鈍いこと。

福岡県 **何でちゃ遅かねーあんたは／ふーたんぬるかねーあんたは／てれーっとしてから、**もー早よしんしゃい。

佐賀県 **のろか**なー、さっさ、せろ。

長崎県 **ぐず／ぐずたれ**、さっさとせんか。

熊本県 **ぐずろ／てれすけ**、さっさとせんか。

※「ぐずろ」は「愚図郎」と思われる。「てれすけ」は「抜けている」「ぼんやりしている」さまをいう熊本方言「てれっと」に「助」が付いたもの。

大分県 南部 **すこどん**なやっちゃ、はよしよ。

／**どん**なやっちゃ、はよせんか。

※ほかに「ぬりー」「ふーたらぬりー」「までー（動作が遅い人にも使うが、感覚が鈍感な人にも使う）」「ゆしー（間が抜けていること。「ゆしーいかん」「ゆすーいかん」で「ばかにされない」の意味）」も使う。「すこどん」は、空っぽという意味の「すか」と、「どん」は「鈍」あるいは人を表す接尾辞「どん」であろう。

中部 **なめくじ**、じゃんじゃんしぇんか。

※ほかに「のろま」も使う。

宮崎県 北部 こん **のろま**、はよせんか。

※「ぬりやつ」とも。「ぬり」は「のろい」。「つれづれしたもんじゃ（随分ゆっくりしたものだ）」「日が暮くるるがはよせんにゃ」という言い方もする。

中南部 わりゃ **ぬり**やっちゃ、はよせんか。

※「ぬり人《ひと》」とも。「のろい」は「のり」、「動作が遅い」は「おしー」。

鹿児島県 **ずんだれ／ずんだい／ぬったい／のろたん**が、さっさせんか。

※「ずんだれ」「ずんだい」はだらしがない、「ぬったい」はのろのろしている人（「のろのろ」を「ぬったいぬったい」という）、「のろたん」はのろのろしている人。

沖縄県 那覇・首里 **とっとろー**、かしーかしーしえー。

宮古 **どぅんなむぬ**、いすぅがーあしだ。

仕事がのろい、遅い人

あいつは（仕事がのろい人）だ。

北海道 海岸部 あいつ **てのろい** なー。
内陸部 あいつ **のろ**／**のろま** だからなー。

青森県 あれだっきゃ **だら**／**だらかみ** だ。

岩手県 あいづぁ **てくそもず**／**こたりね奴《やつ》** だ。

※「てくそもず」は「手糞餅」。物を作っても上手にできない意。不細工。なお、「不美人」の意でも用いる。このほか、「ちゃっちゃど出来ね奴《やつ》（手早くできない者）」のような擬態語による表現も使われる。

宮城県 あいづぁ **てんぼくされ**／**のろすけ** だ。

※「てんぼ」は「手棒」で、手先の不器用な人。

秋田県 あえだば **仕事《しごと》おしぇ**。

山形県 あいづ **仕事《すごと》遅くて** わがらね。

※その他、類義の形容詞に「やじゃがね」がある。

福島県 あいづは **とろすけ** だ。

※仕事の遅いことを表す擬態語に「のさくさ」がある。「あいづはのさくさしてっから、いづまでたったって、しごどおわんね（あいつはのさくさしているから、いつまでたっても仕事終わらない）」など。

茨城県 あいづは **のろま** だ。

栃木県 あいつは **のろま** だ。

群馬県 やつは **てのろ** だ。

※仕事が早くて高く評価する語には「てばや（手早）」がある。名称ではなく形容語では「やつはたっこねー」も用いられる。

埼玉県 あいつは **てのろ**／**てったらず**／**てぶっちょー** だ。

千葉県 あいづは **のろま**／**のろま野郎**／**のろすけ野郎**／**でれすけ**／**でれうし** だ。

東京都 あいつぁー／あの野郎は **ぐず**／**のろま** だ。

神奈川県 あいつ **とろい**／**とれー**／**とろくせー**／**ぐずだ**。

新潟県 あいつぁ **のろま／もーてなし／ごんてつら**。

中越 **あごったるい**

下越 **うーでー**

富山県 ありゃ ほんまに **とろいもん** で だちかんわ。／**たるこい** やっちゃなー。

石川県 あいつは **のろま**や／**とろい** やっちゃ。

福井県 あいつぁ **はてん** やっちゃ。

※越前市での言い方。福井市では「のろま」を使う。

山梨県 あいつは **うすのろ／のろま／じちなし／善光寺普請《ぜんこーじぶしん》／やくだめ** どー。

※「じちなし」は仕事が下手な人の意が強いが、転じて仕事が遅いことを表すのによく使われる。甲府市にある善光寺は江戸時代の宝暦四（一七五四）年大火で全焼し、再建に三〇年かかったことから手間のかかる仕事を言うが、転じて仕事が遅いことに使われる。仕事が遅いことを表すのは「間尺《ましょく》に合わん」である。「あいつにさせると間尺に合わん」（あいつにさせると遅くて引き合いにならない）のように使う。

長野県 あいつは **のろま** だ。

岐阜県 あいつは **てがとろい**。

※美濃地方では「どんくさい」がよく使われる。

静岡県 あいつは **どのろい** ぞ。

愛知県 あぇーつは **とれー** でかんわ。

三重県 あいつは **のろ／のっそり／ざまたれ** やなー。

滋賀県 あいつは **手が鈍い／手がねばい** わ。

京都府 あいつは仕事が **とろい** わ。

大阪府 あいつは **どんくさい** やっちゃで。

※「とろい」「とろこい」「とろくさい」とも言う。「どんくさい」は「鈍くさい」で、にぶいこと。

兵庫県 あいつは **またい** やっちゃ。／あいつはなにさしても **のそい** やっちゃ。

奈良県 あいつは **ぐずま** や。

※ほかに「せんせい」「どんざい」「のろま」「ずぐ」も用いる。

和歌山県 てきゃ **どんくさい**。／**牛みたい** や。

鳥取県 あいつは **ちょろい**。／あいつ **のろま** だ。

島根県 あーは **てまがえーふと** だわ。

岡山県 あいつぁー **のれー／どんくせー**。

※文献には「すこどん」もみえ、これは「不器用」の意味もある。

広島県 あんなー **とろすけ** じゃ。

山口県 あいつは **ぐず** だ／**のろま** だ／**とろい**。

※「ぬるさく」とも言う。

徳島県 あいつは **きょろさく**／**けーだべ**／**なまくれ**／**とろくそ**／**のら** じゃのー。

※「とろいやつ」「とろこいやつ」を用いることもある。

香川県 あいとは **おとろ**／**とろ**／**ぐずたれ**／**どんなやつ** や。／ほんま **とろくそい** やつや。

※「とろくそい」は「とろくさい」となることもある。「あいとはおとろや。とろくさいなー」。

愛媛県 あいつは **てぼくら**／**ちょろいやつ** じゃ。

高知県 あいつは **腕んきれん** けん、いかん。／あれに頼んだち、**前んきれん** けん、よーすりゃすまい。

※「腕んきれる（腕がきれる）」は仕事が早いこと。「腕んきれん」はその逆を言ったもの。「前んきれる」は、物事をてきぱきとこなしていくこと。「前んきれん」はその逆。

福岡県 あの人ぁ **ふーたんぬるか**／**てれーっとしとー**／いっつも **てれてれしとー**。

佐賀県 あいは **さばけん**。

長崎県 あいは **ふーたぬるか**／**ふーたらぬっか**／**ふーぬるか** やつだ。

熊本県 あら **とれーやつ** だ。

大分県 南部 **すこどん** なやっちゃ。はよしよ。／**どん** なやっちゃ。はよせんか。

※「動作がのろい人」参照。

中部 あいつは **ねちぎー** じゃ。熱心だけんどのろい。

※「ねちぎー」は「熱心だが非常に仕事の遅い人」のこと。単にのろい人は「なめくじ」と言う。

宮崎県 北部 あんやつ **のろま** じゃ。

※日向での言い方。「なめくじ」とも。

鹿児島県 あん人は、**ぼえ**／**やっせんぼ**／**うぬり** やっどなぁ。

※「ぼえ」はぼけっとしていること、「ぬり」はにぶいこと（「うぬり」は「おおぬり」）。

沖縄県 かりゃー **てぃむちゃー** はりば、ならん。

※宮古での言い方。「彼はのろまだから仕方がない」の意。

ずぼらな女性

あの人は（ずぼらな女性）だから、部屋も散らかしっぱなしだ。

北海道 海岸部 あの人《しと》 **やんちゃくせ**／**だらしねー** から、部屋もぐちゃぐちゃだ。
内陸部 あの人 **るーず**／**ずぼら** だから、部屋散らっかしぱなしだ。

青森県 あのおなごだっきゃ **からぽねやみ** だはんで、部屋もなもみんな散らがしてまってらね。

岩手県 あのおなごぁ **だべおなご**／**けねぇおなご** だがら、部屋中散らがしっぱなしにしてるじぇ。

※「だべおなご」はだめな女。「けねぇおなご」は不美人にも。

宮城県 あいづぁ **たへぁなす** だがら、部屋も散らがすてっど。

※形容詞「たへぁね」（「だらしない」の意）を用い、「たへぁねおなご」「たへぁねびでぁっこ」（「びでぁっこ」は女性の卑称）」のようにも用いる。

秋田県 あえだば **だらしね** がら、部屋もえじも散らがってだ。

山形県 あの人／へなこだら、**ちゃんとさんねくて** よー、部屋な、いづだてつらがてんなだ。

※類義の名詞には次のようなものがある。「かんずねひと（感じない人）」「きなし（こちらが一生懸命に何かしてあげても、何のお返しもしない人）」。その他、皮肉で、「あの人は大物だ」と言ったりもする。「へなこ」は軽卑的に「女の子」。女性が使うこともあるが、男性がよく言う。

福島県 あの人 **ずぼら** だがら、家《うち》ん中もひっちゃがめっちゃがだ。

※女性だけを指す性向語はなく、性別にかかわらず使われる。

茨城県 あの人は **ずぼら** だがら、部屋ん中《なが》ごじゃごじゃだ。

栃木県 あの **あま**、まーたっく部屋もとっ散らかして。

群馬県 あの人は 片付けっことがきれーで **びしょったれ** だから、部屋だって散らかしっぱなしだ。／まーず **ずぼら** だいな。

※「びしょったれ」という名称の他に、「ずぼらだ」という形容語で性質を説明するだけのことも多い。

埼玉県 あいつは **ひきずり／だらしねー／そべったれ／びしょったねー／びしょーねー／しまりがねー／でぼっけなし** だから、部屋も散らかしっぱなしだ。

※「ひきずり」は着物の裾を引きずるようにして着るような様子から、ずぼらな女性という意になった。

千葉県 あそごな家《い》は **だらおげ** だがら、家《えー》ん中《なが》、ごじゃまんかいでよー／たみたらがっていでよー、きたねーごど、きたねーごど。

※男性については「だらこー」「だらおげ野郎」とも言う。女性に限定した言い方は特にない。「だらおげ」は、決断力がない人、約束が守れない人のことも言う。「ごじゃまんかい」はひどく乱雑なこと、「たみたらがっている」はひどく散らかっていて足の踏み場もないような様子。強調表現として「～こと、～こと」という反復構文が用いられることがある。

東京都 あいつぁー／あの野郎は **だらしがねー奴** だから、部屋も散らかしっぱなしだ。

神奈川県 あの人は **ずぼら** だから、部屋も散らかりっぱなしだよ。

※男女両方に使う言い方には「いーからかん（物事をなおざりにする）」「おーちゃくもん（無精者）」がある。厚木市周辺では「おしきずり（だらしのない人）」を使い、「おきゃん（はすっぱな女）」「おひきずり（仕事の嫌いな女）」「ひきずり（だらしのない女性）」という言い方もある。

新潟県 あの人は、**ふんだんだらすけ** らすけ、部屋も散らかしたまんまら。

※佐渡での言い方

富山県 ありゃ **おーどもん** じゃで、家《うち》ん中もぐちゃぐちゃじゃ。

石川県 あの人 **だらしない** さかい、部屋もかっちゃかちゃや。

福井県 あいつぁ **だらくせー** で、部屋むたむたや。

※越前市での言い方。「だらなやっちゃ」とも言う。福井市では「かまわん人」と言う。

山梨県 あのしは **ひきずり／おひきずり／ひきずり者《もん》／ひきじり／ひじきり／いきなり／いじやっかー／あっぱくちゃー** で、家《えー》ん中もけんまくのもんどー。

※「ひじきり」は「ひきじり」のキとジが入れ替わって定着した語形。「けんまく」は散らかった様子のこと。「あっぱくちゃー」は郡内地方に多い。

長野県 あいつは **ずくなし／ずぼら** だに、家《うち》ん中もひでーけんまくだわ。

※「ずくなし」の方がよく使われる。「ずぼら」はそれに比べると共通語的な語。

岐阜県 あいつは、**だらしねー** で、部屋がまやみたいになっとる。

※「まや」は「厩（うまや）」のこと。ほかに「ずくたれ」「ずくでない」とも。美濃地方では「どずっぱ」「だめなし」などと言う。

静岡県 あの人は **なまかー／えーかげん** だから、部屋もらんごかないだ。

※「なまかー」「えーかげん」共に男性に対しても使うことができる。「らんごかない」は散らかし放題でどうしようもない状態を言う。「らんごくがない／らんごかーない」とも言う。

愛知県 あぇーつは **おーたぇーず** だで、部屋もらしもなぇーわ。

※「おーたいず（放漫、だらしのない意）」はやや愛嬌があることばとして用いられる。

三重県 あの人は **ぐさ／ずべた／ずんだら／しょぶたれ／だだくさ／うざうざ** やで、部屋も散らかしっぱなしやが。

※うざうざは「適当」「いいかげん」、だだくさは「だらしない」「節度がない」といった意味。

滋賀県 あの人は **ずぼら** やさかい／**なまづけない** さかい、部屋も散らかしっぱなしや。

※どちらも特に女性に限定して指す語ではない。

京都府 あの人は **じだらく／ぶしょーもん** やさかい、部屋散らかしっぱなしや。／あの人は **ざんない** さかい、部屋散らかしっぱなしや。

※「ざんない」は「無慙」の字を逆にして重箱読みしたもの。見苦しいなどの意味でも用いられる。

大阪府 あの女はほんまに **ずぼら** なやっちゃで、自分の部屋もきったない汚い、もうむちゃくちゃやや。

兵庫県 あのがっきゃ **ずぼら** なさかい、部屋かて散らかしっぱなっしゃ。

奈良県 あん人は、**だだ** やさかいに、部屋も散らかったままや。

※「だだ」は「だらしない人、粗雑な人」の意。

和歌山県 てきゃ **じたらく** やさけー、部屋も散らかっちゃーるまんまや。

※「じたらく」は女性のこととは限らない。

鳥取県 あの人は **なまけとる** けー、部屋もばんばらけだが。

島根県 あんふた **らちがねによーば** だけん、部屋もよーにらちなしだ。

岡山県 あいつぁー **ずぼら** じゃけー、家《うち》んなかーわやくそじゃー。

広島県 あのひたー **びったれ** じゃけん、家《うち》んなかーわやじゃ。

山口県 あの人は **びったれ** じゃけー、部屋がひっくりかえっちょる。

※「ずへー」「ずへーもの」「ずべら」「ずるこべったり」「ずるずるべったり」とも言う。

徳島県 あいつは **しょーたれ**／**のふぞーなねしよー**／**横着** じゃけん、部屋も散らかしぱなしじゃわ。

※「しょーたれ」は「だらしない人」の意味、「のふぞー（野風俗）」はそれぞれ男女ともに用いられる。さまざまな望ましくない人物を評価する際に使用される。

香川県 あそこの嫁はんは **ぞろきち**／**ぞろすけ**／**しょーたれ** やけん、いつ行っても部屋はひっぱりぱなしや。

※「ぞろい／ぞろな／ぞーらいなやつ」と表現することもある。「ひっぱりぱなし」は「散らかしたまま」という意味。

愛媛県 あの人は **しょーたれ**／**しょんたれ** じゃけれ、部屋の中きさがしてわやくちゃじゃ。

※「きさがして」は「散らかして」という意味。

高知県 **不精者《ぶしょーもん》** やけん、家ん中も汚いわね。／

よいよ **しょーくれちょー／ざっとしちょー** けん、家ん中も汚いと言《ゆ》ーたち。／**ずーな** けん、部屋も散らかっちょー。

※「しょーくれる」は不潔でだらしないこと。「ざっとする」は粗雑なこと。「ずー」は（その気になればできるのに）整理整頓を怠ること。

福岡県 あの人ぁ **びったり** やけん、部屋も散らかっとーもんね。

佐賀県 あんしたー **ぬたぼー** やーけん、部屋も散らかしぱなしばい。

長崎県 あん女は **うすなべ** やけん／**うーばんぎゃーか** けん／**ずんだれ** やけん、部屋ばうっちらかしとる。

※女性に対して使用されるのは「うすなべ」のみ。「薄鍋」で底（しり）が薄手で煮えが早いことから尻が早いに掛けてふしだらな女性を表す。

熊本県 あら **ざつか** けん／**おたんこなす** だけん、部屋も散らきゃーとる。

大分県 南部 あんしゃ **びったれ** じゃ、部屋をほりさがしちょる。あしのふこばもねー。

※ほかに「びってー」「ずぼら」、動詞「よだきがる（面倒くさがる）」も使う。「びったれ」「びってー」は整理ができなかったり手抜きをする性向を言い、主に女性に対して使う。「ほりさがす」は「散らかす」。

中部 あん人は **びってー** じゃけん、部屋もなんも片付けん。

宮崎県 北部 あんやつは **がんぜねー** かい、部屋が散らけちょる。

※「がんぜねー」は「がんせなし」とも言い、整理ができない人を表す形容詞。主に女性に対して使う。

中南部 あん奴は **ずっさらしー** かい、いつもずぼらしちょるが。

※「ずっさらしー」は「性格がだらしない」の意。

鹿児島県 あん人は **ずんだれ** やっで／**だんもね** ーでや、部屋もわーわーしちょっどね。

※「ずんだれ」は「だらしがない」、「だんもね」は「だらしない」。

沖縄県 首里 あぬっちょー **はーだりー** やくとぅ、とぅーちかちほーりそーん。

厚化粧の女性

（厚化粧の女性）なので、ほんとの顔は誰も知らない。

北海道 海岸部 **化粧《けしょ》濃《こ》い** なー、化粧とったらどんな顔してるべー。
内陸部 **化粧《けしょー》濃《こ》い** からなー、ほんとの顔 誰も知らない。

青森県 あのおなご **厚化粧** だはんで、ほんとのつらだもわがねじゃ。

岩手県 **壁塗《かべぬ》りおなご** だがら、つらわがらねじゃ。

宮城県 **ぬっかべおなご**／**壁塗り**／**しゃれおなご** だがら、ほんとのつさぁわがんねね。

※「ぬっかべ」は塗り壁。「つさぁ」は面《つら》。

秋田県 **厚化粧《あじげしょ》** だがら、化粧《けしょ》さね面《ちら》だば誰《だえ》もわがね。

山形県 あの人／へなこ **化粧《けしょー》厚《あつ》く** てよ、ほんとの顔なてどだなんだが 誰もしゃねなだ／見だごどないんだ。

※比喩的に次のように言うことがある。「壁塗ったみだいだな／みでだな」「粉箱がらぬげだみだいな／みでな」

福島県 **厚化粧《あつげしょー》** だがら、ほんとの顔 誰もしんに。

茨城県 あの人 **厚壁《あつかべ》**／**厚化粧《あつげしょー》**／**おしろい女** だがら、ほんとの顔は誰も知んねー。

栃木県 あの人は **お化粧が濃い** から、ほんとの顔 誰も知んね。

※名詞は特にきかれず、「お化粧が濃い」という形容表現で評価を表す。

群馬県 あの **厚壁**、素顔は誰も見たことがねー。

埼玉県 **お壁** なんで／**粉箱《こなばこ》から出たよーな面《つら》して**／**うどん粉付けたよーな面して**／**じろばた落っこった猫みてーな面して**、ほんとの顔なんか誰も知らねー。

※「じろばた」は「囲炉裏端」。

千葉県 あの人《した》ー **厚化粧《あつげしょー》／女郎化粧《じょろーげしょー》／女郎屋《じょろーや》化粧《げしょー》** だがら、だーれもほんとの顔 わがんねーだわ。

東京都 **厚化粧** なんで、ほんとの顔なんか誰も知らねー。

神奈川県 あの人は **化粧が濃い** から、ほんとの顔は誰も知らない。

※相当する語はない。

新潟県 **しゃれこき** らすけ、ほんとん顔はだっれも知らんがーて。

※「しゃれこき」は「必要以上に着飾る」の意。

富山県 ありゃ **壁** じゃで、ほんまの顔は誰《だり》も知らん。

石川県 あの人な **壁／壁厚《かべあつ》い／厚塗り** やさけ、ほんとの顔は誰も知らん。

※「壁塗っとる」で「厚化粧をしている」ことを言う。

福井県 **厚化粧** やさけ、ほんとの顔 誰も知らんのやって。

※越前市での言い方。福井市では「壁塗り」と言う。

山梨県 あの女《おんな》のしは **厚いおつくり／厚化粧** で、ほんこの顔は誰もわからん。

※「厚化粧の女性」にあたる語形は特にない。「おつくり」は化粧のこと。

長野県 **厚化粧** だに、ふんとの顔は誰も知らねわ。

※「厚化粧の女性」にあたる語形は特にない。

岐阜県 **壁塗り** やで、ほんとの顔は 誰も知らん。

静岡県 **塗りたくってる** んで、ほんとの顔は誰も知らん。

愛知県 **おこじょろ** だで、ほんとの顔は知らんのだわ。

三重県 **白壁《しらかべ》** やでさ、ほんとの顔はさなー 誰も知らんのさ。

滋賀県 あの人は **だめなし** やさかい、ほんまの顔は誰も知らん。

京都府 **化粧が濃い／えずくろしー** さかい、ほんまの顔 誰も知らんで。

※「えずくろしー」はあまり使わない。

大阪府 あいつは **化粧濃い** でえ、**塗りまくっと**るから、取ったら誰もわかれへん。

※「厚塗り」「けばい」とも言う。

兵庫県 **塗り壁** やさかい、ほんまの顔は誰も知らん。

奈良県 **めかし** やさかい、ほんまの顔は誰も知らんで。

和歌山県 **厚化粧** やさけ、ほんまの顔はみな知らな。

鳥取県 **化粧が濃い** だけー、まがおは 誰も知らん。

島根県 あのさんは **べんがらつけちょー** だけん、ほんまのかわ 誰《だー》も知らんわね。

岡山県 **壁塗り** じゃけー、ほんまのかわー だーれも／でーも知らん。

広島県 **白壁**《しらかべ》じゃけー、ほんまのかわー だーれも知らん。

山口県 **厚壁塗り** じゃけー、すっぴんは誰も知らん。

徳島県 **壁**《かべ》**厚**《あつ》**ーに塗**《ぬ》**っとー** けん／**塗りたくり** じゃけん、ほんまの顔は誰も知らんわな。

香川県 あの ねーはん **お壁**／**白壁**《しらかべ》／**塗りたくれ**やけん、ほんとの顔わからんぜー。

※「かべぬっとる（壁を塗っている）」と表現することもある。

愛媛県 あれは **壁塗り**／**厚化粧** じゃけれ、ほんとの顔 わからんぞな。

高知県 **塗りたくっちょー**。／**焼山に雪ん降ったような** 化粧して。

※後者は色黒の女性が白粉を塗りたくっているさまを言う。

福岡県 あのひとぁ **化粧の濃いか** けん、ほんとの顔はだーれも知らん。

佐賀県 **化粧の濃ゆか** けん、ほんなごとん顔は誰《だい》も知らん。

長崎県 あのおなごは **いろおなご** やけん／**げーしゃのごたる** けん／**白壁塗ったごたる** けん、ほんな顔は誰《だい》も知らんばい。

熊本県 あんおなごは **こて塗り**／**白壁**《しらかべ》／**ごぼんしらい** だけん、ほんなつらはだーるも知らん。

※「ごぼんしらい」は「牛蒡の白和え」。

大分県 **南部** **塗りたくっちょる** き、ほんとん顔は誰も知らん。／**小箱から飛び出たよーな厚化粧** じゃね、じがおは誰も知らん。

※「塗りたくる」は「厚化粧をする」。「小箱」は白粉の小箱で、「小箱から飛び出る」は決まり文句。

中部 **よー壁塗っちょる** けん、じがおは誰も知らん。ばくるのがうまいけんね。

※「壁塗る」は「化粧をする」。

宮崎県 **北部** いつも **白壁**《しらかべ》 じゃかい、ほんとん顔誰も知らんとよ。

※「こんにゃくのしらえ」とも。「しらえ」は「白あえ」。「あんおごじょ、また壁塗っちょる」という言い方もする。

鹿児島県 **中南部** **白壁**／**壁塗り**

塗ったくい やっで、ほんのつらは誰《だい》も知らん。

沖縄県 **那覇** **くー ぬいじゅーさぬ** まーぬ たーがやら わからん。

※「白粉を塗り過ぎてどこの誰かわからない」の意。

小説の中の悪態語

夏目漱石『坊ちゃん』から

夏目漱石『坊ちゃん』には、いきのいい「悪態語」があふれている。うらなり先生の送別会で、赤シャツのことを「ハイカラ野郎」と言った山嵐に向かい、

「ハイカラ野郎だけでは不足だよ」
「じゃ何と言うんだ」
「ハイカラ野郎の、ペテン師の、イカサマ師の、猫被りの、香具師の、モモンガーの、岡っ引きの、わんわん鳴けば犬も同然な奴とでも言うがいい」

と言っているところは圧巻。

不細工・不美人

あの顔じゃあ、かわいそうだが
（不細工）だ。

北海道 海岸部 あの顔じゃー、かわいそーだが **ぶす**／**みったぐなし** だ。

内陸部 あの顔じゃー、かわいそーだけど **いまいち**／**いまに** だなー。

青森県 あのつらっこだば、かわいそんだばって **がんぶ** だ。

岩手県 あの面付《つらっ》ぎで、かわいそーだんともはー、**てくそもず**／**みだぐなし**／**どでかぼちゃ**／**めぐされ** だ。

※「みだぐなし」は「見たくなし」。「どでかぼちゃ」は「無視される程度」の不美人で、「みだぐなし」ほど強い意味ではない。

宮城県 あのつさ、もぞさげごだ、**みだぐなす** だ。

秋田県 あの面《ちら》だば **みだぐなし** だ。

※「みだぐなし」は「見たくなし」。この他に「めぐしぇ」とも言う。

山形県 こだなごどゆーどかわいそーだげんと、あの顔だら **みだぐなす**／**ぶす**／**不細工《ぶさいぐ》** だずね。

※「みだぐなす」は顔だけではなく性格も含めて言う。「ぶす」は女性に対して、「不細工」は男性に対して言う。

福島県 気の毒《どぐ》だげんちょ、あの顔、どー見だって **みだぐなし**／**へじゃむぐれ** だな。

※見栄えが悪いことをいう形容詞「みったぐねー」で不美人を指すこともある。「どー見だってみったぐねーな。」

茨城県 あの顔では、気の毒だげんども、**不細工**／**へちゃむくれ**／**お不動様《ふどーさま》** だ。

※不細工な顔の女性を言うときに「裏弁天前不動《うらべんてんまえふどう》」という言葉がある。「後ろから見ると弁天様のようにきれいだが、前から見るとお不動様のように怖い顔をしている」という意味。

栃木県 あの **おかめ** じゃなー。／あの面《つら》じゃーしゃーないねー。

群馬県 あの **ぶす**／**不面体**《ふめんてー》／**不細工**、かわいそーに。

※「ぶす」「不面体」は女性に使うことが多い。「不細工」は男性に使うことが多い。

埼玉県 あの顔じゃ、かわいそーだけど **おかめ**／**おたふく**／**ぶす**／**ぶすったれ**／**ぺちゃむくれ**だ。

千葉県 かわいそーだけど、**しっちゃんぱっき**／**ぴちゃくりけーこ**／**おーぶす**／**鼻べだ**／**いい女**／**おかちめんこ** だな。

※「しっちゃんぱっき」は憎たらしいことを言う人のことも言う。「けーこ」は「貝」。原義は身の少ない貝のこと。「いい女」は文字通りの意味もあり、文脈と言い方によって判断する。男なら「いい男」。容貌だけでなく、服装も含めた全体の雰囲気に対する女性へのけなし言葉として、「いなかはなこ」という言い方がある。おしゃれをしようとしているが、センスがなくて垢抜けない様子。

東京都 あの顔じゃー、かわいそーだけど **おかめ**／**おたふく**／**ぶす**／**不細工**だな。

※「ぶす」は女、「ぶさいく」は男。

神奈川県 あのご面相じゃー、かえーそーだが **おかちめんこ**／**ぶす**／**おたふく**だ。

新潟県 あの顔らと、かわいそげらけども **ぶす**ら。

富山県 きのどくなれど **めっとくさい** 顔じゃ。

石川県 **めんで** 顔して かわいそながや。

※「めんで」は「不細工」の意味。「めんでかわらし」だと「不細工だけどかわいい」で「愛嬌がある」の意味になる。

福井県 **ぶさいく** な女やのー。／あの顔でぁ、かわいそに **へちゃ** やのー。

※越前市での言い方。福井市では「ぶす」を用いる。

山梨県 あの顔じゃー、かわいそーだけんど **みたくなし**／**でくなり**／**へちゃむくれ**／**へちょむくれ**／**うてーもの**／**ぶきしゅ**／**ぶきしゅー**／**ひょっとこ**／**おかちめんこ**／**おかめ**／**おでこ**／**すべた**／**ずべた**／**人一化九**《にんいちばけく》／**ぶす** どー。／この子は **造作**《ぞーさく》**がわりー**／**顔**《かお》**がまずい**。

※「みたくなし」をよく使う。「うてーもの」は物に対してよく使うのを、転じて容姿にも言う。「ぶきしゅ」「ひょっとこ」は男性に対して使う語。「おかちめんこ」〜「ぶす」は女性に対して使う語。現在では「ぶす」を最もよく使う。「人一《にんいち》化九《ばけく》」は、人間一分で化物九分の意。通常「人三化七《にんさんばけしち》」と使われるのが、山梨方言ではこのように言う。

長野県 **みっともねー顔**で、もーらしーなー。

※これが通常の言い方だが、例文に合わせると「あの顔じゃ、もーらしーけど みっともねー顔《かお》だなー。」となる。

岐阜県 あん子も、あんな顔しとっては いとしーこっちゃ。**おぞい** によーぼーやさー。

※「いとしー」は「気の毒な」の意。

静岡県 あの顔じゃー、かわいそーだが **どぶす** だな。

愛知県 あの顔では、気の毒だが **ぶっさいく** だわな。

※文献には「おおべえた（ほほの張り出したおかめ面の女）」「ちんがはくしょんしたような顔（醜い容貌の形容）」「へちゃ（醜い女）」もみえる。

三重県 あの顔ではさ、かわいそやけど **おたやん／どたふく／どてかぼちゃ／かぼちゃ／てんてんのしゃくし／へちゃ** やの。

滋賀県 あの顔やったら、かわいそーやけど **どべちゃ** やわ。

京都府 あのこは、かわいそーやけど **ぶす／不細工／へちゃ／へちゃむくれ／おたやん** やな。

※「へちゃ」「おたやん」はあまり言わない。

大阪府 あれは **おたふく／おたやん／へちゃ／へちゃむくれ** やなー。

※「ぶっさいくな顔やなー」とも言う。「おたふく」をさらに強めて「どたふく」とも言う。

兵庫県 あの顔やったら、かわいそーなけどほんまに **めんどい** わ。

※形容詞形。

奈良県 あの顔やったら、かわいそーやけど **おたやん** やなー。

※「おたやん」は「お多福」の意。

和歌山県 あのこは、かわいそーやけど **ぶす／ぶさいく／ひょっとこ** やな。

※「ぶす」よりも「ぶさいく」のほうが強い罵り。

鳥取県 あの顔じゃー、かわいそーだがー **ぶす** だがー。

島根県 あの顔じゃ、**ぼてさく** だわ。

岡山県 あの顔じゃー、かえーそーじゃけど **ぶす**／**ぶさいく** じゃー。

※文献には、「おこぜがぐんかんぶつかって、にしーにしーながれた（おこぜが軍艦にぶつかって西に西に流れた）」という表現もある。

広島県 あの顔じゃー、どがーゆーても **ぶす**／**へちゃむくれ** じゃ。

山口県 あの顔じゃー、かわいそーじゃけど **ぶす** じゃ。

徳島県 あの顔、かわいそなけんど **おたふく**／**どたふく**／**どぶす**／**べたふく** じゃ。

※「どたふく」は「おたふく」「べたふく」を凌ぐ「極度な不美人」の意味。

香川県 あの顔、かわいそーなが **おへちゃ**／**へちゃむくれ**／**おかめ**／**おたやん**／**おなべ** や。

愛媛県 あげな顔じゃー、むごいけんど **うんしゃん**／**おふく**／**おたふく**／**すべた**／**どてしゃん**／**べたふく**／**へちゃ**／**べっちゃくれ** じゃの。

高知県 ありゃ **ぶす**／**へちゃむくれ**／**おにがわら** よ。

※「おにがわら」はいかつい顔つきの人。

福岡県 あの顔じゃー、かわいそーかばってん **へちゃむくれ** ばい。

※「不細工」の意で「へちゃむくれ」「おっぺしゃん」と言うが、かなり古い言い方。

佐賀県 あの顔じゃ、かわいそーかばってん **ぶす** たい／**見たんなか**。

長崎県 あんつらじゃ、かわいそかばってん **ぴっつんなか**／**びっつんなか** ね。

熊本県 あん顔じゃ、かわいそかばってん **おっぺしゃん** ばい。

大分県 南部 **おかめ** じゃのー。あんつらじゃ、むげねーのー。

※「ぶす」「ぶさいく」とも。「むげねー」は「かわいそう」。

中部　**ぶす、おかめ**

宮崎県　北部　あんづら **なしんかんかけ／しかともねーつら** じゃ、もぞなぎがね。

※「なしんかんかけ」は「梨の噛みかけ」。「あの顔は不細工だ、かわいそうだね」の意。

鹿児島県　あん顔じゃ、ぐらしかどん **ひっがめ／ぶにせ** じゃっどなー。

※「ぶにせ」は「醜二歳」で「二歳」は若者のこと。「ひっがめ」は女性に、「ぶにせ」は男性に使う。

沖縄県　首里　あぬかーぎしぇー、ちむぐりさっさー **やなかーぎー** どーやー。

『浮世風呂』①子ども同士のけんか

式亭三馬『浮世風呂』（前篇　巻之下）から

江戸庶民の日常をいきいきと描写した、式亭三馬『浮世風呂』には、さまざまなけんか場面がでてくる。子ども同士のけんかをみてみよう。

吉「エヽきたねへ。おめへ咄《はなし》をすると、人の顔へ唾《つばき》をかけるから悪《わり》い　又「堪忍《かんに》しねへな。おめへも眵《みこだれ》が臭《くせへ》じやアねへか　吉「是《こりや》ア病気だからおしつけ治《なほら》ア。おめへこそ鼻の下が真赤《まっか》だア　又「エヽ、是も虫のせいだア。おいらはおめへのやうに鼻屎《はなくそ》をなめやアしやせん　吉「エヽ、おいらもおめへのやうに爪《つめ》は食《くひ》やせん」

なんとか相手をやりこめようとする様子が、子どものけんからしい。

口先だけの人

> （口先だけの人）が。またうまいことを言って。

北海道 海岸部 **あんぱいがいん** だわー。調子いーねー。

内陸部 あいつ **口だけ** だ。うまいこと言って。

青森県 **よげしゃべり** この。まだうまいごとしゃべって。

岩手県 あの **さがす奴《やつ》／いっくれーな奴／ばふめぐ奴**。なんだりかんだりすてらじぇ。

※「さかしい（賢しい）奴」は「利口」「計算高い」の反対語的表現。「いっくれーな奴」は「いいかげんな人間」。「ばふめぐ」は口先だけで大きなことを言って実行しない感じで、「うそつき」とも関連。

宮城県 **べんちゃら／おべんちゃらかだり／べろ／べろ野郎** ぁ。まだうめぁごど語《かだ》ってる。

※「べろ」は「舌、口先」。

秋田県 おめだば **口《くち》ばしえくて**。うめごど。

※「おまえは口ばかりよくて。うまいこと」の意。

山形県 あいづだら、**口《くつ・くち》ばりいっちょまえ** で。まだんまいごどばり言《ゆ》てんなだ。

※三人称についての言い方。聞き手については、「おまえ、まだんまいごどばり言《ゆ》て（おまえ、またうまいことばかり言って）」。該当する名詞なし。

福島県 この **口《くち》さぎばりいっちょめー** が。まだんめごとずって。

※「口先ばかり一丁前が」の意。

茨城県 **せんみづ男《おとこ》／せんみづ女** が。まだうめーこど言って。

※千に三つしか本当のことをいわないため、「せんみづ」という。「嘘つき、ほらふき」の場合にも使う。

栃木県 まーた **ちょべちょべして**。

 ❖全国的に「口ばかり」があるほか、各地で比喩表現が目立つ。

※「また調子のいいことを言って」の意。口先のうまい人のことをお調子者としてとらえており、「ちょべ」「たいこもち（太鼓持ち）」と表現する。

群馬県 まーたこの **くちべー**が。またうんめーことこきやがって。

※本来は「動きもしねーで**くちべー**さ（動きもしないで口ばかりさ）」という使い方をする語であるが、これが名称となって働いている。このほかに「やつはらっぱだいなー（奴はらっぱだよなあ）」という表現もある。これは楽器のらっぱからの比喩で、相手に向かって用いることは少ない。

埼玉県 **たーごと**／**たーごと野郎**／**空鉄砲**《からでっぽー》／**お調子もん**／**きれーぐち**／**くちぎれー**／**がいこー**／**くちてんごー** が。またうめーこと言《い》ーやがって。

※「お調子もん」は安請け合いで口先だけの人。「きれーぐち」「くちぎれー」はできもしないこと。「がいこー」は「外交」か。口先だけで調子がいい。人名にも付く。口先だけの茂作《もさく》（人名）の場合には「もがい」と呼ぶ。「くちてんごー」は実がない馬鹿話のときで、「うそつき」に近い。

千葉県 ぱーっと言ってたけんど、**ちょーばもん**だからわがんねーど。

東京都 **三百代言**《さんびゃくだいげん》が。またうめーこと言《い》ーやがって。

※「三百代言」は弁護士の別称。

神奈川県 **口先野郎** が。まーたうまいことばっか言《い》ーやがって。

新潟県 **よたこき**が。またうめこと言って。

富山県 **あごたたき**が。まいことばっか言《ゆ》ーて。

石川県 あの人 **口ばっか** やがいねー。またうまいことばっかり言《ゆ》ーて。

※「口から先に生まれた」「口先だけや」という言い方もある。

福井県 **口ばっか**／**口ばっかり**／**口べんけー** が。またんまいことばっか言《ゆ》ーて。

※越前市での言い方。「口先だけや」とも言う。福井市では「口ばっか」を用いる。

山梨県 **えーからかん**／**空威勢**《からいせー》／**菜っ葉の肥料**／**なまずの吸物** が。またうまいこん言って。／あのしは **歌**《うた》**ー歌**《うた》**う**／**言**《ゆ》**ーばっか** だ。

※「えーからかん」はいい加減。「菜っ葉の肥料」は「掛《か》け肥《ごえ》（声）ばかり」、「なまずの吸物」は「（口が大きい）なまずのよう

に口ばかり」の意で地口による表現。「歌を歌うばかり」、「言うばかり」の表現もよく使われる。口先だけの人のことをからかう地口に「こじきのおけーでゆーばっか」（こじきのお粥で湯（言う）ばかり）というものがある。

長野県 **えーからかげんのことばっかせってる**わ。

※「口先だけの人」を表す語形は特になく、右のように言う。「せう」は言うの意。

岐阜県 あれは **じょーず** やで。また **調子えーこと** 言っとるな。

静岡県 **口ばっか** だなー。またうまいことを言って。

愛知県 **えーころかげんな奴** が。

三重県 **こじきのお粥《かい》／風呂屋の釜** やな。またうまいこと言《ゆ》ーて。

※「こじきのお粥」は器の中身は湯だけしか入っていない。また、「風呂屋の釜」は中は湯ばかり。いずれも「湯」と「言う」をかけた比喩表現である。

滋賀県 **（お）じょーずもん** が。またうまいこと言《ゆ》ーて。

※「じょーずもん」は口先が達者な人を指して言うので、「おべっか言い」の方に近いかもしれない。

京都府 **口さけだけやなー**。またうまいこと言《ゆ》ーて。

大阪府 またうまいこと言《ゆ》ーて。おまえは **風呂屋のおけ** や。ゆーばっかりや。

※「ゆーばっかり」は「湯ぅばっかり」と「言うばっかり」をかけたもの。「うどん屋の釜で、湯ぅばっかり」とも言う。「口ばーっかりや」とも言う。

兵庫県 **口ばーっかいたっしゃな** が。またうまいこと言《い》ーよー。

奈良県 **貧乏人のお粥** が。またうまいこと言《い》ーやがって。

※「湯ばかり（＝言うばかり）」から。ほかに「うどん屋の釜で」も同じ意のしゃれから。また、「かわにしむらでいうだけじゃ」とも言う。川西村に結崎という集落があることから。

和歌山県 **せんみつ** が。またうまいこと言《ゆ》ーて。

※「千に三つしか本当のことを言わない人」の意味。

鳥取県 あの人は **口だけ** だがー。また、うまいこと言って。

島根県　**おっぱいがえーけん／こーじょーたれ**が、またじょーず言《え》っちょーわ。

岡山県　**大言者《おーげんもん》**がー。まーたうめーことー言《ゆ》ーて。

広島県　**腹にもなーことー言《ゆ》ー人**が、またうまーことー言《ゆ》ーて。

山口県　**口ばっかりー**。またうまいこと言《ゆ》ーてー。

徳島県　**言《い》ーっぱなし**が／**口ばーっかり**が。またうまいこと言《い》ーくさって。

香川県　**口がてんまいだけ**じゃ／**口のてんまいやっちゃ**／**あげとがたっしゃ**や。またうまげに言《ゆ》ーて。

※「てんまい」は「手巧い」か、最上といった意味の「天」と「上手い」か。「あげとがたっしゃ」とは、「あげと（顎）が達者」という意味である。

愛媛県　**ほごのいお**じゃ あいつは。またうまいことぬかしよって。

※「ほご」という魚は口が大きく、頭は大半が口で口ばかりが目立つ。

高知県　んーまいこと言《ゆ》ーて。**口ばっかり**よ。／**言うばーなこと**よ。

※「言うばーなことよ」は「言うだけのことだよ」の意。

福岡県　**口ばっかりんと**が。

※口ばっかり＋の＋と（「の」に相当する＝人、物）

佐賀県　**口のうまかと**が。また調子のよかことばかい言《ゆ》ーて。

長崎県　あん **うわかつがる／とんぴん／とんぴんかん／口先ばっかい／言《ゆ》ーばかい**が。またうまかごとば言《い》ーよるばい。

※「うわかつがる」（上片端）

熊本県　**あごばかり／口ばかり**が。また口さかしかこつばかっ言《ゆ》ーて。

大分県　南部　あんしゃ **口先んじょー**じゃ。また

『浮世風呂』②女同士のけんか

式亭三馬『浮世風呂』（前篇　巻之下）から

女「ヤイ〱、此あまめらは何をふざけやアがる。い

うめこつ言《ゆ》ーて。気をつけーよー。
※「口んじょー」とも。「じょー」は「～ばかり、～だけ」の意。

中部 またあんやつはいーことんじょー言《い》ーよる。**口先んじょー** じゃね。
※「口んじょー」とも言う。

宮崎県 北部 あんやつは **うどん屋の釜** じゃかい、ゆばかりじゃ。
※「うどん屋の釜」は「湯ばかり」と「言うばかり」をかけた表現。

中南部 あんやつは **口先きよー** じゃ。だまされやんな。実際には口ほどにわねど。
※「口だけ」「うどん屋の釜」とも。

鹿児島県 **あご** が。またうまいこと言《い》っせ。／あん人は **くっのさっばっかい** やっで。
※「くっのさっばっかい」は「口の先ばっかり」の意。

沖縄県 那覇 あばさーぬ **ちゅらむぬいー** そーさ。また、あばしびけー。
※「また、口先ばっかり」の意。口先だけの話をしている人に聞こえるように言う。

けやかましい。何《なん》の事《こつ》たい。あたり近所へ湯がはねて、是《これ》見やアがれ。天窓《あたま》からお湯をめした姉《あね》さんがお一方《ひとかた》出来たはい。惣体《そうてへ》此あまめらア、悪くふざけやアがる。うぬらばかし買切《かひきつ》居《て》る湯ぢやアあんめへし、あたりに人様《ひとさま》も御座《ござ》らつしやんねへ様《やう》に、野放図《のほうづ》な奴等《やつら》ぢやアねへか。コレ、人は人と思つてナ、些《ちつ》と熱いと思つた湯も、湮《うめ》ちやア口がうるせへから、しんぼうして這入《へいつ》居《て》るのに、あんまりてへばむやみな仕方《しかた》だ。べつちやくちやべつちやくちやと、あくぞもくぞを算立《かぞへたつ》て、おやんなさんやしの口を寄せやアしめへし、湯の中中《なかぢう》を口だらけにして、いけ騒《さう》〲しいあまつちよめらだ。是《これ》見や。罰《とが》もねへ者にまでざつぷり浴《あび》せやアがつた。いかつぱちの銭を蒔《まい》て、はゞをするかしらねへが、コレ番頭。こいつらア、打遣置《うつちやつとい》たら、湯の中へ糞《ばゞ》をたれて、鬼渡《おにごつこ》や提迷蔵《めかくし》も仕兼《しかね》めへ。片端《かたつぱし》からしよびき出して、一軒〱に断《こてへ》ねへきやアならねへぞ。みんな覚悟をしやアがれ」

すごい迫力である。

うそつき

あれは（うそつき）だから、何を言っても信用できない。

北海道 海岸部 あの人《しと》 **うそっこぎ**／**ほらこぎ**／**ほらっこぎ** だから、何言っても信用できねーなー。

内陸部 あいつ **口先** だから、言《ゆ》ーことあてにならんなー。

青森県 あれだっきゃ **うそし** だはんで、何しゃべっても信用でぎね。

岩手県 あいづぁ **おべだふり**／**ばほめぎ**／**ばほめがす奴《やつ》** だがら、何言《なぬ》ったってほんとに出来《でぎ》ねえ。

※「おべだふり」は何でも知っているふりをする者。「ばほめぎ」は大きいほら話をする者。

宮城県 あいづぁ **ずら**／**ずらもの**／**うそこぎ**／**ほらふぎ** だがら、何言《ゆ》ったっておら信用すねど。

※「ずら」は「でたらめ、うそ」のこと。

秋田県 あえだば **ばしこぎ** だがら、何しゃべっても信用さえね。

※「ばしこぎ」は秋田県の中央部・南部、北部では「じほかだり」を用いる。「じほ」は嘘の意味で、「嘘語り」。「じほ」は「実法」の転で、実体の意味が反対に用いられたものとする説もある。

山形県 あいづ **うそごき** でよー／あいづの言《ゆ》ーごど **うそばり** でよー、何言《ゆ》たて信じらんねなだ。

※類義の名詞に「せんみっつ」「ずほーばり」がある。

福島県 あれは **うそこぎ** だがら、何づったってあでんなんね。

茨城県 あれは **ほらふき**／**せんみづ男《おどご》**／**せんみづ女** だがら、何言《ゆ》っても信用でぎねー。

栃木県 あれは **ちくらっぽ** だから、信用できね

❖東日本に「うそこき」が、西日本は「うそつき・うそいー・うそたれ」が目立つ。

ー。／あれは**万から**で、信用できねー。やつの場合《ばーい》は**千三《せんみ》つ**だから、まだいー。

※「ちくら」は「うそ」の意。「ちく、ちくらく」とも言う。

群馬県 やつは**うそっこき**だいなー。やつの言《ゆ》ーこたーそらっぺだから信用できねーやなー。

埼玉県 あいつは**うそっぺー／うそっぱち／そらっぺー／そらっぺ野郎／そらっぱち／ちんまぐら／くちったたき／ずんでんがら／へーたらぼー**だから、なにを言っても信用できねー。

※「ずんでんがら」は言いたい放題、破れかぶれの物言いのこと。

千葉県 あのやろ**おそしこ／おそしこ野郎／おそつき**だがら、信用でぎねーどー。

※「おそしこ」は「嘘つきの人」の意味のほか「嘘」の意味でも使い、「おそしこ言《ゆ》ーな」のように言う。「おそしこ野郎」は男のこと。「おそしこあまっこ」のような、特に女を指す言い方はない。

東京都 あいつぁー／あの野郎は**千三《せんみつ》／千三屋《せんみつや》／うそつき**だから、何を言っても信用できねー。

※千三屋は元々不動産屋などを指した。

神奈川県 あいつは**うそつき**だから、何を言っても信用できないよ。

※「そらつかい」も使う。厚木市周辺では「そらづかい（ずるい人）」「そらつき」「そらつけー」「そらっつかい」「そらっつけー」「らっぱふき（嘘を言う人、ほらを吹く人）」という言い方もある。

新潟県 あれは**うすこき／うそこき／もーぞこき／せんみ／てんぽこき／ひゃくいち**らすけ、何言ったって信用ならんねいや。

佐渡 **こうそーこき／ほーてつ**

富山県 ありゃ**うそこき**なもんで、なんを言《ゆ》ーてもだちかんわ。

※まんぱちこく（出鱈目を言う）とも。

石川県 あいつは**うそつき**やさけ、あてんならん。

福井県 あいつぁ**うそつき／うそこき**やさけ、何言《ゆ》ーたかって信用できんて。

※越前市での言い方。福井市では「ほらばっかり」を用いる。

山梨県 ありゃー**千三《せんみつ》／千三《せんみ》っちゃん／お千三《せんみつ》／万三《まんみつ》／万八《まんぱち》／嘘の万八《まんぱち》／そらっつき／そらっつきゃー**で、何《なに》よー言《ゆ》っても信用でん。

「せんみつ」は千のうちに真実が三つの意。

※「まんみつ」は万のうち真実は三つ、「まんぱち」は万のうち真実は八つの意。「そら」はうそ。

長野県 あいつは **うそっこき野郎** だに、何をせってもあてんできねー。

岐阜県 また **うそこいとる**、あれは 信用できんでな。

※美濃地方では「うそこき」。

静岡県 あいつは **うそまんぱち** だで、何を言っても信用できねーだ。

愛知県 あぇーつは ふんとに **うっそこき** だで、何言っても信用できんがね。

※「うそこき」。興奮すると「っ」が入るのも特徴。

三重県 **千三《せんみつ》／せんいちまんがら／せんそっぽり／うそこき／いなば／いなばごんぞー／がんたちむし** やでさ、何言《ゆ》ーても信用できへんが。

滋賀県 あいつは **どうそつき** やさかい、何言うても信用できひん。

京都府 あの人は **千三《せんみつ》／千三《せんみつ》はん／うそつき** やさかい、何言《ゆ》ーても信じられへんわ。

※「せんみつ」「せんみつはん」はあまり言わない。

大阪府 あいつ **うそつき** やで、言《ゆ》ーてること信用できひん。

※「はったりばっかりかましよる」とも言う。

兵庫県 あいつは **へーかまして** ばっかいやさかい、何言《ゆ》ーたかて信用でけん。

奈良県 あれは **うそたれ** やさかいに、何言《ゆ》ーても信用できへん。

※ほかに「うそはち」「ひゃくいち」「きつね」「うそいー」「千一万十（千に一、万に十くらいしか信じることのできないうそつき）」とも言う。

和歌山県 てきゃ **千三《せんみつ》** やさけー、何言《ゆ》ーても信じられやなー。

鳥取県 あいつは **ほらふき** だけー、何言っても信用できんだがー。

島根県 あら **おーおそつき** だけん、なんえったてあてんなーしぇんわね。

岡山県 ありゃー **うそったれ／うそっこき／おーうそつき** じゃけー、何言《ゆ》ーてもあてにならん。

広島県 あんなー **うそたれ／うそこき／おーうそ言《い》ー／千三《せんみ》っつ／まんみー** じゃけん、何言《ゆ》ーてもあてにゃーならん。

※「まんみー」は「万のうち三つ」とさらに誇張されている。

山口県 あれは **ほらふき／うそつき** じゃけー、何言《ゆ》ーても信じられん。

※「せんみつ」「てんくら」「すってんくら」「てんすら」「てんのしろ」とも言う。

徳島県 あいつは **おげ／おげった／おげくらい／おけたくろ／といくろ／といこき／とっぱくろ／とんぺー／せんみつ** じゃけん、何言《ゆ》ーても信用ならん。

※「おげ」「とい」ともに「嘘」の意味。「とっぱ」は「十っ八」、十のうち八は嘘だからという語源説がある。

香川県 あいとは **うそ言《い》ー／うそくらい／とっぱくらい／はったり** やけん、ほんまにすな。

※「どへっつくらい」という言い方もあるが、「うそつき＋性悪」を意味する。

愛媛県 あれは **おげたくろ／かっぽ／かっぽすけ／せんすらり／つべらこき** じゃけれ、信用できん。

※「かっぱ」は当てにならないこと。「せんすらり」は「千」言っても「すら（嘘）」ばかりであることから。

高知県 ありゃ **てんくろ** じゃけん、あてにゃーならん。

※「うそ」のことも「てんくろ」と言う。「あいつはてんくろばっかり言う」。

福岡県 あらー **いっつもうそばっかりついとー**けん、何ば言《ゆ》ーたちゃ信用できんもんね。

佐賀県 ありゃ **すらごと言《ゆ》ー／うつさごと言《ゆ》ー**けん、何ば言《ゆ》ーても信用でけん。

長崎県 あら **へっぱ／へっぱくそ／ぬすどごつ／ふひとごつ／すらごと／うっすらごつばっかい** 言《ゆ》ーとるけん、なんば言《ゆ》ーても信用でけん。

熊本県 あら **すらごつ言《い》ー／千三《せんみつ》さん** だけん、なんば言《ゆ》ーても信用でけん。

大分県 南部 あんしは **うそつき** じゃき、信用でけんわ。

※「うそんじょー言《ゆ》ーな」は「うそばかり言うな」。「うそかりうそんじょー言《ゆ》ー」は「うそからうそばかり言う」という慣用句。ほかに「すーらへー」（うそつき。「すーら」は「でたらめ」）」「すーらぎまる（必要以上に気取ったり、飾り立てる状態）」「すっとんかわ（うそ）」「すっぱんぷー（うそ）」「でふーで（でまかせ）」「とっぱ（でたらめを言う人）」「とわず（でたらめ）」「ひゅーら（でたらめ）」「ひゅーたす（でたらめ）」「ほげ（でたらめ）」「ほげほっぽー（でたらめ）」。

中部 あん人は **大風呂敷** じゃけん、どげんごつ言《ゆ》ーたっち信用ならん。

※ほかに「ほらふき」「風呂敷」「うそつき」「うそんじょー言《ゆ》ー」。

宮崎県 北部 あんやー **うそぼ** じゃかい、何言《ゆ》ーても信用ならん。

※「せんみつ」「せんまいじた」「ぬすっとごつ」「すとごつ」とも。

中南部 あいつは **うそつきごろ** じゃ。うそばっか言《ゆ》ーちょる。

※「うそっごろ」「うそつき」とも。

鹿児島県 あいは **うそひぃごろ** やっで、なんを言《い》っても信用ができん。

沖縄県 首里 あれー **ゆくしむにーさー** やくとぅ、ぬーいらわん信じららん。

宮古 かりゃー **だらふむぬいかりば**、のーてぃーんじゃーまい信用しらいん。

怒りっぽい人

あの人は（怒りっぽい人）だから、いつもぷりぷりしている。

北海道 海岸部 あの人《しと》、ほんとに **おっかねー人《しと》** だから、いつも怒《おご》ってる。
内陸部 あいつ、すぐ **とんがる** からなー／**とんがってる** もなー／**怒る** からなー、どもならんなー。

青森県 あれだっきゃ **えへこ** だはんで、いっつもぶへぶへってらね。

岩手県 あいづぁ **たんぱら**／**むきっちょー**／**ごしゃぐ奴《やつ》**／**ごっしょぱらげる奴《やつ》** だがら、いっつも大《おっ》きぐなってる。

※「たんぱら」は怒ることが癖になっている性格を強調。「むきっちょー」はすぐ反対して協調性がない意味を含む。「ごしゃぐ奴」「ごっしょぱらげる奴」は、性格よりも怒ることが多い様子に意味の重点がある。

宮城県 あいづぁ **たんぱら** だがら、怒《おご》ってばりいる。

秋田県 あえだば **怒《おご》りんぼ** だがら、えじもぷりぷりしてる。

山形県 あいづ、**ちぇっとのごどですーぐごしやいで** よー、しょっちゅー ぷりぷり（し）てんなだ。

※類義の表現に「すったんき野郎（気が短い人）」「ちぇっとでかーっとなる（ちょっとでかーっとなる）」がある。

福島県 あの人 **怒《おご》りんぼ** だがら、いづだってごせぱらやいでばりいる。

※「ごせぱらやぐ」は「腹を立てる、怒る」の意味。

茨城県 あの人は **かんしゃぐ玉**／**気短《きみじが》** だがら、いづもぷりぷりしてる。

※地元では「水戸の三ぽい」「茨城の三ぽい」ということばがあり、水戸の人間は「理屈っぽい」「骨っぽい」「怒りっぽい」、

茨城県の人間は「飽きっぽい」「忘れっぽい」「怒りっぽい」といわれる。いずれにしても「怒りっぽい」ということはかわらない。

栃木県 あの人は **怒りんぼー／短気** だから、いつもぷんぷんしてる。

群馬県 やつは **瞬間湯沸かし器** だから、すーぐ怒りだす。

埼玉県 あいつは **かんしゃく玉／癇癪《かんしゃく》持ち／じぶくれ／じぶくれ野郎／ひぞりっぽー／はらだちごんべー／ごーつくばり／かみなりさま** だから、いつもぶすっかーしてやがる／つらつきーしやがる。

※「ぶすっかーしてやがる」は「ぶすぶす怒っている」、「つらつきーしやがる」は「不満そうにする、怒る」。

千葉県 あのやろ **腹立ちぼー／かんつり野郎／かんぱり／安薬罐《やすやかん》** だがらよー、きーつけらっせ。

※「かん」は「癇」であろう。「つる」は「のぼせる」といった意味。「かんぱり」は「癇張り」。また、値段の安いやかんは地金が薄くてすぐに煮え立つことから、すぐかっとなる人。

東京都 あいつぁー／あの野郎は **気が短《みじけ》ー野郎／瞬間湯沸かし器** だから、いつも怒ってやがる。

神奈川県 あの人は **怒りんぼー** だから、いっつもぶりぶりしてるんだよ。

新潟県 あの人は、**いぼっつり／いぽっつり／いぼりむし／きんま／きんまたかり** だすけ、いつもぷんすかしてるいや。

佐渡 **そっぷ／むしこ**

富山県 あの人、すぐに **いらかす人** で。

石川県 あの人、いつも **短気** や。

※「怒りんぼ」は子供に向かっていう言い方。

福井県 あいつぁ **いつも腹立ててる／根性悪い**。

※越前市での言い方。福井市では「短気もん」を用いる。

山梨県 あのしは **肝短《きもみじか》／肝短《きもたん》／肝切《きもき》らし／肝《きも》っ切《き》らし／肝《きも》っ切《き》れ／肝焼《きもや》き／猿《さる》っ肝《きも》／お慳貪《けんどん》／お慳貪《けんどー》／おけんしゃ／ぶいとー／ぶいこくり／ぶすこき虫《むし》／ぶりこき虫《むし》／脳天気《のーてんき》／脳天気野郎《のーてんきやろー》／怒《おこ》りんぼー** で、じょーやぷんぷんしてーる。

※「肝短」は短気に由来する語形。「脳天気」は短気で怒りや

すい人をさす。「脳天気」にはのんきの意味もあるが、怒りっぽい人の意の方がよく使われる。

長野県　あいつは **癇癪《かんしゃく》持ち** だに、しょっちゅーぷんぷんしてるわ。

岐阜県　あいつは **怒りばち** やで、いまんしゃくがでるぞ。

※「しゃくがでる」とは「怒り出す」の意味。「やかんばち」とも言う。

静岡県　あの人は **怒りんぼー** だで、いつもちんぷりかえってる。

愛知県　あぇーつは、**いっつも怒ってばっかおる。**

※尾張地方では「かんしょう（気のみじかい人）」という語もみられる。

三重県　あの人は **いっぷり／かんつー／気短《きみじか》** やでさ、いっつもぷりぷりしとんのさ。

※「いっぷり」は「一風流」に由来する語。「かんつー」は片意地なこと。

滋賀県　あの人は **ごりかん(もち)／かんてき(もん)／腹立て** やさかい、いつもぷりぷりしたはるわ。

※「かんてきもん」は七厘を意味する「かんてき」からきている。「ごりかん」は「こらえ性がない、わがままな人」を指す。

京都府　あの人は **短気／いらち** やさかい、いつも怒ってるわ。

※「いらち」は「せっかち」の意味でもある。

大阪府　あいつは **怒り虫／怒りんぼ** やから、いっつもぶりぶりしとるわ。

※「あいつ、すぐきれよる」とも。「きれる」は最近広まった言葉。

兵庫県　あのおっさん、**怒りー** やで、いっつも怒っとー。

奈良県　あん人は **かんてき** やさかい、いつでもぷりぷりしておる。

※ほかに「おこりみそ」「きしゅーさん」とも言う。後者は、近世期、隣接する紀州藩が御三家の威光をかさに大和の人に威張っていたことによる。

和歌山県　てきゃ **癇癪《かんしゃく》持ち** やさけー、いつも怒ったがしちゃーる。

※「怒ったがす」が一つの自動詞。

鳥取県 あの人 **こわい** だけー、いっつも怒っとるだけー。

島根県 あら **短気もん**／**たんかもん** だけん、えっつも怒っちょー。

岡山県 あいつぁー **いらち**／**短気**／**気短《きみじか》** じゃけー、いっつも怒っとる。

広島県 あのひたー **ぶりつり** じゃけん、いっつもはぶてとる。

※「鰤を釣る」が語源。「ぶりぶり」という擬態語が関係しているか。

山口県 あの人、**いら** じゃけー、いっつもはぶてちょー。

※「はぶてる」は「すねる、ふてくされる」の意。

徳島県 あいつは **気短《きみじか》**／**いらち** じゃけん、いつも怒んりょる。

香川県 あいとは **おこつりや**／**癇癪持ち** や。そばへよんな。

愛媛県 あいつは **いっぷり**／**いっぷりかき**／**怒りっぽ**／**かんしょー**／**癇癪持ち** じゃけれ、いつもぷりぷりしとる。

高知県 あの人は **縫い上げがみぞい** けん、じきかっかかっかする。

※「縫い上げがみぞい」は着物の丈が短いことで、了見が狭いさまを言う。斟酌ができずすぐに怒り出すということ。

福岡県 あの人ぁ **すぐ腹かいてから**、いっつもぷりぷりしとー。

佐賀県 あんしたー、**いひゅーか** けん、ごつといはらかいとー。

※「いひゅー」は「異風」に由来する語。

長崎県 あら **おごるぼー**／**じっぱらばらかき**／**はらかきじょーご**／**はらかき** やけん、いつでんぷりぷりしとらす。

熊本県 あら **かんきち**／**かんかんぽっぽ** だけん、いつもはらかいとる。

※「かんきち」は「癇」に接尾辞「きち（吉）」か。

大分県 南部 あんしゃ **たんかきり** じゃき、いつでんたんかんじょーきる／いつでんぷりぷりしちょる。

※「たんかきり」はすぐに怒って啖呵を切る人。「やっしゃきり」とも。ほかに「はらだて」「怒りんぼ（改まった表現）」「きんぴら（気性の激しい人）」。また、「腹は立てずに寝せておけ、心は丸く清く持て」という言い方がある。

中部 あん人は **気《き》短《みじけ》ー** けん、いつも怒っちょる。

※「たんかきり」も用いる。

宮崎県 北部 あんやつは **たんきぼ** じゃかい、いつも怒っちょる。

※「怒りぼ」「ちんぷくりん」とも。「ちのけんおーいもんじゃ（血の気が多いものだ）」という言い方もある。

中南部 あいつは **はらかき** じゃ。いつもはらかいちょ。屁なよなこと言わんがましど。

※「はらかきごろ」とも。「はらかく」は「腹が立つ」。「屁なよなこと」は「つまらないこと」。

鹿児島県 あん人は **はらかっぽ／はらかっぼ／いっぽぎった** やっで、いっでんはらかいっちょっどなぁ。

※「はらかっぽ、はらかっぼ」は怒りっぽいこと、「いっぽぎった」は融通がきかないこと。

沖縄県 首里 あぬっちょー **たんちゃー** やくとぅ、ちゃーぷーぷーそーん。

宮古 かりゃー **つむいでぃむぬ** やりば、いつまいつもーいでぃーてーなどぅぶ。

ほらふき

また大風呂敷だ、（ほらふき）の言うことは半分ほどに聞けばいい。

北海道 ［海岸部］あの **たいほー** の言《ゆ》ーごと、半分聞けばいぃー。［内陸部］あんなものー **ほら**／**ほらこき** だー、どもならんなー。

青森県 まだおっきごとばりしゃべって、**ほらふぎ** の話半分に聞けばい。

岩手県 まだ大風呂敷《おーぶろしぎ》で、**おべだふり**／**ばほめぎ**／**ばほめがす奴《やつ》** の言《ゆ》ーごとぁ、話半分だじぇ。

※「おべたふり」は「覚えた振り」で、しったかぶりのこと。「ばほめぎ」はバタバタすること。

宮城県 まだ大《おっ》きなごどばり語《かだ》って、言《ゆ》ーごどぁ **てぇほかだり**／**とーみ**／**ひゃぐいづ** だ。

※「てぇほ」は嘘のこと。「とーみ」は風力を利用して穀粒の選別や混ざり物を取り除く農機具「唐箕」で、「吹く」様子から「ほら吹き」に重ねる。「ひゃぐいづ」は「百一」。

秋田県 ［北部］あえだっきゃ **じほかだり** だがら、あえのしゃべるこどだば 話半分で聞けばえー。

※「じほかだり」は「嘘つき、ほらふき」の意で県北部で使用する。

山形県 まだ **ほらふいっだりゃ**。あいづの言《ゆ》ーごどな 適当に聞いでっどいーんだ。

福島県 まだ大風呂敷だ、あいづは **ほらふぎ** だがら 話半分に聞けばじぇー。

茨城県 まだ大風呂敷だ、**ほらふぎ**／**せんみづ男《おとこ》**／**せんみづ女** の言《ゆ》ーこどは 半分くれーに聞けばいぃー。

栃木県 **だぼらふき** のことは信用できねー。／まーた **おーぼらふき** やがって、話半分だ。

群馬県 まーた大風呂敷広げやがって、あの **だ**

❖全国的に「ほらふき」に接辞がついた語がみられ、「だぼらふき」は東日本、「おーぼらふき」は西日本に目立つ。

ぼらふき の言《ゆ》ーこたー、話半分だ。／あの野郎 **だぼらべーふきやがって**／**たーことべーふきやがって**、話半分だ。

※「だぼらふき」という名称の他に、説明的な表現が盛んである。

埼玉県 また大風呂敷だ、**ずんでんがら**／**おーだんかち**／**こーしゃくし**／**きれーぐち**／**くちぎれー**／**おーたーごと**／**おーのっと** の言《ゆ》ーこたー半分聞きゃーいー。

※「こーしゃくし」は「大げさ」、「きれーぐち」「くちぎれー」は「できもしない」、「おーのっと」は「大祝詞」で、わけがわからない感じ。

千葉県 まだ **ほら吹き** やがって、あの野郎の話は、いつつも大風呂敷だ。

※「まだ、大風呂敷広げてきた」とも言う。「あいつは大風呂敷だ」とは言わない。

東京都 また大風呂敷、**うそつき** の言《ゆ》ーこたー半分に聞けばいー。

神奈川県 まーた 大風呂敷広げてるよ、あの **おーぼらふき** の言《ゆ》ーことはことば半分に聞《き》ーとけばいーって。

新潟県 また大風呂敷広げて、**てんぽこき**／**てんぼこき** の言《ゆ》ーことは半分ほどに聞ーとけぁいいっや。

佐渡 **てんぽーこき**

富山県 また大風呂敷じゃ、**えんげんこき** の言《ゆ》ーこた、半分に聞きゃよいわ。

※「えんげん」は「威権」で威張ったもの言いをすること。

石川県 また **大風呂敷** やさけ、半分ほどに聞きやいーわいね。

福井県 **ほらふき**／**ほらばっかふいてるやつ**／**じまんこき** の言《ゆ》ーことぁ、適当に聞ーときゃいー。

※おーぶろしき、おーふろしきとも。

※越前市での言い方。福井市では「おーうそつき」と言う。

山梨県 また大風呂敷《おーぶるしき》だ、**ほらっこき**／**ほらっぷき**／**ほらふき**／**千三《せんみ》っちゃん**／**お千三《せんみつ》**／**らっぱ**／**大風呂敷《おーぶるしき》**／**大風呂敷《おーつぶろしき》**／**ちゃらっぷき**／**ちゃ**

らっぺー／ちゃらっつけー の言《ゆ》ーこんは半分つれに聞けし。

※「ちゃら（でまかせ、でたらめ）」のつく語形は郡内地方で使われる。「ほらをふく」にあたる「どーぼらふく／だぼらふく／でぼらふく／おーでんがらふく／ふりてんがくこく」も使われる。

長野県 またほら吹いてるわ、**ほらふき野郎** のせうことはあてんならねわ。

岐阜県 あの、**どぼらふき** の言《ゆ》ーことやで、あてんならんぞ。

静岡県 また大風呂敷だよ、**大風呂敷** の言《ゆ》ーことは半分ほどに聞けばいーよ。

愛知県 あぇーつはおーげさだでいかん。**おーぼらふき** の言《ゆ》ーことは、信用できせんがね。

三重県 また大風呂敷《おーふろしき》や、**おーぐちたれ**／**おーぐちいー**／**大風呂敷**／**おーやまし**／**こっぺ**／**くちまつ** の言《ゆ》ーことは、半分だけ聞ーといたらえー。

滋賀県 また大風呂敷やわ、**おーぼらふき** の言《ゆ》ーことは半分ほどに聞いとけばえー。

京都府 また大風呂敷や、**ほらふき** の言《ゆ》ーことは、半分に聞ーとったらえーわ。

大阪府 また大風呂広げよった、**ほらふき** の言《ゆ》ーことは半分にして聞かなあかん。

兵庫県 また **えー調子こっきゃがって**、言《ゆ》ーことの半分ほど聞ーといたらえーね。

奈良県 また大風呂敷、**おーきことい ー** のことは半分ほどに聞ーとけばえー。

※ほかに「いったんぶろしき」「ほらふき」「ほらがめ」「どんどんや」「銀行」とも言う。

和歌山県 また大風呂敷や、**ほらふき** の言《ゆ》ーちゃーることら ちゃんと聞かんでえーわよ。

鳥取県 また **えーかげんなこと** **言《い》よーる** でー。

島根県 また大風呂敷広げちょーわ、**おーぼらふき** の言《ゆ》ーことだけん 半分ほど聞ーちょかえわね。

岡山県 また大風呂敷／ほらじゃー、**ほらふき** の言《ゆ》ーとるこたー 半分ほど聞きゃーえー。

広島県 また大風呂敷じゃ、**おーでっぽー**／**お**

ーとっぱー／てれさく の言《ゆ》ーこたー 半分ほど聞きゃーえー。

山口県 またおーげさな、**ほらふき／うそつき** の言《ゆ》ーことじゃけー 半分くらいに聞ーちょきゃーえー。

徳島県 またほらふっきょんなー／またどぼらふっきょんなー／またおーかぜがふっきょるわ、**大砲** の言《ゆ》ーことは信用できん。

※「どぼら」は「ほら」をさらに強調した語。「おーかぜがふく」は「大風呂敷を広げる」にあたる表現である。

香川県 また風呂敷広げだしたぞ、**千三《せんみつ》／大風《おーふ》呂敷《ろしき》／てんますぎる** の言《ゆ》ーことは、半分あてにならんぞ。

愛媛県 またとっぽばなしじゃ。大風呂敷広げとる、**とっぽさく／とーぼーさく／とひょーばす／おーづつ** の言《ゆ》ーことは 話半分じゃ。

※「とーぼーさく」は前漢時代の学者「東方朔」のこと。「ひろく諸子百家の語に通じ、奇行が多かった」(広辞苑)ことから「ほらふき」を指す言葉となったと思われる。「おーづつ」は「大砲」のことである。

高知県 また大風呂敷広げち、**とっぽ** の言《ゆ》ーこた、半分に聞ーちょったらえい。

福岡県 また大風呂敷やが、あの人ぁ **いっつもほら吹いとー** けん 話ゃ半分で聞ーとかな。

佐賀県 また大風呂敷たい、**うそつき** の言《ゆ》ーこたー半分に聞ーときゃよか。

長崎県 また **うーぶろしき** ば広げよるばい、あいの言《い》ーよることは、半分ばかい聞ーとけばよかばい。

熊本県 またうーぶろしき言《い》ーよる、**おーぐちたたき** ん言《ゆ》ーこつは 半分ばかっ聞ーとっとよか。

大分県 南部 あんしゃ **ふーらんじょー言《ゆ》ーちょる**、話半分に聞ーちょけ。

※「ふーらん」「すーら」は「ほら」。「ほらふき」は「すーらへー」「ほらふき」。

中部 あん人は **大風呂敷** じゃけん、半分も聞かんでいーど。

※「風呂敷」とも。

宮崎県 北部 **おーほらふき** の言《ゆ》ーこつは、信用ならん。

※「おーぼらふき」「たかんぼ」「たくわんぼ」「おーぼて」とも。

中南部 こん **おーぼらぶき** が、わやく言わんな。

※「ほらふき」とも。「わやく」は「うそ、暴言」。冗談交じりのうそをつくことを「だまかす」「うそだまかす」と言う。

鹿児島 またおーげさなことを言っせー、**おぎら／ぎらふき／ぎらふっ／ほらふっ／うば** の言《ゆ》ーことはてげてげに聞けばよかったつが。

※「ぎら」は「ほら、自慢話」、「おぎら」は「おおぼら」、「ぎらふき」は「ほらふき」、「うば」も「ほらふき」。ほかに「アラ魚《いお》で口《くっ》ばっかい」という表現もある。アラは身体のわりには口が大きいことから。

沖縄県 首里 **うふむにーさー** ぬいゆるくとー、半分ぐれーちけーしむさ。

『浮世風呂』③子どもと酔っぱらい

式亭三馬『浮世風呂』（前篇 巻之下）から

酔っぱらいをからかう子供たちと、やり返す酔っ払いのやりとり。

子ども大ぜい「なアまゑ、粕食《かすくれ》〱 酔「ナなんだ。此とゝツとうへんぼくめ 子ども「ぼくねん人ヤイ 酔「おれ、おれ、ぼくねんじんなら、わいらアぼく大根《でへこ》だ〱。おら酔《よ》やアしねへぞ。ほんの事《こつ》た。イヤまた、ほんの事たが又ほんの事たア（あとは大風の吹たのちのごとし）

「酔ってない」という、いつの時代も変わらぬ酔っぱらいのことばや、「ぼく大根」としゃれで言い返すのがおもしろい。

おしゃべり

> まー、よくしゃべる。
> ほんとに（おしゃべり）だ。

北海道 【海岸部】 よぐぺちゃぺちゃしゃべる人《しと》だ。ほんとに**くちゃべり**だ。

【内陸部】 くっちゃべってばかりいて。ほんとに**くっちゃべり**だ。

青森県 まー、よぐしゃべるじゃ。まず**よげしゃべり**だ。

岩手県 まんず、くっちゃべるごど。本当《ほんと》ぬ**へらめぐ**奴《やづ》／**くっちゃめぐ**奴《やづ》だ。

※「へらめぐ」は軽率な感じの意が入る。相手を軽く見て言う。

宮城県 まんずはぁ、あんたにしゃべんだべね。

とがつかだり／へらずこ／ひばりちゃんだ。

※「とがつかだり」はそそっかしく話すこと。「へらずこ」は「べらつく」「へらつく」か。「ひばりちゃん」は「雲雀ちゃん」。

秋田県 まんじ、えぐしゃべるごど。ほんとに**しゃべちょ**だ。

※「しゃべちょ」は多弁な人のこと。他に「おがしゃべり」があるが、これは言わなくていいことまでしゃべる人を言う。

山形県 へらへらてよぐしゃべっこど。**放送局**《ほーそーきょぐ》みでなだ。

※「こど」止めは女性語。名詞としては「へらり」があるが、あまり使用しない。「放送局」は最近の言葉で、方言としては「へらり」の方が古い。

福島県 まー、よぐしゃべぐっこど／くっちゃべっこど。ほんとに**しゃべっちょ**だ。

※しゃべってばかりいることを「しゃべぐる」「くっちゃべる」という。

茨城県 いやー、よぐしゃべる。ほんとに**おしゃべり**だ。

※比喩的に「ばがのふんどしのよーだ」ということもある。話

 ❖東日本に「くちゃべり」、西日本は「しゃべり」が目立つ。

の長さを、ばかの締めたふんどしが長く垂れているさまに例えた表現。

栃木県 まーた、ほんとに **よくくっちゃべる。**

※「くっちゃべる」は「しゃべる」という意味の動詞であるが、単に動作を表しているだけではなく、そのような行動を非難する意味合いを含む。

群馬県 まー、よくしゃべらいなー。ほんとに **おしゃべり**だ。／いつまでも **くっちゃべってん**じゃねー。ほんとにうるせー。／やつは **ひばりっこみてーにぴーぴーぴーぴーうるせー** やなー。

※名称としては「おしゃべり」を用いる。「うるせー」という形容語を用い、「くっちゃべってんじゃねー」という否定表現や、「ひばりっこみてーに（雲雀っ子みたいに）」という比喩表現と共起させてそのような悪行をたしなめる。ちなみに、告げ口をしてまわるような「おしゃべり」には、「やつは放送局／NHK／群《ぐん》テレ／群テレ婆《ばばー》／宣伝カー／告《つ》げ鳥《どり》だから、あいつに言《ゆ》っときゃー、みんな伝わるで」などと言う。

埼玉県 まー、よくしゃべる。ほんとーに **口軽《くちがる》／がいこー／口まめ／口達者《くちたっしゃ》／口ごーしゃ／こーしゃくし／口っぱたき／口っぱじけ** だ。

※「がいこー」はぺらぺらしゃべる感じ。「口ごーしゃ」は「口が巧み」。「口っぱじけ」は禁句まで言って気分を悪くさせる場面をわきまえない人。

千葉県 あのおっかーよー、仕事もしねーでくっちゃべってばっかりいで、ほんとーに **おーくっちゃべり／おぺら／おーおぺら** だ。

※「おぺら」「おーおぺら」は新しい言い方。主に女性に対して言う。

東京都 まー、よくしゃべる。ほんとーに **おしゃべり／おちゃっぴー** だ。

※「おちゃっぴー」は「お茶挽き」の転。「おませな人」の意で、女性に対して使う。

神奈川県 まー、よくくっちゃべる人だねー。ほんっと **おしゃべり** なんだから。

※「くっちゃべり」も使う。厚木市周辺では「おしゃんべくり」「おしゃんべり」「くちじょーご」「くちゃべり」「しゃべくり」「しゃべっくり」も使う。

新潟県 よーしゃべる。ほんに **しゃべっちょこきらー。**

中越・下越・佐渡 **さべっちょ**

中越・下越 **さべっちょこき**

佐渡 **がちゃつき**

富山県 ほんま、よーしゃべる**ちゃべ**じゃ。

石川県 まー、べっちゃべちゃとよーしゃべる。**ちゃべ**／**ちゃべこ**やなー。

※「おちゃべなこ」とも言う。

福井県 よーしゃべる。ほんとに**しゃべりばち**や。

※越前市での言い方。福井市でも「しゃべりばち」を用いる。

山梨県 まー、よくしゃべって。ふんとに**くっちゃべり**／**ちゃべくり**／**しゃべくり**／**おしゃんべくり**／**おちゃんべくり**／**おちゃば**／**おちゃべ**／**おちゃべり**／**おちゃべくり**／**おちょべ**／**口《くち》たたき**／**減《へ》らず口《ぐち》**／**弁士《べんし》**／**らっぱ**どー。

※「減らず口」は、まけおしみや憎まれ口ではなくおしゃべりの意で使われる。

長野県 本当《ふんと》によくしゃべるわ。本当に**口《くち》ゃー達者《たっしゃ》**だわ。

※「口ゃー達者」は「口が達者」が崩れた形。

岐阜県 よーしゃべくるやっちゃなー。**しゃべくりばち**や。

※美濃地方では「おしゃべ」が聞かれる。

静岡県 よくしゃべる。ほんとに**しゃんべー**だら。

愛知県 よーしゃべりゃーすわ。ほんとに**あけなべ**だわ。

※「あけなべ」は「開け鍋」で、「腹の中にしまっておけぬ人」のこと。

三重県 よーべんがたつのー／口が回るなー。ほんまに**あかごろ**／**あかしゃべ**／**おさうり**／**おだかり**／**べんさん**／**おべんさん**／**かっしゃばば**／**おちゃべん**／**くちはっちょ**／**くちまつ**やなー。

※「あか〜」は強調の接頭辞。「おだかり」は騒ぐ子ども。「べん」は「弁がたつ」の「弁」であろう。「さん」は接尾辞。

滋賀県 まー、よーしゃべるしゃべる。あの人はほんまに**しゃべー**／**しゃべり**／**はんしょ**やわ。

※「しゃべ／しゃべー／しゃべり」は動詞「しゃべる」の連用

形が名詞に転じたもの。「はんしょ」は「半鐘」が語源で「(口が) やかましい人」を指す。「暇があれば話をする女性」を指して「おさうり」と言うこともある。

京都府 まー、よーしゃべるなー。ほんま **きつつき**／**しゃべり** や。

大阪府 ほんまによーしゃべんなー。**しゃべり** やな。

※「しゃべり」は「秘密を他人にすぐばらしてしまう人」のような意味に用いることが多い。同様の言葉としてほかに「NHK」「放送局」「スピーカー」がある。

兵庫県 まー、よーしゃべらー。ほんまに **しゃべっりゃ**／**ほーしょーきょっきゃ**。

※「しゃべっりゃ」は「しゃべりや」、「ほーしょーきょっきゃ」は「放送局や」。

奈良県 よーしゃべるなー。ほんまに **しゃべり** や。

※「とっくりぐち（しゃべりだしたらいくらでもしゃべる人）」「すずめ」とも言う。

和歌山県 まー、よーしゃべらよー。ほんま **しゃべり**／**放送局**／**4球《よんきゅー》スーパー** やわー。

※「4球スーパー」はかつてのラジオ機の一種。

鳥取県 まー、**よーしゃべる** もんだなー。

島根県 まー、よーしゃべーわ。ほんに **かばちたれ** だわ。

岡山県 よーしゃべるなー。ほんまに **(お) しゃべり** じゃー／**口から生まれた** んか。

広島県 まー、よーしゃべる。ほんに **しゃべり** じゃ。

山口県 まー、よーしゃべる。ほんとに **おしゃべり** じゃ。

徳島県 まー、よーしゃべんりょんなー。ほんまに **くちゃまつ**／**ぐだまつ**／**つばすけ**／**だめつまんやつ**／**だめつめんやつ** じゃ。

香川県 よー口がまーる。**ぐだまつ**／**くだまつ**／**おくちゃ** や。

愛媛県 よーしゃべるのー。ほんまに **おちゃば**／**くちはり**／**くちまつ**／**ちゃば**／**ちゃばすけ**／**ずんだくり**／**たたり**／**べんだい**／**べんたち** じゃ。

高知県 口にまんないね。**しゃべるとゆーたらしゃべるとゆーたら、豆炒りよーよーなもんじゃ。／ちゃーついちょー。**

※「口にまんないね」は「口に間がないね」。「豆炒る」は、豆を炒ったときにぱりぱりと音がすることから。「ちゃーつく」はぺらぺらとしゃべりまくっている様子を言う。

福岡県 ほんにまー、あの人ぁ**よーしゃべる。**

佐賀県 まー、よーしゃべっ。ほんなごと**ちゃんべら**ばい。

長崎県 まー、よーしゃべる。ほんに**ちゃんべら／おちゃんべー**ばい。

熊本県 まー、よーしゃべっ。ほんなこつ**あごんおえー／口んおーか。**

大分県 南部 まー、あごいさかしーやっちゃ。ほんと**おしゃべり**じゃのー。

※「あごいさかしー」はよくしゃべること。「い」は格助詞「が」に相当。

中部 まー、よーしゃべる。まこち**おしゃべり**じゃね。

宮崎県 北部 まー、よく口が動くやっちゃ。まこち**あごはじき**じゃ。

※「あかば」「ふれでこ」「しゃべりぼ」とも。「よざんなこつばっかりふれさろく」で「余計なことばかり言いふらして歩く」。

中南部 **うーがたり**とったてちょらるかい、そべいきゃらんがましじゃ。

※「長々と話をしているから、そばに行かない方がいいよ（行ったら逃げられない）」の意。「うーがたり」には「とったてちょる」を用いる。「おーがたり」「おしゃべり」とも。日向市で使われる「ぎめ」は、宮崎市では「くつわむし」の意。

鹿児島県 まー、わっぜしゃべっなー。ほんに**しゃべっごろ／しゃべいごろ／はなっごろ／はなしごろ／くっのうけわろ／たっくゎ／べんちゃら**やっど。

※「しゃべいごろ」はよくしゃべる人、「はなしごろ」はよく話す人、「くっのうけわろ」はおしゃべり、「たっくゎ」は小鳥のさえずり、「べんちゃら」はおしゃべり。

沖縄県 那覇 あきさみよー、あんしゆむる。しかっとぅぬ**ゆんたー**やさ。

煮え切らない人

もう、いらいらする。（煮え切らない人）だねー。

北海道 海岸部 もー、いらいらする。**ぐずぐず**だねー。

内陸部 いらいらする。どーも**煮え切らない**ねー／**煮え切らない人**だねー／**はっきりしね**なー。

青森県 わいー、かちゃくちゃどすじゃ。**はっきりさね**な。

岩手県 もー、ごちゃごちゃすて、いあんべにせばいーのに。**ねたくたしたの**／**ぐずらぐずら**ず**奴**《やつ》だじぇ。

宮城県 もー、いらいらする。**むんつん**／**かだむんつん**／**むんつんたがり**／**むんつんかだり**／**ぐずらもずら**だ。

※ともに擬態語的表現。

※「むんつん」は気難しい者、あまのじゃくの意味が強い。「ぐずらもずら」は擬態語的表現。

秋田県 まんじ、えらえらするー。**もったりまげだり**で、はっきりさねなー。

※「もったりまげだり」は、反対のことを何度も繰り返すこと。「盛ったり撒けたり」から。器の中のものを盛ったり、器のものを戻したりすることから、煮え切らない行動を言う。

山形県 おまえば見でっど、ごしゃっぱら（や）げでくる／いらいらしてくる。**さっぱりやじゃがね**なー。

※「やじゃがね」は、煮え切らないのが仕事に関しての場合。

福島県 もー、いらいらする。**煮え切んにぇー奴**《やつ》だなー。

※煮え切らない様子を擬態語で「ぐじぐじ」「ぐじらぐじら」という。「あいづはぐじらぐじらぐじらぐじら、煮え切んに

ぇー奴だなー」など。

茨城県 もー、いらいらする。**ぐず**だなー。

栃木県 あー、意地灼《いじゃ》ける。**はっきりしねー**なー。

※相当する人物を形容して、「はっきりしねー」と説明する。いらいらした感情を表現する動詞「意地灼ける」に、その人物の煮え切らなさ加減への評価が表れている。

群馬県 やつは**うんたかたー**だ。／あー、いらつかいなー。**うんだよーな奴**は、ほんとにやだいなー。／あー、いらつくなー。**煮え切らねー**やなー。もちゃずけだいなー。

※名称としては「うんたかたー」「うんだよーな奴（「うん」と返事するが何もしない人）」がある。「煮え切らない人」の扱いは「もちゃずけだ（餅を扱うごとくに困ったものだ）」という形容語が多用される。

埼玉県 もー、いらいらする。**ぐず**／**ぐずっかもん**／**ずやっけー**だいなー。

※「ずやっけー」は大根が腐って掴みにくい状態などで使う。

千葉県 あー、やきやきする。**うんすんめかす野郎**／**うんすーめがす野郎**／**煮え切《ぎ》んねー野郎**だな。

※「うんすん」は声を出すさま。

東京都 もー、いらいらする。**はっきりしねー野郎**だなー。

神奈川県 あー、いらいらする。**はっきりしない人**だねー。

※厚木市周辺では「しんねり（はきはきせぬ性質）」を使う。

新潟県 もー、いらいらするいや。**ねめさめし**らー。

※「ねめさめし」は「はっきりしない人」の意。

富山県 ほんまにはらたつわ。**ぐずなもん**で。

※ぐずぐずしとる（決断が遅い）。

石川県 もー、いらいらするげんて。**煮え切ん人**やねー。

福井県 あー、いらいらしる。**奥歯へものがはさまったんてな言《ゆ》ーかたしる**／**はっきりせんやっちゃ**。

※越前市での言い方。福井市では「ぐず」を用いる。

山梨県 まったく、いじれってー。**ぐず**／**飲《の》んだり吐《は》いたり**だなー。／**うだうだする**／**ぐず**

らぐずらする しだなー。／**煮《ね》ーたか煮《ね》ーんか／膿《う》んだだか潰《つぶ》れただか** わからんしどー。

長野県 本当《ふんと》に腹立つわ。**のろい奴／煮《ね》ーきらねやつ／はっきりしね奴** だなー。

岐阜県 あー、**はんちくたい** なー。

静岡県 もー、やっきりする。ほんとに **ぐず** だやー。

愛知県 あぇーつ **煮え切らん**で、いらいらするわ。

※文献には「にたまた（二股のこと）」もみえる。

三重県 もー、いらつくのー。**うざこい** やっちゃのー。

滋賀県 もー、いらいらするわ。ほんまに **ぐず** やなー／**煮え切らん** やっちゃなー。

※「ぐず」は「ぐずぐずしている人」からきた語か。

京都府 もー、いらいらする。**しんきくさい** やっちゃなー。

大阪府 もー、ほんまに しんきくさい。**煮え切らん** やっちゃなー。

兵庫県 ほんまにいらいらすんなー。**しゃんとせーへん** なー。

奈良県 あー、いらつくなー。**煮え切らん** やっちゃなー。

※「にえきらんがき」とも言う。

和歌山県 もー、いらいらすら。**煮え切らん人** やなー。

鳥取県 もー、ごーがわく。**はっきりせんもん** だなー。

島根県 まー、いらいらすー。**らちがあかんふと** だのー。

岡山県 あー、いらいらするなー。**ぐず** じゃなー／**とれー** なー／**ちょれー** なー。

広島県 やれ、いらいらするのー。**煮え切らんもん／なめくじおとこ** じゃのー。

山口県 はー、いらいらする。**煮え切らん人** じゃねー。

徳島県 もー、いらつくのー。この**こんにゃく／しょんべんたれ**。**にえわきせん奴** じゃのー。

※「にえわきせん奴」とは「煮え沸きしない奴」という意味。

香川県 いつまでたっても **煮え切らん／くらえん**な。

愛媛県 **煮えたやら沸いたやらよーわからん奴**じゃのー。

高知県 まー、いらいらするとゆーたら。**煮えたとも焼けたともしれん。**

※「やねがきれん」とも言う。「やね」は「(煙管の)やに」の転じたもので、「やねがきれん」はやにが詰まって通りの悪い状態。ここから、ぐずぐずと優柔不断な人のことを指すようになった。「ねしょーの腐ったよーなねー」とも言う。「ねしょー」は「女性《にょしょう》」の転じたもの。

福岡県 もー、いらいらする。**はっきりせん人**やねー。

佐賀県 もー、いらいらすっ。**ひゅーたんぬる**かねー。

長崎県 もー、いらいらするばい。**いっちょんはっきりせん** ねー／**はがいか** ねー／**煮え切らん人**ねー。

熊本県 もー、いらいらすんねー。**煮え切らんもん** じゃあんねー。

大分県 **南部** もー、しんきね。**ぐづがきれん** やっちゃのー。**ぐじんたれ** じゃ。

※「ぐつがきれん」は「思い切りが悪い」、「ぐじんたれ」は「思いきりの悪い人」。

中部 もー、だちがあかん。**ぐつがきれん。**

※「だちがあかん」は「らちがあかない」。

宮崎県 **北部** あー、しんきなね。**煮え切らん** やっちゃ。

※「煮え切らんもん」とも。

中南部 もー、なましんきなね。**煮え切らん** やっちゃ

※「きめられんやつ」とも。「なま」は形容詞に付けて、その性向を強調する。悪い場合に使う。

鹿児島県 もー、いらっくる。**やっせんぼ／けっされ**が。

※「やっせんぼ」は「役せぬ坊」で役に立たない人。「けっされ」は腐った奴。

沖縄県 **那覇** ちむあしがちっしならん。**あぬーくぬーさー** なてぃ。

泣き虫

（泣き虫）、いつまで泣いてるんだ。

北海道 海岸部 **泣きみそ**、いつまで泣いてんだー。

内陸部 **なきみそ**／**なきむし**／**べそかき**、いつまで泣いてるんだー。

青森県 **泣ぎ虫** この、いづまで泣いでるんだば。

岩手県 この**ごんぼほり**／**べそかぎ**、なんたらいづまで泣いでるんだ。

※「ごんぼほり」は「牛蒡掘り」に由来する。ごぼうを掘るのは大変に手間がかかることから。「駄々っ子」「手を焼く人」などの意味でも用いられる。多くは子供に対して使うが、酒癖の悪い大人に使うこともある。「べそかぎ」は主に女の子に対して使う。

宮城県 **泣ぎびっちょ**／**泣ぎぴちょ**／**べそなす**、いづまで泣いでんのや。

秋田県 **泣ぎみそ**、えじまで泣えでらって。

山形県 ほれ ほ(ご)さいだ **泣ぎみそ**、いづまで泣いでんなだ。

※他に「あんばれ」もある。「泣ぎみそ」も「あんばれ」も、しくしく泣くのではなく、大人の手に負えないほど泣いて暴れるような子供のことを言う。ただし、「泣ぎみそ」は泣く頻度が高い人のことも言う。しくしく泣いていてもよい。「ほ(ご)さいだ」は「そこにいる」。

福島県 **泣ぎめそ**、いづまで泣いでんだ。

茨城県 **泣ぎ虫**、いづまで泣いてんだ。

栃木県 **泣き虫**が、いつまで泣いてるんだ。

群馬県 この **泣き虫** が、ぴーぴーぴーぴーいつまで泣いているのだ。

埼玉県 **じくねっこ**／**へしょら虫**／**たーなき**／**たーなき野郎**／**よたっこ**／**へーだら**、いつまで泣いてんだ。

※「しくしく」は「へしょらへしょら」という。「よたっこ」は「弱虫」。

❖接尾辞「みそ、べそ、めそ、べす、べー」などの付いた語が各地にある。 276

千葉県 この **泣ぎ**、いづまで泣いてったよー。

東京都 **いくじなし**、いつまで泣いてやがんだ。

神奈川県 **泣き虫**、いつまで泣いてるんだ。

※「なーきむーしけーむしーはーさーんーでーすーてーろー。いったいいつまで泣いてるんだい」は、いつまでもべそべそしている子供に対してはやし立てるときに使われた言い方。「泣き虫毛虫、はさんで捨てろ」。

新潟県 この **ぐずたれ／泣きたれ／泣きびすたれ／泣きびそ／泣きびちょ／泣きびっちょ／泣きべそ／泣きめそ／ほえびそ／ほえみそ**、いつまで泣いてがーて。

下越 **どんべこき**

富山県 **泣きべそ**が、いつまで泣いとるがじゃ。

石川県 **泣きみそ**やなー、いつまで泣いとるがや。

福井県 **泣きみそ**、いつまで泣いてるんにゃ。

山梨県 **泣《な》き虫《みし》／泣《な》き虫《みし》ー／泣《な》きみしょ／泣《な》きみそ／泣《な》きん虫《みし》／泣きったれ／泣きんべー**、いつまで泣いてるでー。

長野県 **泣き虫野郎**、いつまで泣いてんだ。

岐阜県 **泣きびそ**、いつまで泣いとるんや。

※「ほえばち」とも。

静岡県 **泣きんべー**、いつまで泣いてるだ。

愛知県 **泣きべそ**が、いつまで泣いとるんだ。

※このほかに「なきびそ」「なきみそ」という形もある。

三重県 **泣きた／泣きびしょ／びしょたれ／泣きみそ／べそかき**、いつまで泣いとんのや。

滋賀県 **あかんたれ**、いつまで泣いてんねん。

京都府 この **泣きめそ／泣き虫／へたれ**、いつまで泣いてんねん。

※「泣きめそ」は若年層はあまり使わない。「へたれ」は若年層が使用するが「すぐに泣く人」に限定されず、「だめな人、臆病な人」全般を指す。

大阪府 **泣きみそ**、いつまで泣いとんねや。

※よく泣く人のことを「泣き」というが、呼びかけには使わない。「泣き」は「泣く」の連用形から派生した人名詞。

兵庫県 **泣きー**、いつまで泣いとんどぇ。

奈良県 この **泣きみそ**、いつまで泣いてるんや。

和歌山県 **泣き虫**、いつまで泣いちゃーるんよ。

鳥取県 **泣き虫**、いつまで泣きょーるだいや。

島根県 **ほえごめそ**、えつまでほえちょーだらー。

岡山県 **びーびー**／**泣き虫**、いつまで泣いとるんじゃー。

広島県 **びーたれ**／**泣きみそ**、いつまでー泣きよるんね。

※「びーたれ」は男の子に、「泣きみそ」は女の子にいうことが多い。

山口県 **泣きみそ**／**泣きべそ**／**泣きびそ**、いつまで泣きよるんかん。

徳島県 この **泣きみそ**、いつまで泣っきょん。

香川県 **泣きじび**／**泣きみそ**／**泣っきゃま**、えーかげんにせー。いつまで泣っきょん。

※「びーたれ」とも言う。

愛媛県 **泣きしみ**／**泣きしび**／**泣きぶす**／**泣きぶし**／**泣きみそ**／**泣きめ**、えーかげんにせんかい。

高知県 **びったれ**が、いつまで泣きよるがぞ。

※「びったれ」は「弱虫」のこと。

福岡県 あんた **よー泣く** ねー、いつまで泣きよーとね。

佐賀県 **泣きべそ**、いつまで泣きよっとか。

長崎県 **泣きびす**／**泣けべす**／**泣きべす**／**泣きべそ**が、いつまで泣いとるか。

熊本県 **泣きべす**／**泣けべす**／**めらすけ**が、いつまで泣きよっとか。

※「めらすけ」の「めら」は、「めらめらと泣き崩れる様子」か。

大分県 南部 こん **泣けべそ**、いつまでん泣いちょれ／いつまじ泣いちょるか。

中部 こん **泣けべそ**、きなごー泣きよんのー。

※「泣き虫」「泣きべそ」とも。「きなごー」は「気長に」で「長時間」の意。

宮崎県 北部 こん **泣けべす**／**泣きべそ**が。いつまで泣いちょっと。

中南部 こん **泣きずら**が、いつまで泣いちょっと。

鹿児島県 **なっべしょ**／**泣けべしょ**／**なっごろ**／**なっけんべ**、いっまで泣いちょっとよ。

沖縄県 那覇 **なちぶさー**、いちまでぃ なちょーが。

でしゃばり

また、口を出す。（でしゃばり）には困ったもんだ。

北海道 海岸部 また、口出す。**でしゃばり** で困ったものだー。

内陸部 また、しゃしゃりでて。**でしゃばり** には困ったものだ。

青森県 まだ、口出して。**やっぱはまり** さは困ってまるじゃ。

岩手県 まだ、あいづぁ 口《くち》を出す。**いふりこぎ** にぁゆるぐねな。

※「いふりこぎ」は「良いふりをする」で、「こぎ」は「〜する」の卑語「こく」。「目立ちたがり」「見栄っ張り」などの意味でも用いられている。

宮城県 まだ、余《よ》計《げー》なごど くつぱさみすて。**しゃがらなす**／**くつぱさみ** には困ったもんだ。

※「しゃがらなす」はつまらないことを言うこと。またそれを言う人。「くつぱさみ」は「口挟み」。

秋田県 まだ、口《くち》はさむ。あえだば **おがしゃべり** で困った奴《やじ》だ。

※「おがしゃべり」は余計なことを言う人のこと。

山形県 ほりゃ、まーだすぐ **口《くづ》出《だ》す**。こまたもんだー。

※類義の言い方に、「わがたふり（わかったふりをする）」「いーふりする」「おにのくびばとったみだいして（鬼の首をとったようにして）」などがある。

福島県 まだ、口《くち》出《だ》す。**でしゃばり** には困ったもんだ。

茨城県 まだ、口《くち》出《だ》す。あの **でしゃばり**／**山桜《やまざくら》** に困ったもんだ。

※山桜は花より先に葉が先に出る。そのため、葉と歯をかけて、口をよく出す人間を「山桜」という。比喩的な表現。

❖全国的に「でしゃばり」がある。

栃木県 あの **でしゃばりめ／ですっぱぎ** には困ったもんだ。

群馬県 また、余計なところで口出して、あの **でしゃばり** には困ったもんだで。まとまる話もみんなぶっこれちゃう。

※「でしゃばり」の他に、少し意味合いの異なる「ですっぱぎ」がある。「あっちのお祭り　こっちのお祭りって顔ー出して、野郎もですっぱぎだいなー（あっちのお祭り、こっちのお祭りと顔を出して、野郎もどこへでも顔出したがりな人間だよな）」というように用いる。プラスに評価される「でしゃばり」は「世話好き」。

埼玉県 また、口っぱじける。**せーたらやき** にやー困ったもんだ。

千葉県 まだ、でしゃばって。**きっちゃぎでーご** で困ったもんだ。てがましーごどすったねーよ。

※「きっちゃぎでーご」は「切り裂き大根」または「切り裂き太鼓」か。「てがましー」は、引っ込んでいればいいのに余計な手出しをすること。あっちにもこっちにも顔を出す人のことを「どくきのこ」とも言う。

東京都 また、口出しやがる。**でしゃばり** にゃ困ったもんだ。

神奈川県 まーた、口を出すー。**でしゃばり** には困ったもんだ。

※「おさきっぱしり（「先走り」の意か）」「おでしゃ」も使う。厚木市周辺では「じゃじゃばる」も使う。

新潟県 上越 また、口出しして。**ちょべ** には困ったもんらて。

下越 **おけおけしー**

佐渡 **つらでっこー／でこずく／でべすけ**

富山県 またすぐに口だす、あの **椎茸**《しーたけ》 には弱ったもんじゃ。

※「椎茸」はどんな料理にも入ることから。ばっちゃんこく（でしゃばる）とも。

石川県 また、すぐ **しゃしゃり出て／おせっかいして／ちゃべちゃべとして**。弱った人や。

福井県 また、口出す。**口ばっかり横からはさむ奴／口でまかのーてる奴** には弱ったもんや。

※越前市での言い方。福井市では「でべすけ」を用いる。

山梨県 また、口《くち》ょー出して。**ちょびかこき／**

ちょび／ちょびつき／ちょべつき／ちょべっつき／ちょべっかー／しこったれ／鋳掛屋《いかけや》の天秤《てんびん》棒《ぼー》 にゃ困ったもんどー。**ちょびちょび／ちょべちょべ** して困ったもんどー。

※「ちょびちょびする」という動詞形による表現が最もよく使われる。「鋳掛屋の天秤棒」は地口による表現。火を持ち運ぶため、鋳掛屋の天秤棒はほかの商売に使う天秤棒に比べて長く、長く出ているということからでしゃばりを表す。

長野県 また、ちょっかい出す。**でしゃばり** にゃー困ったもんだわい。

岐阜県 まった、口出いて。あの **でしゃばり** には困ったもんや。

静岡県 また、口を出す。あの **でっしゃー** はおえんよ。

愛知県 また、口を出しゃーす。**でしゃばり** だで困ってまうわ。

※文献には「いちはなだつ」もみられる。「いちはな」とは「一端」で、「いちはなだってやらっせる」のように使われる。

三重県 また、口出す。**いきずもん／さいこやき／でしゃべ／おしゃち／こっぺろく／さしでこき** には困ったもんやに。

※「いきずもん」は「行き過ぎ者」。関東や中国地方に、差し出がましいことをするという意味で、「さいたら」という語があり、「さいこやき」はそれと関係があろう。「おしゃち」は、中国・四国に出しゃばるという意味で「鯱こ張る」があるが、関係があるだろう。「こっぺ」は「生意気・でしゃばる」などの意味をもつ「こーへー」からか。「ろく」は軽卑の接尾辞。「こーへー」の語源について、年功を積むことをいう「功経る」からだという説もある。

滋賀県 また、**いちびり／でたがり** が口を出しよる。困ったもんや。

※「いちびり」は動詞「いちびる」の連用形が名詞に転じたもので、近畿地方一円で用いられる。古い語で「おさきだいまつ」や「おさきぼうかつぎ」というものがあるが、現在ではあまり用いられないようだ。

京都府 また、口出しとる。あの **かまい／ちょーはち** には困ったもんやで。

※「ちょーはち」は「長八」で慌て者のこと。

大阪府 また、口出しよる。世話焼きなやっちゃで。あいつ **いっちょかみ／しゃしゃり** や。

※「いっちょかみ」は「一丁噛む」からの派生名詞。「しゃしゃり」は若者言葉で、「しゃしゃり出る」より。

兵庫県 また、口出しくさって。**えらそい** には困ったもんや。

奈良県 また、口出しやがって。**さいでのくい** はなんぎなもんや。

※「でしゃばり」とも言う。

和歌山県 また、口出しちゃーら。**でしゃばり**／**いっちょかみ** でなんぎやよ。

鳥取県 また、口出しょーるで。**でしゃばり** には困ったもんだ。

島根県 また、口だえて。**でしゃばー** にゃ困ったもんだわ。

岡山県 まーた、口を出しょーる。**でしゃばり** にゃー困ったもんじゃー。

広島県 また、くちゅー出しゃがる。**でさいぼー** にゃー困ったもんよ。

山口県 また、口出す。**でべそ** にゃー困ったもんじゃ。

徳島県 また、口出して。この **でずらこき** には困ったもんじゃ。

香川県 ほら、口出す。あの **でたがり**／**しゃしゃやき** にはまいるわ。

愛媛県 また、口出して。**おしゃち**／**はばしーやつ** じゃのー。

※「でしゃばること」を「さいきょーやく」ともいう。

高知県 また、口出しちきち。**いっちょかみ** やけん困る。／また、口出しちきち、かちゃかちゃにしち。

※「いっちょかみ」は「一丁噛む」から派生してできた人名詞で、なんでも首を突っ込んでくる人を言う。「でしゃばり」とは少し意味が異なる。「かちゃかちゃにする」はむちゃくちゃに引っ掻き回すこと。

福岡県 また、何か言いよる。**出べそ** はいかんねー。

佐賀県 また、口ば出して。**でしゃばい** にゃー困ったもんばい。

長崎県 また、口ば出す。**しゃっぺ**／**おーでしゃばり** には困ったもんばい。

熊本県 また、しゃめぎる。**せわやきもん** にゃ困ったもんばい。

大分県 南部 また、**せーまぎる**。困ったもんじゃや。

※「せーまぎる」は「口をはさむ」。「さいまぎる」も同じ。名詞「でしゃばり」も用いる。

中部 また、しぇんまぎりよる。**しぇんまぎり**には困ったもんじゃ

※「しぇ（せ）んまぎる」「しぇ（せ）ーまぎる」は「口をはさむ」。「でしゃばる」も用いる。

宮崎県 北部 また、口はさむ。**せまぎり** にゃ困ったもんじゃや。

※動詞は「せまげる」。ほかに「とんきゅらへー」「とびはぜ」。

中南部 また、口はさみよるが。**しぇまぎり** には困ったもんじゃや。

※動詞は「しぇまぎる」。ほかに「とびあがり」。

鹿児島県 また、くっをだっせー。**でしゃばい**／**いばっごろ** には困んどなぁ。

※「でしゃばい」は「でしゃばり」、「いばっごろ」は「いばっている人」。

沖縄県 那覇 また、ゆんとぅばち。**わーばー** やっけー やっさー。

古典落語「大工調べ」にある罵倒表現

興津要編『古典落語 続』講談社学術文庫二〇〇四年

棟梁が大家をやり込める、歯切れのよいたんか。

「おい、棟梁、人間をつかまえて丸太ん棒とはなんてえいいぐさだ！」

「なにいってやんでえ。丸太ん棒といったがどうした？てめえなんざあ丸太ん棒にちげえねえじゃあねえか。血も涙もねえ、眼も鼻も口もねえ、のっぺらぼうな野郎だから丸太ん棒てんだ。呆助《ほうすけ》、ちんけえとう、株っかじりめ！ てめえっちにあたまをさげるようなおあにいさんとおあにいさんのできがすこうしばかりちがうんだ。なにぬかしゃがんでえ。大きなつらするない。大家さんとか旦那とかおだてりゃあつけのぼせやがって、ごたくがすぎらい。どこの町内のおかげで大家とか町役とか膏薬《こうやく》とかいわれるようになったんでえ。ばかっ、むかしのことを知らねえとおもってやがるか？このあんにゃもんにゃ！ てめえの氏素姓《うじすじょう》をならべて聞かしてやるからな。びっくりして坐り小便してばかになるな。やい、よく聞けよ。

おてんば

あの子は（おてんば）だ。

北海道 海岸部 あの子 男勝《おとごまさ》り だ。
内陸部 あの子は おてんば だ。

青森県 あのおなごわらし おなごじゃっぱ だ。

岩手県 あのわらすぁ はねしゃがり／はちゃめぎ だ。

※「はねしゃがり」は「跳ねしゃがり」。

宮城県 あいづぁ きかつこ だ。

※「きかつこ」は「聞かずこ」。「派手な餓鬼《がき》」のように言うこともある。

秋田県 あのわらしだば さんぱぢ だ。

※この他に「男《おどご》じょっこ」「男ばっちゃ」「がしゃぎ」などがある。

山形県 あそごの娘だら 男《おどご》みでな だ。

福島県 あの子は きがねー／きがず だ／男女《おどごおんな》だ。

※「きがねー」は「きかない」の意味の形容詞で男女の別なく気が強い者に対して使われる。「きがず」は同じ意味の名詞。いずれの語も、子供だけでなく成人女性に対しても使われる。

茨城県 あの子は おてんば だ／はねっかえり だ／きがねー。

※「はねっかえり」は大人の女性にも使われる。「きがねー」は形容詞で男女の別なく、大人に対しても子供に対しても使われる。

栃木県 あのあまっこ、まったく おてんば だ。

群馬県 あのあまは なんかんま／はねっけーり／とびあがり でしゃーねー。

※「なんかんま（なんかん馬）」は本来「暴れ馬」を表す語。

埼玉県 あの子は おとんぱ／わんぱくあま／おつきりとんぼ だ。

※男女の区別はしない。女性ことばがない。

千葉県 あそごの女の子 **おてんば／きかず** だよー。

東京都 あの子は **おてんば／乱暴もん** だ。

神奈川県 あの子は **おてんば** だよー。

※「でしゃばり女」も使う。厚木市周辺では「はねあがり」「はねっけーり」「おちゃっぴー（知恵の回る女の子、いたずら好きの女の子、おしゃべり）」「はねあがり娘」「はねくり」「はねっけーり」も使う。

新潟県 あの子は **男ずっぽ／おーきゃすき／おきょーすき／おきょすき／男やす** ら。

中越 **ずれっこー／ちゃんば**

佐渡 **とこのれ／きんま／ずれっこー**

富山県 ありゃ **きつめろ** で。

石川県 あの子は **じゃじゃうま** や。

※「男めろ」とも言う。

福井県 あのこぁ **男めろ** や。

※越前市での言い方。福井市では「どてんば」と言う。

山梨県 あの子は **おじゃっか／おちゃっか／じゃっか／じゃっかー／おじゃっか者《もん》／おじゃっか比丘《びく》／おちゃっか比丘《びく》／おじゃっか娘《むすめ》／おきゃん／跳《は》ねっ返《けー》り／跳《は》ねっ返《きゃー》り／ならかし者《もん》** どー。

長野県 あの子は **元気がいー** なー。

※「おてんば」にあたる語形は特にない。

岐阜県 あいつは **でっちびんた** や。

※「でっち」は男児、「びんた」は女児を指す。美濃地方では「おちゃんちき」という語が見られる。

静岡県 あの子は **やんちゃ／のっぽ** だなぁ。

※「やんちゃ」「のっぽ」は男の子に対しても使える。「のっぽ」は「恐いもの知らず」「向う見ず」に相当する意味を表す。

愛知県 あの子は **おてんば** だでかんわ。

※三河地方には「とんてき」という表現が見られる。

三重県 あの子は **はちめろ／男めろ／男ばち／男ばっさい／おっちゃくもん** や。

滋賀県 あの子はほんまに **おーちゃくめろ／はちめろ** やな。

※「おーちゃくめろ」は「横着＋女郎」。

京都府 あの子は **はっさい／おてんば** や。

※「はっさい」は「発才」。最近はあまり使われない。「おてんば」

も共通語的と意識される。

大阪府 あの子は **おてんば／じゃじゃんま／おはち** やで。

※「じゃじゃんま」は「じゃじゃ馬」。「おはち」は「はっさい（発才）」の転で、「はっつぁん」ともいう。

兵庫県 あの子は **しゃんとこ／男ばり** や。

奈良県 あの子は **はっさい** や。

※「はちめろ」「かいめろ」とも言う。後者は卑語。

和歌山県 あの子は **やんちゃくれ／いちびり** や。

※「いちびり」は「お調子者」の意味。

鳥取県 あの子は **おしゃまさん** だ。

島根県 あん子は **てんばさく／てんばくそ** だ。

岡山県 あのかー **あばずれ／男勝り** じゃー。

広島県 あのかー **てんばくろ** じゃ。

山口県 あの子は **おてんば** じゃ。

※「男ばす」「おちゃっぴー」とも言う。「男ばす」は東部で使用。

徳島県 あの子は **けんけらそー／はっさい／はねっかえり** じゃ。

香川県 あの子は **はっさい** や。

愛媛県 あの子は **かっさい／きんぴら／おじゃみ／おてんくら／おはち／しゃっぴり／どてんば／はちまん／ばっさい／はちくり／ばす** じゃ。

※「きんぴら」は金平で、金平浄瑠璃の主人公、坂田金平の怪力剛勇ぶりから。「おじゃみ」は「御洒落」。「じゃっぴり」は「じゃっぱ」の変化形であろう。「じゃっぱ」は「雑把」か。「ばす」は「発才」に由来すると思われる。

高知県 ありゃ **はちきん** よー。

※「はちきん」は女性に言う。子供だけでなく大人の女性にも

古典落語「首提灯」にある罵倒表現　林家正蔵『古典落語』第二巻 筑摩書房一九六八年

相手を田舎侍と見ての江戸っ子のことば。

「(怒りをこらえるという風情で) あァまりと申せば乱言である……これ、大小が目にはいらぬか？　二本差がこわくないか？」

「なァあにょ言ってやんでえ、おゥ、そんな長えもんが目に入《へえ》るかよォ。そんな長え刀が目へつうッと入《へえ》りやァ、俺ァ職人やめちまって、手品使《てしなつけえ》ンなって寄席へ

使う。男性に対しては「いごっそう」という。「頑固で聞き分けのない」「骨がある」などの意。大人の男性にも使う。

福岡県 おなごやばってんが**元気のよか**もんね。

佐賀県 あん子は**おてんば**ばい。

長崎県 あん子は**男ばっちょ**／**てんばめろ**／**おなはち**／**男女**《おとこおんな》ばい。

熊本県 あん子は**おなはち**／**男てんば**／**おてんば**ばい。

大分県 南部 あん子は**おてんば**じゃ。

中部 あんやたー**おてんば**じゃ。

※「すれっからす」とも。

宮崎県 北部 あん子は**てんばしろ**じゃ。

中南部 あん子は**おてんば**じゃ。かっぱんなおなごんごじゃが。

※「てんば」とも。「かっぱんな」は「活発な」。

鹿児島県 あんこは**男おなご**／**男まさい**やっど。

沖縄県 那覇 あれー**いきがいなぐー**やさ。

出るよ。そうだろッ、ェえ？ 大小ォこわがってた日《し》にゃァ暦を見ることもできねえやなァ。二本差が怖《こわ》かった日《し》にゃァ焼豆腐ァ迂闊《うかつ》に食えねえ。おでんだって一本差してらァなあ？ そうゥれ見やがれ。おうッ、気のきいた鰻《うなぎ》を見ろよォ。五本だって六本だって差してらァ。そんな鰻を食ったことァねえなあ？ …俺も久しく食わねえが。教えれねえから教えれねえッてんだ。なァあ、どこで育ちやがったんだか馬鹿な伸び方ァしやがって、陽当《しあた》りもよかったんだろうが肥料《こやし》も効《き》いちまいやがって、汝《うぬ》なんざァなあ、半鐘の掛け外《はず》しでなきゃァ用のねえ体でェ。面ァ見やがれ、けェ……ッ（痰を吐き付ける）、おやァ？ これァ面白いなあ。体をかわしやがった畜生《ちきしょう》め。汝《うぬ》は物盗《ものと》りでなくて試し斬りか？ 試し斬りなら斬られてやろう。どッからでも来いよ（両手の掌で体の各部をぴたぴたと叩き、どこからでもやってくれという態）これ（首）から斬るか？ 腕から？ 背中から？ 足から？…どッからでも斬ってくれよォ？ 斬って赤《あけ》え血が出なかったら赤えのと取っ替えてやるッて、西瓜《すいか》野郎ッてえのはこッちとらのことを言うんだ」

腕白坊主

悪さばかりして。この（腕白坊主）。

北海道 海岸部 悪いごとばがりして。この **がぎ**／**いだずら坊主**。

内陸部 悪いことばかりして。この **がき**が／この **坊主**。

青森県 いぐねごとばりして。まんず **きかね** な。

岩手県 いだずらばっかりすて。この **がぎわらす**／**けずなわらすっこ**。

※「がぎわらす」「けずなわらすっこ」ともに、「本当に悪い者」の意味はない。

宮城県 いだずらばりすて。この **きかつこ**／**きかつこ野郎**／**あぐだれ野郎**／**やろこ**。

※「おてんば」と同じく「きかつこ」を用いる。「やろこ」は「野郎こ」。

秋田県 悪りごどばりして。この **悪《あぐ》だれ**。

山形県 われごどばりして。**きかねやろこ** だ。

※該当する名詞なし。「きかね」はもともと「聞かない」であろうが、動詞の否定形「聞かない」は語幹をgに揃えた「きがね」であり、現在では単独の形容詞とみなすべきもの。「やろこ」（男の子）は「へなこ」（女の子）とともに、軽卑的。

福島県 わっさばりして。この **でんぼ**／**あらっぱ**。

※「でんぼ」「あらっぱ」ともに乱暴者を指し、大人に対しても使われる。「おてんば」と同様、形容詞の「きがねー」を使うこともある。「この子はきがねー」など。「腕白」とは語感が異なるが、調子よくふざけてばかりいることを動詞で「おだず」という。「わっさばりして。おだってんでね（ふざけているんじゃない）」などと使う。

茨城県 悪さばっかりして。この **きがんぼー**。

※「きがねー奴《やつ》だなー」のように「きがねー」を使うこともある。

栃木県 ちわすらしやがって。この **くそがき**。

※子供みたいな幼稚なことをしてしまった自分のことを人に説明して、あるいは自分のことを卑下して、「ちわすらしてん

だよ」と使うことがある。

群馬県 悪さべーしやがって。この**がき**が。／あらー**がしょーきな奴**だいなー。

※「がしょーきな奴」は、同じ「腕白坊主」でも「大人のくせに子供じみた乱暴なことをする人」を言う。

埼玉県 悪さべーしやがって。この**がーたろー／がらっぱち／ぐれっぱち／てんごー／むて／無鉄砲／よたがき／よた野郎／ちょぴっか／ちょぴっか野郎**。

※「むて」は「無鉄砲」から。「ちょぴっか」「ちょぴっか野郎」は「ちょろちょろした腕白」。

千葉県 この**きかず／いげなし／おーいげなし**がよ。きかずなことすったねー。

※「きかず」は勝ち気・活発で気性が激しい子供やその様子。主に男の子のことを言うが、女の子に使うこともある。

東京都 悪さばっかりしやがって。この**乱暴もん／腕白坊主／やんちゃ**。

※「腕白坊主」は丁寧な表現。「やんちゃ」は「いたずらもの」。

神奈川県 いたずらばっかして。この**いたずら坊主**が。

※「悪がき」も使う。「いたずらをする子供」は「やんちゃ」とも言う。厚木市周辺では「すぐいたずらをする子供」を「ちょこざい」「ちょび」と、「いたずら者」は「いたずらもの」「いたずらもん」「いたずら野郎」とも言う。

新潟県 わさばっかして。この**きかず／きかずもん／てっこー／どもならず**が。

佐渡 **きかんこ／わんぱ**

富山県 こわくさい。この**わるくた／あくたいもん**が。

※「こわくさい」は「なまいきだ」の意。

石川県 悪いことばっかりして。この**やんちゃ坊主**。

※「わるがき」も使う。

福井県 悪いことばっかして。この**やんちゃぼ**。

※越前市での言い方。福井市では「やんちゃぼー」と言う。

山梨県 悪いこんばっかして。この**がーたく／がんたく／がんたくれ／がんたくろー／がし／がしぼっこー／悪玉《あくたま》／悪玉野郎《あくたまやろー》／悪《あく》たれ／悪《あく》たれ野郎《やろー》／ずなし**。

※「がし」類は「根性悪」と重なる。腕白坊主の意味では「がし」がいちばんそぐう。「ずなし」には「ずなしの早泣き」という言い回しがある。腕白坊主は思いのほかすぐ泣くという意味。奈良田では「あくれ」と言うが、腕白坊主に限らず悪人全般を指す。

長野県　わりことばっかして。この **腕白野郎**。

岐阜県　悪さばっかしとる。この **わるでっち**。

※「くそでっち」とも言う。

静岡県　悪さばっかりして。この **なんか者**／**なんか小僧**。

愛知県　悪さばっかして。この **ごくたれ** が。

※「おーちゃく坊主」とも言うが、「ごくたれ」の方がより悪い。

三重県　わやくばっかして。この **わやくたろ**。／**おっちゃくい子** やなー。

※「おっちゃくい」は「横着」が形容詞化したもの。

滋賀県　悪さばっかりして。この **ごんた**／**どろくた** が。

※なったぼうず（東北部）

京都府　いたずらばっかりして。この **ちょか**／**ごんた**／**いちびり**。

※「いちびり」は男性に対して使用する。大人に対しても使用できる。「ちょか」「ごんた」はあまり使わない。

大阪府　悪さばーっかりしよる。**いちびり** が。／**ちょか** が。／**ごんた**。

※「いちびり」は「いちびる」から派生した名詞で、スカートめくりのようなしょうもないいたずらをする子供に対して使う。「ちょか」は落ち着きがなく絶えずごそごそしている子供をいう。「ちょかすけ」とも。「ごんた」は浄瑠璃の『義経千本桜』に登場するならず者「いがみの権太」に由来するといわれている。「ごんたくれ」とも。

兵庫県　しょーの悪いことばっかいして。この **ごんた**。

奈良県　悪さばっかりしやがって。この **ごんた** が。

※「どろさく（わるさ子供）」「やんちゃもん」とも言う。

和歌山県　わりことばっかりして。この **がきゃ**。

鳥取県　わりーことばかりしてー。この **しょーから坊主** が。

島根県　悪さばっかして。こん **しごならずめ**／**しょーからご** が。

※「しごをする」は「やっつける」という意味で「しごにならん」は「手に負えない」。わんぱくなことは「塩が辛い」と言う。西日本では「塩」の味は「辛い」と言う。

岡山県 悪さばーして。この **きかんぼー**。

広島県 悪さばっかりしょーる。この **がんぼー／がんぼったれ／しおからご／しごんぼー** が。

山口県 悪さばっかりしてから。この **どーかん坊主**。

徳島県 悪いことばっかして。この **わるそ／わるがね／ごんた／ごんたくろ／げどー** が。

※「わるそ」「ごんた」の使用が多い。「げどー」はかなり卑しんだ言葉。

香川県 悪さしくさって。この **やんちゃ坊主／悪坊主《わるぼーず》／どじょー悪《わる》／がき**。

愛媛県 悪いことぎりして。**あまのじゃこ／いけず／おーちゃく／がき大将／がきどす／がねさく／なんてき／やんちゃ／わりことし** じゃのー。

※「なんてき」は「難敵」だと思われるが、「わんぱく坊主、いたずら小僧」の意味で用いられる。

高知県 悪《わり》いことばっかりして。この **腕白** が。／おまやよいよ **わりことし** じゃね。／**てんご ばっかりしちまわる**。

※「わりことし」は「悪いことしい」。悪いことばかりする人を言う。「てんご」は余計なこと。本人がよかれと思ってしたことがかえって邪魔になるような場合によく使う。「てんごのかあするな」とも言う。ひょうきん者は「ちょんがり」という。

福岡県 ろくな事《こた》ぁせん。この **わるそー** が。

佐賀県 悪さばかいして。この **おーどぼー** が。

長崎県 悪さばっかいして。こん **やだもん／やんちゃもん／悪がき／がき大将** が。

熊本県 とつけむにゃーこつばかっして。こん **わるごろ／わるそ坊主** が。

大分県 南部 わりんことんじょーしっち。こん **わりがね** が。

※「わるがね」とも。

中部 わりんことんじょーしてから。こん **がきん坊主**。

※「がき」「がき坊主」とも。

宮崎県 **北部** わりこつばっかいして。こん **すこくり坊主** が。

※「きかんたろー」「すこくりぎんかん」とも。

中南部 わりこつばっかして。この **わりんぼどん** が。

※「わりんぼどん」は複数形で「腕白坊主たち」。ほかに「わろんぼ（複数形は「わろんぼどん」）」「わるんぼ」「わりんぼ」。「わりごろ」という言い方もあるが、子供に対しては使わない。

鹿児島県 悪さばっかいしっせー。こん **わりこつぼ／われこっぼ／きかんごろ** が。

※「わりこっぼ」は「悪い子供」、「きかんごろ」は「きかん坊」。

沖縄県 **那覇** がんまりびけんっし。**うーまくー**。

江戸の軽卑語

『夢酔独言』より

江戸末期の武士階級の会話資料として利用されるものに『夢酔独言』がある。これは勝海舟の父の小吉（夢酔）の自叙伝である（天保一四年稿了）。その中に、次のような表現がある。

「いろいろ馬鹿にしおる故」「高慢をいゝおるから」「本所の津軽の前までおっかけおった」「大勢の中で恥をかかしおった」「おれの肩をぶちおった故」「ぬかしおったから」

このような、動詞の連用形に直接つく補助動詞の「おる」が各所に現れている。これらの例で明らかなように、「おる・おった」は継続相の表示ではなく、いずれも動作主を卑しめる意を表すものとして用いられているのである。この用法は、現代では関西中央部での方言に限定して、「よる・よった」の形で認められるものである。

小心者

なにを怖がっているの。（小心者）。

北海道 海岸部 なにおっかながってる。**けつの穴ちっちゃいやつ**。内陸部 なにおっかながってる。**けつの穴ちーさいやつ**だ。

青森県 なにおじょんでらんだば。**じぐなし**、この。

岩手県 すぐびぐめって／おかねがって。この**ずぐなすぇ**／**おっかながり**。

※「ずぐなす」は意気地なし。

宮城県 なにおっかながってんの。**臆病《おぐびょー》たがり**／**臆病くされ**。

秋田県 なにおっかねって。**じぐなし**だな。

山形県 なにびぐびぐ(し)てんなだ。**きーちちやこい**／**きーっちゃこい**／**きーちゃこい**なー。

※類義語に「すびたれ（人前に出られない）」。

福島県 なに怖がってんだ。**弱かす**。

※気が弱い人のほかに、体が弱い人も「弱かす」と言う。「わらしこの頃は弱かすで 風邪ひぎだったげんちょ、ずなぐなってからだじょーぶんなった」など。

茨城県 なに怖がってんだ。**弱虫**。

栃木県 なーにおっかながってんだ。この**意気地なし**め。

群馬県 なにおっかながってるんだ。この**じくなし**が。／なーにおっかながってるんだ、まーず **気がちっちぇー**なー。

※「じくなし（尽無し）」という名称の他に、「きがちっちぇー（気が小さい）」で説明的に表現される。

埼玉県 あにおっかながってんだい。**よた野郎**／**意気地なし**／**おっかながり屋**／**ひっこし**／**ふ**

ぬけ。
※「ひっこし」は「尻こし」。

千葉県 あにょおっかながってったよー。**おじくそ**だ／**意気地《ゆくじ》がねー**なー。

東京都 なに怖がってやがんだ、**気がちーせー野郎**だな。

神奈川県 何びびってんだ。この**意気地なし**。
※厚木市周辺では「へこたれ」とも言う。

新潟県 なに怖がってんらて。この**どくされ**／**おっかながり**／**へぼ**／**へごったれ**／**おくびょーたかり**／**かがなき**／**へんなし**／**ほーだいなし**。

佐渡 **へべかす**
※「へんなし」は「変無し」で意気地なしのこと。

富山県 なんを怖がっとるよ。**小心者《しょうしんもん》**じゃな／**きゃーちっちゃい**な。

石川県 なに怖がっとるがいね。**きーちっちゃいねー**。
※「きーちーさい」も使う。

福井県 なにおとろしがってるんにぇの。**気がちーせー**のー。
※越前市での言い方。福井市では「きがちちぇー」と言う。

山梨県 何《なに》ょ怖がってるだ。**意気地なし**／**どーじくやみ**／**びくどー**／**おこべー**／**すぼくれ**／**しょーだる**／**おっかながりんぼー**／**おっかながり**だな／**気がちっくい**な。
※「どーじくやみ」は「ずくなし」と同類の「じくをやむ」の名詞形に接頭辞「どー」がついたもの。「びくどー」はびくびくする者の意。「おこべー」は臆病、「すぼくれ」はしょぼくれの転訛。

長野県 何《なに》ょおっかながってるだ。この**意気地なし**め。

岐阜県 なに怖がっとるんや。**怖がり**やな。

静岡県 なに怖がってるだ。**おすんばー**だやー。
※「おすんば」は「恥ずかしがりや」という意味でも用いる。

愛知県 なに怖がっとるんだ。**怖がり**だなー。
※今は使われない表現に「おびえぐそ」がある。

三重県 なに怖がっとんのやな。**かいしょなし**／**おじくそ**／**臆病たれ**／**のみのきんたま**／**よわくそ**／**さべしこき**／**おさだむら**／**おそがりて**。

※「さべしこき」は寂しがり屋からの意味変化。「おさだむら」の「おさだ」は長田忠致が臆病で源義朝をだまして湯殿で殺したという話から生まれた語。

滋賀県 なに怖がってんねん。**びびり／へたれ／おじくそ** やな。

※「おじくそ」は「小心者、消極的な人」という意味。

京都府 なに怖がってんねん。**あかんたれ／へたれ／怖がり** やなー。

大阪府 なにを怖がっとんねん。**へたれ／あかんたれ／びびり／怖がり** やな。

※「あかんたれ」は、なかなか自立できない甘えん坊、だめなやつ（だがかわいい存在）、のような意味。

兵庫県 なにびびっとんどえ。この **おんびんたー／あかんたれ**。

奈良県 なに怖がってんの。**小心者《しょーしんもん》** が。

※「臆病者」は「意気地なし」「怖がり」。

和歌山県 なに 怖がってるんよー。**びびり／ちまいやつ** やなー。

※「ちまい」は「小さい」。

鳥取県 なにを恐ろしがりょーるだ。この **怖がり** が。

島根県 なんがおぜだや。**肝ぼそ／よろくそ** だのー。

岡山県 なに怖がりょーるんじゃー。**おんびん** じゃなー。

広島県 なにいびせーことがあろーか。**しょーと肝《ぎも》／おそれ** よのー。

※「しょーと」は「せきれい」で、小鳥のように小さい肝ということから。

山口県 なん怖がりよるん。**おそれ／臆病者《おくびょーもん》** じゃね。

徳島県 なに怖がりよんな。**おじみそ／おじくそ／へたれ** が。

香川県 なにおじとんだ。**おとっちゃま／おじくそたれ** やのー。

※「おとっちゃま」は「恐ろし屋」であろう。「気が小さい」ことを「気がこんまい」と表現することもある。

愛媛県 なに怖がっとる。**おじくそ／おじくそ**

たれ／へこたれがんす／冷《ひえ》みそ／日焼《ひやけ》／ひょどぎも／へぼ／へぼくた。

※「おじくそ」よりも「おじくそたれ」の方が罵倒する度合いが強い。「へこたれ」はだらしないという意。「がんす」は「薬缶」のことで、軽卑の接尾辞として用いられる。

高知県 なに怖がりよーがぞ。**びったれ**が。

※「びったれ」は弱虫のこと。「根性なし」「肝がこまい」とも言う。「こまい」は小さいこと。小心者を指す言葉に「おちびれもん、おちぶれもん」というのがあるが、罵倒語としては使われない。「おちぶれもんやに、よう運転免許取っちょった、よかったね（気が小さいのによく運転免許を取っておいたね、よかったね）」。

福岡県 何のえずかとね。**肝のこまか／たまのこまか** ねー。

佐賀県 なんばえっしゃしょっとか。**ひけしぼー**。

長崎県 なんばそがんえすがっとるとか。**うろたえ者《もん》／うろたえとんぼ／へぼたれ／大根引《だいこんひき》**が。

熊本県 なんのおとろしかとかい。**肝んこまか／肝んすんこまか／のみの金玉のごたる**ね。

大分県 南部 なにんおじがっちょる。**きもいこんめー**やっちゃの。

※「きもいこんめー（気持ちが小さい）」という形容詞を用いた表現がふつう。名詞では「臆病者《おくびょーもん》」。

宮崎県 中部 なん怖気《おじけ》づいちょる。こん **びびったれ**。

北部 なん怖気《おじけ》づいちょる。**びびったれ**が。

※「きがこめやつ（気持ちが小さいやつ）」「金玉のこめやつ（金玉の小さいやつ）」「けつのこめやつ（尻の穴の小さいやつ）」という言い方もある。

中南部 なん怖気《おじけ》ついちょ。こん **いみじんごろ**が。

※「小心者《しょーしんもん》」「きがこめーやつ」とも。

鹿児島県 なんを怖がっちょっとよ。こん **やっせんぼ／ひっかぶい／けっされ／びびいごろ／けっのすっのちんけわろ**が。

※「ひっかぶい」は「(小便を)もらすこと、弱虫、臆病者」、「びびいごろ」は「びびる人」、「けっのすっのちんけわろ」は「けつの穴の小さいやつ」。

沖縄県 那覇 ぬーうとぅるさそーが。**やまかーがー**。

内弁慶

（内弁慶）で、うちの中ではえらそうにしてるそうだよ。

北海道 海岸部 **うちき** で、うちの中《なが》ではえらそーにしてるけど、外《そど》に出るとなんにもできねよなー。 内陸部 あいつ **内弁慶** だから、うちの中でいばってる。

青森県 **内弁慶** で、家《え》の中でだばえらそにしてるんだど。

岩手県 **家《え》の中弁慶《ながべんけー》** で、家《え》の中《なが》でぬさばってるじぇ。

宮城県 **外味噌《そどみそ》／内弁慶外味噌《うずべんけーそどみそ》**、家《え》の中《なが》にばりきかねぐすてるど。

秋田県 **家《え》の中弁慶《ながべんけ》** で、家《え》の中《なが》でだばえらそーにしてるって言《ゆ》ーねが。

山形県 あそごの息子、**内弁慶《うぢべんけー》／内弁慶《うづべんけー》** で、うぢ／うづの中《なが》でばりえらそーにしてんなだど。

※ほかに「そどみそ」（外に行くとみそ（臆病な人）であるという意味）がある。

福島県 **内弁慶** で、うぢん中《なが》ではえらそーにしてるすけよ。

茨城県 **内弁慶《うぢべんけー》** で、うぢん中《なが》ではえらそーにしてるっけよ。

※えらそうというわけではないが、外面はいいのに家の中では口が悪いことを「うぢづらわりー（うち面が悪い）」という。

栃木県 **家中弁慶《いんなかべんけー》** のくせに、うちじゃーたいしたっぷりしてる。

群馬県 **外良《そとよ》しの内悪《うちわる》／内弁慶／うちっぱだかり** で、うちべーでえばってる。

※「外良しの内悪」のように外と内を対比させたり、「内弁慶」「うちっぱだかり（内はだかり）」のように内だけを表出した名称がきかれる。

❖「内弁慶」が全国的にあり、「外すばり」などの「〜すばり」が西日本に多い。

埼玉県 **まっこ弁慶**で、うちん中じゃーえらげにしてるっつーぞ。
※「まっこ」は囲炉裏端の木枠のこと。「まっこばたの理屈」は「家の中だけで通用する理屈」。

千葉県 あいづは**家《いえー》の前《めー》の赤犬《あがいぬ》**でよー、家《えー》ん中《なが》じゃえばってったよ。

東京都 **内弁慶**で、うちん中じゃーえらそーにしてんだってよ。

神奈川県 **内弁慶**で、うちの中ではえらそーにしてるそーだよ。
※厚木市周辺では「ぐず」とも言う。

新潟県 **内誇《うちぼこ》り／鬼味噌《おにみそ》／ふとめじろ**で、うちん中らとえばってるがらとさ。
佐渡 **ゆるんはた弁慶**（囲炉裏端弁慶）
中越 **そとねこ**
※「鬼味噌」は強そうなことを言いながら、いざとなると臆病な者のこと。

富山県 **うちひろがりのそとすぼまり**じゃ。
※よこざべんけー（内弁慶）とも。

石川県 あんちゃん**内弁慶**なんやて、うちの中ではえばっとるらしーよ。

福井県 **内弁慶**で、うちん中でぁかすなえらそーにしてるんにゃって。

山梨県 **内弁慶／内閻魔《うちえんま》**で、うちん中じゃーえらそーにしてるだっちゅーよ。
※「外仏《そとぼとけ》／外恵比寿《そとえべす》」という語もある。外づらがいいというばかりでなく、外だと仏様・恵比寿様のようにおとなしいという意味も含まれ、「内弁慶」と対になる意味合いもある。

長野県 **内弁慶**で、うちん中ではえばってるらしーぜ。

岐阜県 あそこは**よこざ弁慶《べんけー》**で、うちではいばっとるげな。
※「よこざ」とは囲炉裏の主人の座のことで、この座でだけ威張る人のこと。

静岡県 **うちかーばり**で、うちの中ではえらそーにしてるそーだら。

愛知県 あぇーつは**内弁慶**なやつで、いばっとるのはうちん中だけだげな。

三重県 **うちがらこき／うちだいしょー／うちひろがり／外ねずみ／内弁慶の外すぼり** で、うちの中ではえらっそーにしとるんやに。

滋賀県 **うちわ弁慶／かまど弁慶** で、うちの中ではえらそーにしてるらしいで。

京都府 **内弁慶** で、うちの中やったらえらいらしーで。

大阪府 **内弁慶** で、家ではえらそーにしとんねやて。

兵庫県 **内弁慶** なさかい、家ん中だけはえらそーにしとんのらしーでー。

奈良県 **内弁慶** やさかいに、うちの中ではえらそにしてるみたいやで。

和歌山県 **内弁慶** で、うちの中やったらえらいみたいやでー。

鳥取県 **内弁慶** だけー うちの中ではごついえらそーにしょーるだが。

島根県 **おち弁慶** だけん、おちん中じゃえらそげにしちょーげな。

岡山県 **うちすわり** で、家ん中じゃーえらそーにしょーるよーじゃー。

広島県 **うちすばり** で、家ん中じゃーえらそーげにしとるげな。

山口県 **内弁慶** じゃけ、うちの中ではえらそーにしちょるんてよ。

※「よこだ弁慶」「こたつ弁慶」「いなか弁慶」「うちがったい」とも言う。

徳島県 **内弁慶** じゃ。うちではいばりくさりよんよ。

香川県 外面《そとづら》はえーけんど、**うちいりが悪い／うちづらが悪い**。うちではひこむつかしー。

愛媛県 **内誇《うちぼこ》り** じゃ。家の中ぎりいばりやがって。

高知県 **内弁慶**で、うちん中ではえらそにしよると。

※ほかに「すまご」という言葉がある。「親とばっかり暮らしようけん、すまごなとこんある（親とばかり過ごして外へでないので内弁慶なところがある）」。ただし「すまご」は、基本的には「人目につかないところで生まれたために人になつこうとしない猫の子」について言う。人見知りと言った方が

適切か。

福岡県 あらぁ **内弁慶** で、うちの中じゃー いばっとーげな。

佐賀県 **外くすぼい** で、いえん中じゃーえらかごとしとーてばい。

長崎県 あら **外すぼり／内弁慶／内弁慶の外すぼみ** で、うちん中じゃえらそーにしとるてばい。

熊本県 **がくや弁慶／内弁慶／うちまたがりの外すぼみ** で、いえん中じゃそりくりかえっとるてばい。

大分県 南部 あんしゃ **鬼味噌**《おにみそ》 じゃ。うちじゃいばっくさっちょるそーじゃ。

※「内弁慶」も用いる。

中部 **内弁慶** じゃけん、いえん中じゃいばっちよんな。外じゃなにもしきらん。

宮崎県 北部 **いなばこぞー** で、いえん中じゃついがね。

※「うちばた弁慶」とも。「うちばた弁慶のそとすぼり」という言い方がある。

中南部 うちん子は **内弁慶** じゃ。

鹿児島県 **うっごもい／ひっかぶい** で、うちん中ではえらそーにしちょっちよ。／あん人は **わがいばっかい** で、うちん中ではえらそーにしちょっちよ。

※「うっごもい」は「うちごもり」、「わがいばっかい」は「自分のうちばかり」。

沖縄県 那覇 **やーぬめーいじゃー** なてぃ、やーんじぇー ちゅーばーふーなー すさ。

人付き合いをしない人

あいつは（人付き合いをしない人）でつきあいにくい。

北海道 海岸部 あいつ **付き合いわりー人《しと》** でつきあいにぐい。
内陸部 あいつ **へんくつ** でつきあいにくい。

青森県 あれ **付き合いいぐね** くてまねじゃ。

岩手県 あいづぁ **せぇやみ／せっこぎ** で めんどくしぇ。

※「せぇやみ」「せっこぎ」ともに、外向的ではないために何もしたがらない、内にこもる意味がある。「怠け者」とも関連。

宮城県 あいづぁ **もだしぇぶり／びびったれ** でさっぱつぎあいもすね。

※「もだしぇぶり」は「持振」。必要以上の遠慮のほかに、もったいぶる意味もある。

秋田県 あえだば **人ど交わらね** がら付《ち》きあいにぎー。

山形県 あいづ、**人づぎ合いわれく** てつぎあいにぐくてわがらね。

福島県 あいづは **付ぎえーわり** ぐでやりにぐい。

茨城県 あいづは **人づぎ合いがわりー**。

栃木県 あいつは **お高く／敷居《しきー》が高く** てとっつきにくいなー。

※「お高い」「敷居が高い」という形容表現を用いて表現される。

群馬県 やつは **付き合いがわりー** やなー。／やつは **お高い** からなー、つきあいづれーや。／やつは **止《と》まり木《ぎ》が高《たけ》ー** からどーもつきあいづれー。／やつは **お高くとまって** やがってつきあいがわりーやなー。

※名称はきかれず、「付き合いが悪い」「お高い」「止まり木が高い」「お高くとまってやがる」というように、高い木にとまっている鳥に見立てて説明的に表現されることが多い。

❖全国ほぼ「付き合いが悪い人」などの説明的な表現である。

埼玉県 あいつは **ひとーするから／人づきがわりー／でがらっけー／むつくす** でつきあいにくい。

※「でがらっけー」は「出てこない」、「むつくす」は「口をきかない」。

千葉県 あいづは **へんこー** だがらまーりはぶちがら相手《えーで》にされねーだよ。

※「へんこー」は「変わり者、偏屈な人」。「まーりはぶち」は親戚や隣近所などの「身近な人たち」。

東京都 あいつぁー／あの野郎は **変わりもん** でつきあいづれーなー。

神奈川県 あいつは **人付き合いがよくない** からつきあいにくいよ。

新潟県 中越 あいつぁ **うちこーばり** でつきあいにくいいて。

上越 **あいそなし**

下越 **かぶむし／ちしこ**（乳代子）

富山県 ありゃ **あいそもないもん** でつきあいにくい。

石川県 あいつ **あいそもない** でつきあいにくい。

福井県 あいつぁ **人付き合いがへた** やでつきおーてられん。

※越前市での言い方。福井市では「付き合いわりー、いもけ」を用いる。

山梨県 あいつぁー **おくんぼ／人嫌《ひとぎら》い／人《ひと》ぎりやー／ぶいとー／無愛想《ぶえーそー》／とーろぶつ** でつきあいにくい。

※「おくんぼ」は社交性がない、「ぶいとー」「とーろぶつ」は無愛想にあたる語。山梨方言では無愛想、ぶっきらぼうを表す語はあるが、「人付き合いをしない人」にあたる語形が特になく、付き合いをしないということ自体が考えにくい社会なのではないかと思われる。

長野県 あいつは **付き合いわりー** なー。

※形容詞形による表現を使う。

岐阜県 あいつは **付き合いにきー** やっちゃ。

静岡県 あいつは **こんもり** だもんで出てこんだ。

愛知県 あぇーつは **どいっこく** でつきあぇーにくてかんわ。

※「いっこくもん」とも言う。自分の利益だけを考え他人と融

和しない人。

三重県　あいつは **人付き合いがわり／付き合いがわり** のー。

滋賀県　あいつは **ど偏屈／ねそ／むっつりもん** やさかい、つきあいにくいわ。

※「ねそ」は「内向的で無口で気が利かない人」という意味で、少し意味がずれるかもしれない。形容詞では「とっつきの悪い奴」や「（あいつは）へんがない」という語があり、どちらも「無愛想、つきあいにくい」という意味を表す。

京都府　あいつは **すけんど／すぼっこ／一匹《いっぴき》狼《おーかみ》** でつきあいにくいわ。

※「すけんど」「すぼっこ」は無愛想の意味。

大阪府　あいつは **付き合い悪い** やっちゃで。

兵庫県　あら **かわりもん** やさかいつきあいにくいわ。

奈良県　あいつは **めんどしがり** やさかいにつっきゃいにくい。

※「めんどしがり」は「人に会うのを恥ずかしく思う人」。

和歌山県　てきゃ **偏屈もん** やさけーつきあいにくいわー。

※偏屈者の性質の一つとして、人付き合いをしないことがある。

鳥取県　あいつは **付き合い悪い** けー ほっときゃーえーが。

島根県　あら **偏屈もん／でずのかみ** だけん話もなんもできーしぇんわね。

岡山県　あいつぁー **けむてー人** じゃけーつきあいにきー。

広島県　あんなー **けぶたー人／うちくすべ** じゃけん、つきあいにくいよのー。

山口県　あいつは **人付き合いをせん人** じゃけ付き合いにくいぞ。

※「へんくー」とも言うが、これは「変わり者」という意味。「ひねくれもん」とも言う。

徳島県　あいつはほんまに **付っ合《きゃ》いの悪いやつ** じゃ。

香川県　**仕事しー** はつっきゃいもえらい。

※付き合いをしない人を「仕事しー（仕事ばかりしている人）」と揶揄したもの。

愛媛県　あいつは **人付き合いが下手** じゃのー。

高知県 あこは **義理せん** けん。／あこの人らく**ぼい** けんね。

※「義理せん」は盆のお供えやお返しものといった儀礼をしない人のことを言う。「くぼい」は「社交性がない、さばけていない」という意。

福岡県 あらぁ **愛想もこそも無《の》ーして** つきあいにくか。

佐賀県 あいつぁ **付き合いの悪か。**

長崎県 あら **ひとどーか** けん／**あながね**／**はんどがめ**／**みそだる** で、つきあいにっか。

※「あながね」は「穴の奥にいる蟹」のことで、じっと奥まったところにいて、人づきあいをしない人。「はんどがめ」は台所に置いておく大きな水瓶のこと。家の奥の方にあることから、閉じこもって人づきあいをしない人、「みそだる」も自家製の味噌を入れた樽は家の奥の冷暗所に置いておくことから。

熊本県 あら **ひねくれもん**／**いひゅーもん**／**いひゅーもっこす**／**肥後《ひご》もっこす**／**もぎゃもん** だけんつきあいにっか。

※「いひゅーもん」は「異風者」であろう。「肥後もっこす」は頑固一徹で無骨な人物・性格を指す。「もぎゃもん」は「強請者」。

大分県 南部 あいたー **とっつきがわりー奴** じゃきーつきあいにきー。

※「付き合いわりー」も用いる。

中部 あいたー **人付き合いわりー** けん つきあいにきー。

※「付き合いわりー」も用いる。

宮崎県 北部 あいつは **人付き合いのわり** やっちゃ。

※「ぶあいそな奴」とも。

中南部 あん人は **人付き合いよからんな人** じゃや。

鹿児島県 あいは **うっごもい** でつきあいにくいなー。

沖縄県 那覇 あれー **っちゅかしまさー** っしっちゆびれー知らん。

※「あいつは人嫌いで人付き合いを知らない」の意。

妻の尻にしかれた男

（妻の尻にしかれた男）でびくびくして。あー、なさけない。

北海道 海岸部 **おっかの尻にしかれ** で。あー、なさげない。
内陸部 あいつ **かーちゃんに頭があがらない奴** だ。あー、なさけない。

青森県 **かが天下《てんか》** で／**むごさまだけんて** びぐびぐってら。なんぼ、なさげねがさ。

岩手県 **おなごおどご** でびぐめって。けね男《おどご》だ。
※「おなごおどご」は男らしくない意。

宮城県 **けっつのすた** でおっかねがって。あー、なさげね。
※「けっつのすた」は「尻の下」。

秋田県 **あばの尻さ敷がえ** で びぐびぐってら。まんじ、情げねなー。

山形県 あいづだら **かーちゃんおかなくて** よーしょっちゅーびぐびぐ（し）てんなだ。なさげないずねー、ほんてん。
※「かかー天下」「けっつのしたさしがってる（尻の下にしかれている）」等の表現もある。

福島県 あのじぇーは **かがー天下** で おやんつぁーびぐびぐして。やー、なさげね。
※「かがー天下」といい、夫個人はなく「家」の状態を指す。「おやんつぁー」は家の主人のこと。

茨城県 **かがー天下** でびぐびぐして。あー、なさげねー。
※夫を尻にしく女のことを「おんな弁慶」という。

栃木県 あそこは **かかーが強くって** へこへこしやがって。／**おっかーの前じゃーへこへこして** なさけねーよなー。

群馬県 やつは **おっかわれて** やがって おっかーの前でびくびくしてやがる。

※「おっかわれている」は、座布団のように「尻の下に敷かれている」ところからの発想。

埼玉県 **よた野郎／よた男／しっちき／しっちき男** でびくびくして。あー、なさけねー。

※「しっちき」は「鍋敷き」。しりしっちき(尻＋尻敷き)とも。

千葉県 あのやろ **腰巻被《こしまきかぶ》り** でびくびくして。へごしがねーなー。

東京都 **女房に頭あがんねー野郎** でびくびくしやがって。なさけねー野郎だなー。

※「女の腐ったの（弱々しい男）」「内股坊《うちまたぼー》や（女っぽい男）」という言い方もある。

神奈川県 **女房の尻に敷かれっぱなし** でびくびくして。あー、なさけない。

新潟県 **嫁の尻にしかれた奴** でびくびくして。あー、なさけね。

富山県 あこは **かかー天下** で尻にひかれてばっかじゃ。

石川県 **かかー天下** で尻にしかれて。あー、なさけない。

福井県 **かかー天下** でびくびくして。あーなさけねー。／**かかのけつひかれて、** おやじぁなーも言《ゆ》わんと、なさけねー。

※越前市での言い方。福井市では「かかー天下」を用いる。

山梨県 **二本棒《にほんぼー》** ／**かかー天下** でびくしゃくして。なさけねーこんどー。

※「二本棒」は現在ではほとんど聞かない。「半人前」の意味もある。「かかー天下」は家の状況を指すことばであり、夫そのものを指すものではない。

長野県 **かかー天下《でんか》** でおっかながって。なさけねーこんだ。

岐阜県 **褌被《ふんどしかぶ》り** でなさけねーやっちゃ。

静岡県 **かかー天下** でびくびくして。あー、なさけない。

愛知県 あぇーつは **嫁さんの尻にしかれとる。**

三重県 **かかだいしょー／かかだいし** でびびっとる。あー、なさけな。

※「かかだいしょー」は「かか大将」の意味。

滋賀県 **かかー天下** でびくびくして。あー、なさけな。

※「(あいつは) 嫁さんの尻にひかれてる」という言い方が多い。

京都府 **かみさんの尻にひかれて** びくびくして。あー、なさけな。

大阪府 あこは **かかー天下** やからな。嫁はん怖い言《ゆ》ーて、いっつもびくびくしとるわ。なさけないやっちゃで。

※かかあ天下のことを「からすのこんまき（烏の昆布巻き）」とも言った。からすの鳴き声（かぁかぁ）と「かかあ」とをかけて、女房に巻かれた男を指す。最近はあまり使われない。

兵庫県 **嫁さんの尻んひかれ** もて びびってもてなさけないのー。

奈良県 **尻にひかれて** びくついて。ほんまなさけないこっちゃ。

和歌山県 てきゃ **嫁さんの尻にひかれて** びくびくして。あー、なさけないよ。

鳥取県 **嫁のけつにしかれとる** けー びくびくして。あー、なさけなー。

島根県 **かかだえしょ** だけんね。ほんになさけねことだわ。

岡山県 **かかー天下** でびくびくして。あー、なさけねーなー。

広島県 **かかー天下** でいっつもびくびくしてから。なさけなーよのー。

山口県 **かかー天下** でびくびくしてから。あー、なさけなー。

徳島県 **かかー天下** じゃなー いつも褌《ふんどし》に包まれて。かいしょなしじゃ。

香川県 **はなたれや**。家でもこんもんなっとるや。しょーないやつや／あかんたれや。

愛媛県 どしたん あの人 **嫁さんの尻にしかれて**／**しゃがれて**。どもこもならん。

※「しゃがれる」は「轢かれる」の意味。「車にしゃがれた」。

高知県 **嫁さんにまかれちょー** けん 言いなりよ。なさけないことよ。／**尻にしかれ** ち。嫁さんの言いなりよ。

福岡県 **男のくせに弱おーして。**あー、なさけなか。

佐賀県 **嫁さんに敷かれて**びくびくして。あー、なさけなか。

長崎県 **脚布《きゃーふ》被《かぶ》い／尻しかれ**でこもーなって。／**かかやんに頭のあがらん**でほんなこてなさけんなか。

熊本県 **尻しかれ／腰巻《こしまき》被《かぶ》り**でびくびくしてかっ。あー、なさけんなか。

大分県 南部 あんしゃ**嫁ごん尻ひかれちょる。**あー、なさけね。

※「かかん尻ひかれる」とも

中部 **嫁ごん尻ひかれちょる**けん、なさけねーのー。

宮崎県 北部 あん人は**嫁じょのいーなり**じゃ。

中南部 あんおとこは**嫁じょのいーなり**じゃ。尻にしかれちょっとよ。

※「ざぶとん」とも。

鹿児島県 **やっせんぼ**でびくびくしちょらいなー。がっつなさけなか。

沖縄県 那覇 **とぅじ うとぅるー／とぅじ うとぅるさ しる**うーみ？

※後者は「妻を恐れているのか？」の意で、からかいの表現。

大食漢

よく食べるなー、この（大食漢）にはあきれた。

北海道 [海岸部] よぐ食べるなー、この **ほいどこぎ** にあぎれただ。

[内陸部] いっぱい食べる人だなー、**おーぐらい** にあきれた。

青森県 よぐ食なー、この **おーまぐらえさ** はあぎれでまった。

岩手県 よぐかっ食らうな。いっぺ食うな。

宮城県 よぐ食《く》ーごだ、この **おまぐれ**／**しょぐにん** にはたんまげだ。

※「おまぐれ」は「大ま食らい」。「しょぐにん」は「食人」。

秋田県 えぐ食《く》ごど、この **おーまぐれ** にだばあぎれだなー。

※「まぐれけし」とも言う。

山形県 よぐ食《く》ーずねー、この **おーまぐらい** だらよ。まったぐあぎってですまうず。

※「おーまぐらい」は「がつがつ食べる」の意の「まぐらう」から。類義形式に「いやす」（何でも食べたがる人。名詞。「いやしい」から）がある。

福島県 よぐ食《く》ーごど、この **いやしこ**／**くいぬげ** にはあぎれだもんだ。

茨城県 よぐ食《く》ーなー、この **大飯ぐらい** にはあぎれだ。

※たくさん食べるのではなく、休みなく食べてばかりいる人のことを形容詞で「いやしー」という。

栃木県 よーく食《く》ーなー、この **くいぬけ**／**大食《おーぐら》い**が。

群馬県 よく食《く》ーなー、この **おーまくらい**／**くいっかん**／**大食漢**／**大食《おーぐら》い** にはたまげた。

埼玉県 よく食《く》ーなー、この **大食い**／**大食《おーぐら》え**／

❖全国的に「大食い」があり、東日本には「おーまぐらい」が目立つ。

おーまくらぇ／てんごーぐい／てんごーぐらぇ にゃあきれた。

千葉県 よく食《く》ーなー、この **おーまっくれぁ** にゃあきれたよ。

※「おーまくらぇ」は「大まんま食らい」。

東京都 よく食《く》ーな、この **大食い** にゃあきれたね。／こんな **大食い** じゃー、世話ーねーな。

神奈川県 よく食《く》ーなー、**くいしんぼ／くいた／いじきたねーなー／がっつき** だねー あきれたよ。

※厚木市周辺では「いやしんぼー」「くいたがりんぼ」「おーぐれー」「おーめしくらい」「おくれんぼー」も使う。

新潟県 よー食べるこつぁ、この **おーまくらい／おまくらいこき／くらいのけ／まくらい／まくらえこき／まくらえこみ／やしんぼ／おーばす** にはあきれるいや。

富山県 よー食《く》ーなー、**くいちゅーぶ** じゃなー。

石川県 この **大食い** にはあきれた。

※ほかに男性が使う言い方に「おーぐらい」がある。

福井県 よー食《く》ーのー、この **大食《おーぐら》い** にぁあきれたわ。

※越前市での言い方。福井市では「大食い」と言う。

山梨県 よーく食《く》ーじゃんなー、この **大《おー》まくれー／大《おー》まくらい／大《おー》まくりー／大《おー》まくりゃー／やーしんぼ／やしんぼー／食《く》いがーら／食《く》いがしら／こんぼーす／こんぽーす／食《く》らい抜《ぬ》け／まくらいどーな／かーきったかり／食《く》れーすかし／穀潰《ごくつぶ》し／腹《はら》っ減《べ》らし** にはあきれとー。

※「やーしんぼ」は「いやしんぼ」転じて大食漢の意。「食らい抜け」には「大食漢でかつ怠け者」の意がある。

長野県 えらい食《く》ーなー、こんな **大食い** にはあきれたもんだわ。

岐阜県 よー食《く》ーなー、この **大食い** にはまいったわ。

静岡県 よー食べるなー、この **大食《おーぐら》い** にはあきれた。

愛知県 よー食べやーすわ、ほんとにあきれてまうわ。

※文献には「いだぐい」「いだぐらい」という語が見える。絶えず駄菓子などを食べているものを指して「いだぐいがはげしい」と用いる。

三重県 よー食べるのー、がきがついとるみたいやのー。この **そこぬけ／大食い／おーぐいし／大食《おーぐら》い／がき／ぞぶくて／ぞぶくろ** にはあきれるわ。

※「がき」は「餓鬼」。「ぞぶくて」「ぞぶくろ」は犬などが大食いすること。

滋賀県 よー食べるなー、**どか食い** しよって あきれるわ。

※このほか、「食い意地がはった、卑しい」という意味で「いやしんぼ」や「ぼんたたき（盆叩き）」という表現があるらしいが、あまり使われていない。

京都府 よー食《く》ーなー、この **くらいぬけ／大食い／大飯食《おーめしぐら》い** にはあきれるわ。

※「くらいぬけ」はあまり使わない。

大阪府 よー食《く》ーなー、ほんまに **大食い** やなー。

兵庫県 よー食《く》ーのー、この **食いすけ** にはあきれらー。

奈良県 よー食べるなー、この **大食《おーぐら》い** にはあきれてまうわ。

※「くらいぬけ（大食だが働かない）」「やしんぼ」「大食漢」とも言う。

和歌山県 よー食《く》ーなー、この **大食い** にはびっくりすらよー。

鳥取県 よー食《く》ーなー、この **大食い** にはあきれるでー。

島根県 よー食べーねー、**だらずばら** にゃあきれーわー。

岡山県 よー食《く》ーなー、この **大食《たいしょく》／食いしんぼ** ーにゃーあきれたでー。

広島県 よいよー食《く》ーのー、この **ずいたれ** にゃーあきれたわいね。

山口県 よー食《く》べるね、この **食いしんぼ** にはあきれたいね。

※「ずいたれ」とも言う。

徳島県 よー食《く》ーのー、この **大食い／食いすけ** にはあきれたわ。

香川県 よー食べよんなー、この **大食い／大食《おーぐら》い／いっしょーめし** にはあきれるわ。

※「いっしょーめし」は「一升ほど飯を食う者」という意味。

愛媛県 よー食べるのー、この **大食い／おーぐいし／大飯食《おーめしく》い／食いちろ／大食《たいしょく》／どかいぐい** にはあきれた。

高知県 よいよ よー食べる、**健啖家／大食い** じやね。

※「健啖家」は文章語ではなく、日常語として使用する。

福岡県 よー食べる、**犬腹** たい。

佐賀県 よー食《く》ーのー、こん **うー飯食《めしぐら》い** にゃーあきれたばい。

長崎県 よー食べるばい、こん **うー飯食《めしぐら》い／うーめしぐい** にはあきるるばい。

熊本県 よー食《く》ーなー、こん **大飯ぐりゃー／だばら** にはあきるっばい。

大分県 南部 よー食《く》ーのー、こん **うーばらとり** にゃあきるるわ。

※「うーめいぐれー」「めしぬすと」とも。

中部 よー食《く》いよるのー、こん **大飯食《おーめしぐら》い** にはあきれたのー。

※「おーめしぐれー」とも。

宮崎県 北部 よー食《く》ーな、こん **いやしごろ** は。

※「いやしんごろ」「やしごろ」「さんごろ」「うーめしぐれ」とも。

中南部 よー食《く》ーな、こんやつは **おーぐれ** じゃ。あきれたが。

※「いやしごろ」は卑しい人のことで、「おーぐれ」とはやや異なる。

鹿児島県 よー食《た》ぶいなー、こん **うぐれ／食いつどん** にはあきれた。

※「うぐれ」は大食らい、「くいっどん」は食いしん坊。

沖縄県 那覇 ゆーかむさ、**くゎーんくゎーんがななまかー**。

※「くゎーんくゎーんななまかー」は「食わない食わないと言いながら七杯も食うような奴」の意。

大酒のみ

いつまで飲んでるのか、あの（大酒のみ）は。

北海道 海岸部 いづまで飲んでるんだー、あの **ほいど飲み**。
内陸部 いつまで飲んでるんだー、あの **飲んべー**／**飲んべたかり**。

青森県 いづまで飲んでらんだば、あの **酒飲み**ぁ。

岩手県 まだだらだら飲んでる、あの **飲んべこたれ**ぁ／**酔ったぐれ**ぁ／**飲んだぐれ**ぁ。
※「飲んべこたれ」は「飲兵衛こたれ」。「こ」「たれ」は接尾辞。

宮城県 いづまでくさってんだ、あの **飲んべ**／**飲んべたぐれ**／**飲んべだご**／**飲んべ野郎**／**飲んだぐれ**／**飲みすけ**ぁ。

秋田県 えじまで飲んでるってら、あの **酔ったくれ**。
※「よったくれ」は「酔っぱらい」。「よっきり」とも言う。

山形県 いづまで飲んでんなだ、あの **飲んべー**だらよー。
※「飲んべー、飲みすけ」といった名詞は、「あいづ、飲んべーでよー」のように述語に用いて性質を描写することが多い。

福島県 いづまで飲んでんだが、あの **飲んべー**は。

茨城県 いづまで飲んでんだ、あの **飲んだぐれ**／**飲みすけ**／**飲んべー**は。

栃木県 いつまで飲んでんだー、あの **飲んべー**／**飲みすけ**は。

群馬県 いつまで飲んでんだ、この **飲んべー**／**ざる**が。／やつは **うわばみ** だいなー。／大酒飲んで **ずー**んなっちまいやがった。
※相手に向かって使うときには「飲んべー／ざる」が用いられ

 ❖東日本は「飲んべえ」、西日本では「飲みすけ」が目立つ。

る。人を評価して話題にするときには「うわばみ（蟒蛇）」や「ずー（熟蚕：繭を作る直前にまで成長した蚕）」が用いられる。

埼玉県 いつまで飲んでんのか、あの **飲んだくれ／飲んべー／酔っ払い／さけっわらぇ／しったなし／ざる男／てんごー飲み／うわばみ**。

※「しったなし」は桶の下がないの意。

千葉県 いづまで飲んでった、あの **おー飲んべー**わよー。

東京都 いつまで飲んでやがんだ、あの **うわばみ／そこなし** は。

神奈川県 いつまで飲んでんだよ、あの **大酒飲み／飲んだくれ／大酒ぐれー** は。

新潟県 いつまで飲んでるんだて、あの **酒飲み** は。

下越 **どんだくれ**

富山県 いつまで飲んどるがじゃ、あの **酒飲み** めが。

※いばらじょーご（酒を飲んで荒れる癖の人）

石川県 いつまで飲んどるがか、あの **ざる／おーざる／飲んべー** は。

※「そこなし」とも言う。

福井県 いつまで飲んでるんにゃ、あの **がめ**ぁ**／飲みすけ**ぁ。

※越前市での言い方。福井市では「ざる」「飲みすけ」「そこなし」を用いる。

山梨県 いつまで飲んでるでー、あの **酒っくれー／酒っくらい／酒より／酒飲み／飲んだくれ／飲《ど》んだくれ／飲《ど》んたくれ／飲みすけ／飲んべー／** は。

長野県 いつまで飲んでるだい、あの **大酒飲み** やー。

岐阜県 いつまで飲んどるんや、あの **すなじ** が。

※「がめ」という言い方も聞かれる。美濃地方では「かめ」とも。

静岡県 いつまで飲んでるだ、あいつは **飲んべー／かめ／ざる** だなー。

愛知県 まんだ飲んどるんか、あの **飲みすけ** は。

※ほかに「のんべ」「よいど」「よいたんぼ」「かめ」などの言

い方がある。

三重県　いつまで飲んどるんや、あの **いっしょかぶ／かめ／ごっとー／じゃ／酒のみごんぞ／つくりさかや／飲みすけ／飲んべー** は。

※「じゃ」は「蛇」。「さけのみごんぞ」は「酒呑み権蔵」。

滋賀県　いつまで飲んでんねん、あの **飲んべー／飲みすけ** は。

京都府　いつまで飲んでんねん、あの **酒飲み** は。

大阪府　いつまで飲んどんねや、あの **飲んだくれ／飲みすけ** は。

兵庫県　いつまで飲んどんどえ、あの **飲みすけ** は。

奈良県　いつまで飲んでんねん、あの **飲みすけ** は。

※「飲んだくれ」とも言う。

和歌山県　いつまで飲んじゃーるんよ、あの **飲んだくれ／酒飲み** は。

鳥取県　まだ飲みょーるだかいや、あの **ざる** は。

島根県　いつまで飲んじょーだか、あん **よーたんぼ** は。

岡山県　いつまで飲みょーるんかー、あの **飲んべー** は。

広島県　いつまでー飲みよるんか、あの **飲みすけ** は。

山口県　いつまで飲みよるんか、あの **飲みすけ** は。

※「よいたんぼー（酔っぱらい）」とも言う。

徳島県　いつまで飲みよんな、あの **飲みすけ／飲んべー** は。

香川県　まだ飲んみょる、あの **飲んべー／飲んだくれ／飲みすけ／酒くらい／そこなし／酒いやしー** は。

愛媛県　いつまで飲んどん、あの **飲みすけ／飲んだくれ／ざる／すなじ** は。

※「ざる」は限度がなく底抜けに飲めるということ、また「すなじ（砂地）」は水がよく浸透するということからいずれも「大酒飲み」を揶揄した表現である。

高知県　いつまで飲みよるがじゃろ、あの **大酒飲み** は。

※「うわばみ」という語があるが、例文のような場合には使用しない。

福岡県 いつまで飲みよるとかいな、あの **大酒飲み** は。

※「あの人は、ざるやねぇ」という言い方もある。

佐賀県 いつまで飲みよっとか、あの **うーざけ飲みゃー／飲みすけ** はー。

長崎県 いつまで飲んどっとやろか、あの **いっしゅーどっくり／うーざけ飲み／飲んべー／飲みすけ／いたろー** は。

※「いたろー」はぜいたくをするという意味で用いられる「至る」と関連するであろう。

熊本県 いつまで飲みよっとか、あん **うーざけ飲み／飲んだくれ／いっしゅーどっくり** は。

大分県 南部 いつまで飲んじょるんか、あん **飲みすけ** は。

※「飲んだくれ」「そこなし」とも。「酔っ払い」は「よいと」。

中部 いつまで飲みよるんか、あん **飲んだくれ** が。

※「そこなし」とも。ちなみに、南部・中部とも酒と言うと日本酒。

宮崎県 北部 いつまで飲んじょっとや、あん **しょちゅくれ**。

※宮崎では酒と言うと焼酎。「しょちゅくれ」は「焼酎食らい」。「ちょちくれ」「飲んだくれ」とも。「そこなし」は「酒の強い人」。

中南部 いつまでしょー飲んじょっと、あん **飲んだくれ** が。

※「しょちゅくれ」「うーざけ飲み」とも。アルコール二十五度以上のものを「しょー」、二十度のものを「はかり」という。

鹿児島県 いつまで飲んじょっとよ、あん **飲んごろ／しょつのんごろ／じょご／うざけのん** は。

※「のんごろ」は「のんべ」、「しょつのんごろ」は「焼酎ばかり飲んでいる人」、「じょご」は「漏斗」、「うざけのん」は「大酒飲み」。

沖縄県 那覇 いちまでぃぬどーが、あぬ **酒《さき》くぇー**や。

どちらにもつく人

あれは（どちらにもつく人）だから信用できない。

北海道 海岸部 あれは **ちゃらんぽらん** だがら信用でぎね。
内陸部 あいつ **八方美人**／**ちゃらんぽらん** だから信用できない。

青森県 あれだっきゃ **どっちゃでもつぐ** はんで信用さいね。

岩手県 あれぁ **あっちこっち**／**こーもり** だがらまどもだねじぇ。

※「こーもり」は「蝙蝠」。

宮城県 あいづぁ **こーもり** だがらほんにならね。

秋田県 あえだば **誰《だえ》さもえー顔して**、信用さえね。

※「こーもり」は「蝙蝠」。

山形県 あいづ **八方美人** でよー さっぱり信用さんねなだ。

福島県 あいづは **ずーこどころころ変わっ** から信じらんに。

※「あいつは言うことがころころ変わるから信じられない」の意味。

茨城県 あれは **八方美人** だがら信用でぎねー。

栃木県 あれは **お調子もん** で信用できね。

群馬県 やつは **どっちべーさん** だから信用できねー。

※「どっちべー」の「べー」は、「弥次郎兵衛」などのような人名に使われる「～兵衛」か。

埼玉県 あれは **内股膏薬《うちまたごーやく》**／**おべっか野郎**／**おたれき**／**おびれせびれ** だから信用できねー。

※「おべっか野郎」はややニュアンスが異なる。「おたれき」は「お他力」で「自主性がない」の意。「おびれせびれ」はどこにも、または力のあるほうについていくこと。

 ❖関東地方以西に、「～膏薬」がある。

千葉県 あいづは **二股膏薬**《ふたまたこーやぐ》／**内股膏薬**《うちまだこーやぐ》 だがら信用でぎねーどー。

東京都 あいつぁー／あの野郎は **お調子もん** だから信用できねー。

神奈川県 あいつは、**こーもり** だからなー、信用できないよ。

新潟県 佐渡 あれは **ちゅーなか／にやくや／にやにや** らすけ、信用ならんないっや。

富山県 ありゃ **二股膏薬** じゃで信用ならん。

石川県 きーつけまっし あんた あれな **二股膏薬** やさけ 信用できん。

※「調子もん」とも言う。

福井県 あいつぁ **内股膏薬**《うちまたごーやく》 やさけ なーも言《ゆ》ーこときかれん。あいつぁ都合のいー方ひっつきさらす。

※越前市での言い方。福井市では「調子もん」を用いる。

山梨県 ありゃー **内股膏薬／ひっつきべったり／ひっつけべったり／ひっつけびったり／日和**《ひより》**見**《み》**／お女郎**《じょろ》**蝮**《まむし》**／言**《い》**ーなり小僧**《こぞー》**／言**《ゆ》**ーなりきなり／褌**《ふんどし》**の川流**《かーなが》**れ** で信用でんわ。

※「内股膏薬」と「ひっつきべったり」とをあわせた「ひっつきべったり、内股膏薬」という言い回しもある。「褌の川流れ」は「褌姿の水死人」が直訳。

長野県 あいつは **どっちつかず** だにあてにゃーできねや。

岐阜県 あいつは **ひかがねの膏薬** で じょーずにやるんや。

※「ひかがね」とは内股のこと。

静岡県 あれは **八方美人** だで信用できん。

愛知県 あぇーつは **ひよる** で信用できん。

三重県 あれは **股ぐら膏薬**《ごーやく》 やで信用できん。

滋賀県 あいつは **内股膏薬／股ぐら膏薬** やさかい信用できひん。

京都府 あいつは **八方美人** やさかい信用できひんわ。

※「八方美人」は男性のことを指す場合もある。方言としては認識されていない。

股につけた膏薬・湿布は、左右両足あっちについたりこっちについたりするところから「内股膏薬」「股ぐら膏薬」「二股膏薬」などと言う。転じて、どちらにも付く人。

大阪府　あれは **二股かけよる** から信用できひんで。／あれは **あっちついたりこっちついたりしよる** から信用できひんで。

兵庫県　あら **調子もん** やで信用でけへん。

奈良県　あれは **どっちにもつくやつ** やさかいに信用できひん。

和歌山県　てきゃ **股ぐら膏薬** やさけ信用できやな。

鳥取県　あいつは **どっちにもつく** けー 信用できんだがー。

島根県　あら **たわぎの膏薬** だけん あてんならしぇんわね。

※「たわぎ」は、「ふくらはぎ」のこと。足を曲げると腿の裏についたり、ふくらはぎについたりするから。

岡山県　ありゃー **どっちつかず** じゃけー あてにならん。

広島県　ありゃー **こーもり** じゃけー あてにゃーならん。

山口県　ありゃー **どっちつかず** じゃけー 信じれん。

徳島県　あれは **股ぐら膏薬** じゃけん 信用できん。

香川県　あれは **股ぐら膏薬《ごーやく》／ずーとのお人よし** やけん 信用でけん。

愛媛県　あれは **股ぐら膏薬** じゃけん 信用できん。

※「股ぐら膏薬痛い痛い」という言い草がある。「股ぐら膏薬」は「どっちつかずの者」を意味し、「痛い痛い」は始末に負えないという意味である。

高知県　ありゃ **どっちつかず** じゃけん 信用できん。

福岡県　あらぁ **こうもり** やけん 信用できん。

佐賀県　あいは **調子もん** やけん信用でけん。

長崎県　あらどっちにもひっつく **内股膏薬** で／**あっちべたべたこっちべたべた** で／**二股かける** けん 信用できん。

熊本県　あら **牛のきんたま／鑵子《かんす》** だけん 信用でけん。

大分県 南部 あいたー **内股膏薬《うちまたごーやく》** じゃき 信用でけんのー。きをつきーや。

※「ふたごごろある人」「こーもり」とも。

宮崎県 北部 あんは **内股膏薬《うちまたごーやく》** じゃかい 信用ならん。

中南部 あん悪《わろ》は **二股膏薬《にまたごやく》** じゃかい 信用ならん。

※「うちまたごやく」「にまいじた」とも。

鹿児島県 あん人は **だいにでもよか顔すっ**でん信用ができん。

沖縄県 那覇 あれー **またばしごーやく** やくとぅ信用ならん。

東北で使われる「ざんぞ」

東北地方南部で、「陰口をたたくこと、誹謗中傷《ひぼうちゅうしょう》すること」の意味で用いられる「ざんぞ」という言葉がある。

・そったにざんぞかたるんでがえん（そんなに陰口をするものではない）。

・ざんぞかたり（陰で他人を悪く言う人）

この語は、「他人を陥れるため、ことさら悪く訴える」という意味の古語「讒訴《ざんそ》」からと思われる。このような難解な漢語が、日常的に用いられるのも、方言の興味深い点のひとつである。

（『地方別方言語源辞典』東京堂出版　二〇〇七年　参照）

無口な人

あいつは（無口な人）で、つきあいにくいやつだ。

北海道 海岸部 あの人《しと》 **無口な奴** だから、つきあいにくい。

内陸部 あいつ **無口な人／だんまり** で、つきあいにくい。

青森県 あれ **なんもしゃべね** はんで、つぎあいにぐいじゃ。

岩手県 あいづぁ **むっつり／むっつりや／しゃべね奴《やつ》**で、面倒くしぇじぇ。

※「しゃべねやづ」は「しゃべらない奴」。

宮城県 あいづぁ **むっつり／むっつりや** で、つぎあいにぐいやづだ。

秋田県 あえだば **おっち** で、ちきあいにぎー。

山形県 あいづ、**さっぱりしゃべね** くて、つぎあいにぐくてわがらね。

※名詞には「むっつりや」などもあるが、使用頻度は高くない。右のように言うのがふつう。「用ある口もただね」（用事があることも話さない）といった表現もある。

福島県 あいづは **だまりんぼ** で、つぎあいにぐいやづだ。

茨城県 あいづは **だんまりや** で、つぎあいにぐいやづだ。

※話すのが下手な人は「はなしべだ（話下手）」「くぢべだ（口下手）」という。

栃木県 あいつは **口がねー**、つきあいづれー。

※「口がねー（口が無い）」という句にして、説明的に表現する。

群馬県 やつは **だんまり** だいなー。／やつは **しゃべらねー** から、いるんだかいねんだかわかんねーやなー。

埼玉県 あいつは **口っぺた／でーろんがら／む**

❖「だんまり」「むっつり」類が各地にある。

つくすっぺ で、つきあいづれーやつだ。
※「でーろんがら」はカタツムリの殻のこと。

千葉県 あいづは **むっつり／つんだまりや** で、つきえーづれー野郎だ。

東京都 あいつぁー／あの野郎は **口下手／のーなし** で、つきあいにくいやつだ。
※「のーなし」は意見も言わずただぼーっといるから。

神奈川県 あいつは **口が足らない** から、つきあいにきーよ。

新潟県 佐渡 あいつぁ **きもくぞー** で、つきあいにくいやつらて。

富山県 ありゃ **あんまりしゃべらんもん** で、よわった。

石川県 あいつ **なーんしゃべらん** さけ、つきあいにくいがや。
※「口かずすくない」「無口」も使う。

福井県 あの人 **だまり** やで、なにおもてるかわからん。
※越前市での言い方。福井市では「しゃべらん人」と言う。

山梨県 あいつぁー **黙りんぼ／愛嬌なし／愛想《いーそー》なし／口もっこ／口もっけ／口もんごー** で、つきあいにくいしどー。
※「口もっこ」は郡内地方で使われる。牛馬の口を覆う口籠のことで、転じて無口な人を指す。落ち着いていて口数が少ないというように肯定的な意味合いで使うときには「おんもり」と言う。

長野県 あいつは **無口／しゃべらね奴** だに つきあいきれねーや。

岐阜県 あいつは、**だまりだんべ** で、つきあいにくいやっちゃ。
※「だまりだんべに味噌つけてかじれ」という言い方もする。

静岡県 あいつは **だまりんべー／だんまりや** だで、つきあいにくいやつだぞ。

愛知県 あぇーつは **だまってばっか** で、つきあえーにきーでかんわ。
※三河地方では「だまぐつ」という語が見える。また「愛嬌がなく無口」という意味で「しんねりむっつり」という語が尾張地方の文献に見られる。

三重県 あいつは **うんつく／だま／だまり／だ**

んまりや／だんまりべー やで、つきあいにくいわな。

滋賀県 あいつは **だんまりや／ねそ** やさかい、つきあいにくいわ。

※「ねそ」は「無口で内向的で気が利かない人」という意味で、「人付き合いが悪い人」も指す。

京都府 あいつは **すけんど／すぼっこ／だんまり／無口** で、つきあいにくいわ。

※「すけんど」「すぼっこ」は無愛想の意。

大阪府 あいつは **むっつり屋** で／**もの言わんし**、つきあいにくいやっちゃで。

※むっつりとしておとなしい人を指して「ねそ」と言うが、次第に使われなくなりつつある。

兵庫県 あら **なーんも言わへん** さかい、つきあいにくいやっちゃ。

奈良県 あいつは **ひとことぬし** やさかいに、つっきゃいにくいやつや。

※「ひとことぬし」は御所市にある一言主神社の祭神にちなむ。

和歌山県 てきゃ **無口** やさけー／**しゃべらん** さけー、つきあいにくいわー。

鳥取県 あいつは **しゃべらん** けー／**だんまり** だけー つきあいにくいもんだ。

島根県 あら **だまーぼっか** だけん、やりにくてこまーわ。

岡山県 あいつぁー **だんまり** じゃけー、つきあいにきーやつじゃー。

広島県 ありゃー **だまり** じゃけん、つきあうのがやねこいしじゃ。

山口県 あいつは **ものをいわん** け／**無口** じゃけ、つきあいにくいっちゃ。

徳島県 あいつは **うしぬすっと** じゃけん、つっきゃいにくいやつじゃ。

※「うしぬすっと」は「牛盗人」である。語源ははっきりしない。

香川県 あいつは **だんまり／むっつり／もの言わず** で、困る。

※男性に使う。女性に対しては「あの子は **つーんとしとー** て、つっきゃいにくい」のように言う。

愛媛県 あいつは **ぶす** で、なに考えとるかわからん。

高知県 **物言わず** じゃけん、ようにわからん。

福岡県 あの人ぁ **あんまりしゃべらん** けん、つきあいにくか。

佐賀県 あいは **しゃべらん** けん、つきあいにくっかとたい。

長崎県 あら **うんだまる**／**もの言わん** で、つきあいにっかばい。

熊本県 あら **口ん重か** けん、つきあいにきーやつだ。

大分県 南部 あんしは **無口な人** じゃ。つきあいにきー。／あんしは **しゃべらん** きー、つきあいにきー。

※後者のほうが自然。

中部 あいたー **なんも言わん** けん、つきあいにきー。

宮崎県 北部 あいつは **だまんもん** じゃかい、つきあいにくい。

※「なんもいわんもん」「なんもいわんやつ」とも。「黙り者《もん》の牛殺し」という言い方がある。

中南部 あいつは **だまんもん** じゃかい、つきあいにくい。

※「だまりんぼ」とも。

鹿児島県 あいは **うっだまい**／**うんだまい**／**だまいごろ** で、つきあいにきやっどなぁ。

※「うっだまい」「うんだまい」は黙って何も言わない人、「だまいごろ」は黙っている人。

沖縄県 那覇 あれー **んむぬくちー**っし、ふぃれーぐりさん。

見掛け倒しな人

あいつは（見掛け倒しな人）で、がっかりだよ。

北海道 〔海岸部〕あの人《しと》 **見かけ倒し**で、がっかりだ。
〔内陸部〕あいつ **見かけ倒し**で、がっかりだ。

青森県 あれ **みんぱばり**で、なんもまねじゃ。

岩手県 あいづぁ **からっけつ／りっぱかっぱ**で、がくっとくるじぇ。

※「からっけつ」は「空っ尻」。「りっぱかっぱ」は「立派合羽」か。「えせぇつっぱて（えせ突っ張って）」のような動詞を用いた表現も用いられる。

宮城県 あいづぁ **看板倒《だお》す／独活《うど》の大木《たいぼぐ》**で、気が抜げだ。

秋田県 あえだば **えふりこぎ**で、がっかりした。

※「えふりこぎ」は、ええかっこしいで見栄っ張りな人のこと。

山形県 あいづだら **みだどこばり**でよー／**そどばりいく**てよー、さっぱりあでならねなだ／ながみなのなんにもないなだ。

※「みだどこばりでよー」は「見た目だけよくてねー」、「そどばりいくてよー」は「外だけがよくてねー」、「さっぱりあでならねなだ」は「あてにならないんだ」、「ながみなのなんにもないなだ」は「中身なんかなんにもないんだ」。

福島県 あいづは **見がげ倒し**で、がっかりだ。

茨城県 あいづは **見がげ倒し**で、がっかりだよ。

※身体の大きさに注目した場合には他にも多様な表現がある。

栃木県 あいつは **うわっつらばっかり**で、がっかりだ。

群馬県 やつも **思ったほどじゃなくって**、がっかりしたいなー。

※「思ったほどじゃない」という説明的な表現を用いて評価する。

埼玉県 あいつは **うどの大木／かかしん坊／かかしっ太郎**で、がっかりだい。

千葉県 あいづは **見だ目はいーけどから意気地《いぐじ》**

❖全国がほぼ「見かけ倒し」である。

がねー、がっかりだわ。

東京都 あいつぁー／あの野郎は **うどの大木** で、がっかりだよ。

神奈川県 あいつは **見《み》かけ倒《だお》し** で、がっかりだよ。

新潟県 あいつぁ **見《み》かけ倒《だお》し** で、がっかりらて。

富山県 ありゃ **はぎりのないもん** で、だちかん。

石川県 あいつは **かっこばっかり／見《み》かけ倒《だお》し** や。

福井県 あいつぁ **外づらだけ** で、あてちごたなー。／あいつぁ **思てたんとはだいぶ違う** なー。

※越前市での言い方。福井市では「見かけばーっか」を用いる。

山梨県 あいつぁー **銀流《ぎんなが》し／役《やく》なし／役立《やくた》たず／薄《うす》っぺら／独活《うど》の大木《てーぼく》／金魚《きんぎょ》の切身《きりみ》／物《もん》じゃーなくて／見面《みづら》ばっか** で、がっかりどー。

※「金魚の切身」は地口による表現。見た目が美しい金魚は食用にされず、煮ても焼いても食えない魚ということから、見掛け倒しで役に立たない人間を指す。

長野県 あいつは **見掛《みか》けばっか** で、がっかりしたわい。

岐阜県 あいつは **見《み》かけ倒《だお》し** やな。

静岡県 あいつは **えーかげん** だもんで、がっかりだよ。

愛知県 あぇーつは **見《み》かけばっか** で、がっかりしてまうわ。

三重県 あいつは **見《み》かけ倒《だお》し／見《み》かけふし** で、がっかりやわ。／**見《み》かけなよーても、なかみがない** わさ。

滋賀県 あいつ **ただのかっこつけ** で、がっかりやわ。

京都府 あいつは **見《み》かけ倒《だお》し** で、がっかりやわー。

大阪府 あいつは **見《み》かけ倒《だお》し** やで、がっかりや。

兵庫県 あら **口ばっかいたっしゃで、なんもよーしよらへん** わ。

奈良県 あいつは **見《み》かけ倒《だお》し** やさかいに、がっかりや。

和歌山県 てきゃ **はったり** やさけー、がっかりやわー。

鳥取県 あいつは**見《み》かけだけだ**けー、いけん。

島根県 あら**しょさばっか**だけん、つまーしぇんわや。

岡山県 あいつぁー**見《み》かけだけ**じゃけー、つまらんわー。

広島県 あんなー**見《み》かけだき**じゃけん、よいよつまらんわいね。

山口県 ありゃー**見《み》かけ倒《だお》し**じゃけ、がっかりっちゃ。

徳島県 あいつは**ひなたぐそ／へげたれ／へげたれがんす**じゃけに、がっかりじゃ。

※「ひなたぐそ」は「日向糞」。見かけは乾燥して固そうであるが、中身は柔らかいということを比喩してこのように言ったものであろう。「へげたれ」は役に立たない者の意。「がんす」は薬缶で軽卑の接尾辞。

香川県 あいとは**看板倒《だお》し／かっこよし**で、あきれたわ。

※「らちがあかんやつ」「かいないやつ」（讃岐西部）ということもある。

愛媛県 あいつは**見かけ倒し**で、たいしたことない。信用すな。

高知県 あいつは**えらそ**に言うばーなこと。

福岡県 あらぁ、**恰好ばっかり**。

佐賀県 あいは**見かけだけ**やーけん、がっかいばい。

長崎県 あら**くわせもん／見かけばっかい／見かけ倒し**で、ぐらいするばい。

熊本県 あら**くわせもん**で、ぐらっすっ。

大分県 南部 あいたー**口はうめーけんど、何もしきらせん**やっちゃ、がっかりじゃ。

※「みかけんじょー（見かけばかり）」「見かけ倒し」も用いる。「なんもしきらせん」は中途半端で何もたいしてできないの意。

中部 あいたー**見《み》かけ倒《だお》し**じゃけん、つまらんのー。

※「つまらんやつ（役に立たない人）」も用いる。

宮崎県 北部 あいつは**いもがらぼくと**じゃかい、ぼくじゃ。

※「うどがらぼくと」「うどのたいぼく」とも。「ぼくじゃ」は「だ

めだ」の意。

中南部 あいつは **いもがらぼくと** じゃかい、ぼくじゃや。

※「やくせんぼ」とも。

鹿児島県 あいは **みかけばっかい** で、やっせん。

沖縄県 那覇 あれー **うゎーびちゅらー** が、うちくんじょーやさ。

※「あいつは上っ面で小心者だ」の意。

「こわい」方言

広島弁は、なぜか「こわい」というイメージがつきまとう。札幌から那覇まで全国14の中核都市の方言について、そのイメージを調べたところ、広島は次のような結果になった（『どうなる日本のことば』大修館書店 佐藤和之・米田正人編著 一九九九年参照）。

一位　きたない

二位　荒っぽい、きつい、悪いことば

なぜこのようなイメージになるのか、よく挙げられるのは、広島を舞台としたヤクザ映画『仁義なき戦い』の影響であるが、どうであろうか。

『広島学』（新潮文庫　二〇一二年）の著者 岩中祥史氏は、広島弁のバイオレントな迫力は、やはり「じゃ」の影響が大きい。話す人によってはかなり怖い印象を与えるにちがいない。

と言う。「じゃ」とは、「今日はええ天気じゃ」のように使われる、共通語の「だ」に当たる語である。

お人よし

あいつは（お人よし）だから、損ばかりしてる。

北海道 海岸部 あの人 **根性《こんじょ》よし** だから、損ばがりしてる。

内陸部 あいつ **人がいー** から／**人よし** だから、損ばかりしてる。

青森県 あれ **人っこいー** はんで、損ばりしてる。

岩手県 あいづぁ **人良し** で、損ばりしてるな。

※「人っこ良《い》くて」のような形容詞を用いた表現がよく使われる。

宮城県 あいづぁ **根性《こんじょ》良《よ》す** で、損ばりすてる。

秋田県 あえだば **人っこえー** して、損ばりしてる。

山形県 あいづ、**人いくて** よー、損ばりしてんなだ。

福島県 あいづは **根性《こんじょ》よし** だがら、損ばりしてる。

茨城県 あいづは **お人よし** だがら、損ばっかりしてる。

栃木県 あいつは **人がいー** から、損ばかりしてる。

※もっぱら「人がいー（人が良い）」という形容表現で説明的に表現される。

群馬県 やつは **いーべーさん** だから、損べーしてる。／おーく **いーべーさん** ばっかりじゃだめだでー。損するでー。

※「いーべーさん」の「べー」は、群馬県方言で意志・推量を表す助動詞として多用される「べー」と、人名に使われる「〜兵衛」とが重なり合っているか。

埼玉県 あいつは **きよし／きよしん坊** だから、損べーしてる。

※「きよし」は「気良し」。

 ❖東日本が「人がいー」、西日本が「人がえー」、九州が「人がよか」となる。

千葉県 あいづは **よかろー** だがら、すぐだまされちゃー。

東京都 あいつぁー／あの野郎は **お人よし** だから、損ばっかりしてやがる。

神奈川県 あいつは **お人よし** だから、いっつも損ばっかしてるんだよ。

新潟県 あいつぁ **人がいー** すけ、損ばっかしてるいや。

富山県 ありゃほんま **根性《こんじょ》よし** で、損ばっかりしとる。

石川県 あいつな **根性《こんじょ》よし** やさけ、損ばっかしとる。

福井県 あいつぁ **お人よし** やさけ、損ばっかしてる。

※越前市での言い方。福井市では「こんじょよし」と言う。「根性悪」の意味の「こんじょし」とは使い分けている。

山梨県 あいつぁー **好《い》ーばっか／ぬけさく／気《き》好《よ》し／気《き》好《よ》しぼー／好《えー》気《き》んぼー／こけぞー／てんきゅー** で、損ばっかしてーる。

※「好《い》ーばっか」は「好いばかり」の転訛。「こけぞー」は郡内地方で使われ、度の過ぎるお人よし。「てんきゅー」は国中地方では短気を意味する。

長野県 あいつは **気《き》ーえー** だに、損ばっかしてるわ。

※「気《き》ーえー」は形容詞。「あいつは気がいいから」の意。この言い方を使う。

岐阜県 あいつは、**根性《こんじょ》よし** やで、ど損ばっかこいとる。

静岡県 あいつは **人んいー** もんで、損ばかりしてるだ。

愛知県 あぇーつは **あんきすけ** だで、損ばっかこいとる。

※「のーてんき」とも言う。

三重県 あいつは **きよし／けっこーじん／ごしよにん／真子《まこ》** やでさ、損ばっかしとるに。

※「ごしょにん」は「御上人」。

滋賀県 あいつは **人がえー** から、損ばっかりしとる。

京都府 あいつは **お人よし** で、損ばっかりしとるわ。

大阪府 あいつは **人がえー** から、損ばーっかりしとるわ。

兵庫県 あら **お人よっしゃ** で、損ばっかいしとー。

※「結構者《けっこぉもん》」という語があるが、使われなくなりつつある。

奈良県 あいつは **お人よし** やさかいに、損ばっかりしとる。

※「馬鹿」の意もある。

和歌山県 てきゃ **お人よし** やさけー、損ばっかりしちゃらよー。

鳥取県 あいつは **人がえー** けー、損ばっかりしとるだが。

島根県 あら **ねんげよし** だけん、損ばっかしちょーわ。

岡山県 あいつぁー **きよし** じゃけー、損ばーしよーる。

広島県 あんなー **のーのーさん** じゃけん、損ばっかりしよる。

※「のーのーさん」は幼児語で「神仏」のこと。

山口県 ありゃー **人がえー** けー、損ばっかりしちょる。

徳島県 あいつは **けっこーじん** じゃけんなー、損ばかりしよんよ。

※「けっこーじん」は「結構人」で本来、好人物の意味だが、「お人よし」で用いられることが多い。

香川県 あいとは **またい** けん／**仏《ほとけ》さんに砂糖まぶしたよーな人** やけん、いつも損ばっかりしとる。

※「またい」は性格を表す表現で「気が弱い、人がよい」というような意味。

愛媛県 あいつは **人がえー** けん、損ぎりしとる。

高知県 あいつは **お人よし** じゃけん、損ばっかりしよる。

※いい人のことを「けっこうじん（結構人）」と言う。「よいよ、あこの人らはけっこうじんよ。えい人らよ。（ほんとにあそこの人たちは結構人だよ。いい人たちだよ）」。

福岡県 あの人ぁ **人のよか** けん、損ばっかりし

佐賀県 あいは **人んよか** けん、損ばっかいしよっ。

長崎県 あら **人のよか** けん、損ばっかいしとる。

熊本県 あら **ちょーしもん** だけん、損ばかっしよる。

大分県 南部 あんしは **人いー** き、損のじょーしちょる。

※「人よし」も用いる。

中部 あん人は **お人よし** じゃけんのー、損じょーしちょる。

※「いー人」も用いる。

宮崎県 北部 あいつは **人間よし** じゃかい、損ばつかしじゃ。

中南部 あん人は **人間よし** じゃ。仏様《ほっけさま》んよーじゃ。

※「お人よし」とも。

鹿児島県 あいは **よかぶい／よかごろ** やっで、損ばっかいしちょっ。

※「やかぶい」は「いい格好しぃ」、「よかごろ」は「いい人」。

沖縄県 那覇 あれー **うふやしー** なやーに、すんびけー そーん。

「厨房」―ネット用語の罵倒語―

ネット用語にも罵倒語は多い。「厨房《ちゅうぼう》」は、頻繁に使われるものの一つ。「中学生の坊主→中坊」から。略して「厨《ちゅう》」とも。目上の人間（大人）が、年下で子供っぽい人間（未熟だが、生意気盛りで口だけは達者）を小ばかにする時に使う言葉であったが、意味が広がり、「何を考えているか分からない」「理解不能」「頭がおかしい」「バカ」「アホ」という使い方が増えている。

さらに、接辞化し、「厨サークル、厨メール、厨サイト、厨ブログ」など、さまざまに使われている。

ぼーっとしている人

ほんとに（ぼーっとしている人）で、馬鹿のように見える。

北海道 海岸部 あいつ ほんとー **ほんず** だ、口あげで馬鹿《ばが》に見える。
内陸部 ほんとに **ぼけ** で／**ぼーとしてる** から、馬鹿に見える。

青森県 ほんとに **うすけね** くて、馬鹿だけに見える。

岩手県 ほんとぬ **抜作**《ぬげさぐ》／**木偶坊**《でぐのぼー》 だ。
※悪い意味に解釈すれば「抜作」を使用し、「木偶坊」には悪い意味はない。

宮城県 ほんとぬ **あっけらぽん**／**ぼっさり**／**昼**《ひる》**行灯**《あんどん》 で、こばくせぐ見《め》える。

秋田県 まんじ **ほじね** くて、馬鹿《ばが》こみでんた。
※「ほじね」は、正気ではない様、ぼんやりしている様。

山形県 ほんてん **ななぶんめもなく**／**はぢぶんめもなく**／**いっちょまえもなく** て、馬鹿《ばが》みでなだ／馬鹿《ばが》みで見えんなだ。

福島県 ほんとに **のほほんとして** で、馬鹿《ばが》みでーに見える。
※「ぼーっとしていて馬鹿みたいに見える」の意味。

茨城県 ほんとに **昼行灯**《ひるあんどん》 で、馬鹿《ばが》みでーに見える。
※「血の巡りが遅くて」という表現もある。

栃木県 ほんとに **ぼんくら** だなー、ぼやーっとしてる。

群馬県 あんな **ぼんくら**／**暗闇から牛ーひきだすよーな野郎** じゃー しゃーねーなー。まっとはしはししろい。
※「ぼんくら」の他に、「暗闇から牛を引き出すような野郎」が多用される。

❖各地に多様な言い方がある。

埼玉県 ほんとに **とろ／とろさく／ぬけさく／うすらばか／昼行灯／蛍光灯** で、馬鹿みてーだいな。

千葉県 あのやろ **ぼけなす／うすのろ** で、はんか馬鹿《ばが》のよーだ。

※「昼行灯」「蛍光灯」という言い方もある。

東京都 ほんとに **でくのぼー** で、馬鹿みてーだな。

神奈川県 ほんっとーに **うすらぼんやり** で、馬鹿みたく見えるよ。

※「間抜けな人、愚鈍な人」は「ぬけさく」と言う。厚木市周辺では「ごくろーなし（のんき者）」「のほーず（のんき）」「のんべんくらり（のらくらしている人）」「うっかりんぼー」という言い方もある。

新潟県 ほんっに **ぼんつく** で、馬鹿みてらっや。

※「ばかたれ（間抜け）」「とんとき（そそっかしい）」も用いる。

富山県 ありゃほんまに **ぐず** で、だちかんやっちゃ。

石川県 **ぼーっとしとって**、ほんとに馬鹿んないけ。

※「ぼーっとしとる人」「まぬけ」

福井県 ほんとに **ぼさーっとしてて**、ちょっこたらんのでねーかな。

※越前市での言い方。「のれー」（「のろい」の変化）も用いる。福井市では「ぼさーっとしてる」を用いる。

山梨県 ほんこに **ぼんくら／ぼんつく／ぽんつく／ぽんすく／脳留守《のーるす》／木偶《でく》／のもく／うっそり／疎《うと》くて**、馬鹿みたどー。

※名詞形でない表現も使われる。

長野県 ほんとに **うすのろ／うすらばか** で、馬鹿みたいだ。

岐阜県 ほんとに **夜明けのガス灯** や。

※美濃地方では「うっそり（ひょんすけ）」などの語が見られる。

静岡県 ほんとに **ぼっけー** だもんで、馬鹿みたいに見える。

愛知県 ほんとに **昼行灯《ひるあんどん》** で、たーけみたぇーだわ。

三重県 ほんとに **きょろすけ／ぼんくら** で、あほみたいに見えるわさ。

「昼行灯」は昼間ついている行灯のことで、ついているかいないかぼんやりしていてよくわからないことから、ぼーっとしている人のことを指すようになった。

滋賀県 ほんまに **きなし(べー)/きないぼー** で、あほみたいに見えるわ。

京都府 ほんまに **ぼけっとしてて**、あほみたいや。

大阪府 ほんまに **ぼんくら/ぼんやり** で、こいつ寝とんちゃうか思うときあるわ。

※「よあけのあんど(夜明けの行灯)」という表現もある。

兵庫県 ほんまに **のほのんとしとって**、あほちゃうか思うわ。

奈良県 ほんまに **うんつく**や、あほに見えるで。

※「ねそ」「ぼんくら」とも言う。「ぼんやりした男」は「ねつ」と言う。

和歌山県 ほんまに **ぼーっと** で、あほみたいじやよ。

※「ぼーっと」で、「ぼーっとしている人」をさす。

鳥取県 ほんまに **ぼーっとしとる** けー、だらずみたいに見えるだが。

島根県 あら **ぼやけちょー人** だけん、だーずげに見えーわ。

岡山県 ほんまに **ほーけだま/ぼけ** で、あんごーのよーに見える。

広島県 よいよ **ほーけまつ** じゃけー、馬鹿に見えるんよのー。

山口県 よいよ **ぼやっとしちょー/ぼやーとしちょー/ぼさっとしちょー** けー、ぽんすーに見える。

徳島県 ほんまに **ぬけとる人** じゃ。ほーけとるよーなー。

香川県 ほんまに **くっつおいだ奴** じゃ。あほみたい。/**ぽんやん** で、ほーけに見える。

※「くっつおいだ」は「くつろいだ」にあたる。「ぽんやん」はぼうっとしている人の意味で、主に讃岐西部で使用される。

愛媛県 よいよ **ぼーずり/棒鱈《ぼーだら》** で、ばかじゃろか。

高知県 **昼行灯** じゃけん、なに言《ゆ》ーたちいきゃーせん。

※「ぬけさく」とも言う。間が抜けている人のこと。

福岡県 あの人ぁほんまに **ぼさーっとしとって/ふーたんぬるーして**、足りんとのごと見える。

佐賀県 ほんなごと **ぼけ** やーけん、馬鹿んごと見ゆっ。

長崎県 ほんなこて **ぬけさく／ぬらくらもん／ゆめさく／ぼやっと** で、馬鹿もんのごと見える。

熊本県 ほんなこつ **てれーっとしとる／ぼやーってしとる** けん、馬鹿んごつ見ゆっ。

大分県 南部 ほんとに **てれ** じ、馬鹿んごだる見ゆる。

※「てれ」は「ぼんやり者」。「ぼんやりと」という副詞は「てれっと」。「たえなし（言っても意味がない人）」「たえねー（言っても無駄だ。形容詞）」「ぼーずる（ぼーっとする、呆ける）」も用いる。

中部 **頭がぬきー奴** じゃけん、ぱやっとしちょる。馬鹿んよー見える。

※「頭がぬきー」は「頭がゆるい」。「ぱやっと」は「ぼけっと」。

宮崎県 北部 まこち **ぼけ** じゃかい、ぼーとしちょって。

※「とーへんぼく」「ぬけがら」とも。

中南部 まこち **ぼーしちょる** が、心配事《しんぺごつ》あるじゃろかい。

※「ぼーっとしている」の意。「てれーとしちょる」「ぼーしちょる」「ぼけーしちょる」も。「ぼーっとしている人」は「てれ」。

鹿児島県 ほんに **ぬけたん／ぬけさく／ぬけごろ** やっで、ばけんよに見ゆっが。

沖縄県 那覇 **とぅるばやー** やくとぅ、ふらーぎさみーさ。

おべっか言い

またうまいこと言って、（おべっか言い）だね。

北海道 海岸部 まだうまいごど言って、**あんぱい**だねー。

内陸部 またうまいこと言って、あいつ **調子いー**からなー／**調子こき** だからねー。

青森県 まだいーごとばりしゃべって、**口いー** な。

岩手県 まだはいっくれの事《ごと》言《ゆ》って、**じょーずまげる奴《やつ》**だ。

※「じょーずまげる」は「上手まげる」。

宮城県 まだうめぇごど語《かだ》って、**おべんちゃらかだり／おへずれ／おへずれかだり** だ。

※「おへずれ」は「おへつらい」。

秋田県 うめごど言《ゆ》ーな、**口《くち》うめ** なー。

※したぱらこぎ（お世辞を使う人）

山形県 口《くつ》ばり調子いくて／おべんちゃらつかて、この **ごますりやろ**。

福島県 まだんめーごどかだって、とんだ **ごますり** だない。

茨城県 まだうめーこど言《ゆ》って、**ごますり** だな。

栃木県 まーた **調子がいー** なー。

群馬県 まーたおてんたら言《ゆ》って、**おてんたら がじょーずな野郎** だ。／まーたうんめーこと言って、あの人は **じょーず** だいなー。／うちのとーちゃんは、じょーずが言《ゆ》えなくってね。あの人はじょーずが言《ゆ》えるから、のめっこくいぐよね。

※「上手《じょーず》だ」「上手が言《ゆ》える」だけで、「おべっか言い」の様子を説明する表現が盛んである。

埼玉県 またうめーこと言《い》ーやがって、**おてんたら／おてんたらぐち／おびれせびれ** だいな。

 ❖甲信越で「おちょべ」が目立つ。

千葉県 まーだんめーごど言って、あのやろ **おべんちゃら／おべっかやろー** だな。

東京都 またうまいこと言《い》ーやがって、**ごますり** だね。

神奈川県 まーた、うまいこと言《い》ーやがって、**おべんちゃら** 言ったってしゃーがないよ。

※「お世辞を言う人」は「おべっかつかい」とも言う。厚木市周辺では「おせーじもん」「せじもん」とも言う。

新潟県 またうめこと言って、**おちゃべんたれ／おちょべたれ／おまいすたれ／おまいそこき／まいすこき** ら。

富山県 またうまいことばっかり言《ゆ》ーて、ありゃほんまに **ちゃべちゃべの人《しと》** じゃ。

石川県 またうまいこと言《ゆ》ーて、**ごますり** ばっかりして／**ごまばっかりすって**。

福井県 またんまいことばっか言《ゆ》ーて、**口べんけー** やのー。

※越前市での言い方。「じょーずばっかゆーてるひと」とも言う。福井市では「おべんちゃらこき」と言う。

山梨県 またうまいこん言って、**おてんたらこき／おてんたら野郎《やろー》／おべっかー使《つか》い／提灯《ちょーちん》持《も》ち／垢《あか》っすり／もちゃーげる／ちょーしをくれる** じゃん。

※「提灯持ち」はお先棒を担ぐ人、太鼓持ちの意。「垢っすり」は郡内地方の言い方。動詞形の表現もよく使われる。「おちゅーべー(おべっかを言う・する)」もよく使われる。

長野県 またえーことばっかせって、**おちょーべたれてる** わ。

※「おべっかを言う」にあたる動詞形を用いて表現する。

岐阜県 また、ひーこいとる。**おべつたれ** やでな。

※お世辞を言う人を指して「ついしょこき」「ついしょたれ」とも言う。「ついしょ」は「追従」。また「弁口」から「べんこたれ」とも言う。美濃地方では「おじょろまむし」と言う。

静岡県 またうまいこと言って、**みことり** だやぁ。

愛知県 うまいことばっか言って、あぇーつは **おわんべたれ** だであかん。

※七十代以上で用いられる表現。

三重県 またうまいこと言《ゆ》ーて、**まいす／おつ**

いしょーもん／うまいこと言《い》ーやな。

※「まいす」は「売僧」で商売をする僧。仏法を種に金品を不当に得る僧。禅宗から起こった語。そこから人をだますなどの意味になった。

滋賀県 またおついしょばっかり言《ゆ》ーて、**(お)上手もん**が。

京都府 またうまいこと言《ゆ》ーて、**ごますり**やなー。

大阪府 またべんちゃら／じょうず言うて、**ごますり**やな。

兵庫県 またうまいこと言《ゆ》ーて、**調子者《ちょーしもん》**やのー。

奈良県 またうまいこと言《い》ーやがって、**提灯持《ちょーちんも》っ**ちゃな。

※「おべんちゃら」とも言う。

和歌山県 またうまいこと言《ゆ》ーて、**ごますり**やなー。

鳥取県 またうまいことばっかり言って、**おべんちゃらいー**だね。

島根県 またうめこと言《え》ってー、**べんちゃらこき**だのー。

岡山県 まーたうめーこと言《ゆ》ーて、**おべんちゃら**じゃー。

広島県 またうまいことーよーるが、**おべんちゃら言《い》ー**じゃのー。

山口県 またうまいこと言《ゆ》ーてー、**じょーず**じやね。

徳島県 またうまいこと言《ゆ》ーて、**おへつ／へつ／面賢《つらがしこ》／這《は》い込《こ》み**じゃな。

※「おへつ」は接頭辞「お」と「へつらう」。「面賢」は口先だけのお上手を言う人。「這い込み」はおべっかを言って取り入ること。

香川県 またうまげに言《ゆ》ーて、ずーとの**おへつしー／じょーずたれ**や。

愛媛県 またおついしょー言《い》ーよって、**おじょーずもん／おべんざいー／おーべらこき／おなで／おまいすこき／おじんぎいー**じゃなー。

※「おついしょー」は「お追従」。「おなで」は「撫でる」に接頭辞「お」がついたもの。「おまいすこき」は「お売僧こき」で、商売をする僧。仏法を種に金品を不当に得る僧。禅宗から起

こった語。そこから人をだますなどの意味になった。

高知県 おべんちゃらばっかり言《い》ーよー。／ついしょーばっかり言《い》ーよら。

福岡県 また良かごとばーっかり言《ゆ》ーてから、**調子のよか** ね。

佐賀県 また調子のよかこと言《ゆ》ーて、**会釈しよー**。

長崎県 またうまかことば言《ゆ》ーて、**よかんとしー**／**調子もん**／**のぼせもん** やね。

熊本県 またあごばかっ言《ゆ》ーて、**金玉握《きんたまにぎ》り** が。

※「金玉握り」は腰巾着のこと。

大分県 南部 またうめこと言《ゆ》ーち、**ついしょー**じゃのー。／あいたー **めーすんじょー使う** やっちゃ。

※「めーす」は「おべっか」。「めーすんじょー使う」は「おべっかを使う」。ほかに「おついしょー」「ごますり」「しちらめーす（見え透いたお世辞を言う）」「ちょーしんかわ（おべっか）」など。

中部 またいーこつんじょー言《い》ーよる。**ごますり**じゃのー。

宮崎県 北部 あんやつは **ちめす** してかい、困ったもんじゃ。

※「めす」「きげんとり」「ごますり」とも。

中南部 またうめこつよーがね。**ちみす** しちょる。

鹿児島県 またうまいこと言《い》っせー、**べんちゃら**／**きんごろー**／**きんごろーにぎぃ** が。

※「きんごろー」「きんごろーにぎぃ」はおべっかを言ってとりいろうとする人。

沖縄県 那覇 また くち はな さかち、**あんだぐち やー** やさ。

必要以上に遠慮する人

あの人は（必要以上に遠慮する人）で、ほんとにいらいらする。

北海道 海岸部 あの人《しと》 **遠慮ぶかい人《しと》**で、ほんとにいらいらする。

内陸部 あの人 **遠慮しすぎる人**で、いらいらする。

青森県 あれ **遠慮ばりして、**ほんとにかちゃくちゃどすじゃ。

岩手県 あいづぁ **かだごどな人《すと》／ずんげばりする人《すと》**で、いらくらずな。

※「ずんげばりすて」は「遠慮ばかりして」。

宮城県 あいづぁ **さるこずげ**で、ほんとぬいらいらする。

※「さるこずげ」は「猿子辞儀」。このほか、「あいづぁぐずらもずらどすて、ぱりっとすね」のように擬態語による表現をすることも多い。

秋田県 あえだば **おがじぎして、**まんじ むじけるなー。

※「じぎする」は「辞儀する」で、遠慮すること。

山形県 あの人だら、**きーつかてばり**いで、ほんてんごしゃっぱら（や）げでくっずねー。

※このような人については、「さらっとしてね（さらっとしていない）」、または、「もらうだくてもがーつよくて（物などをもらいたくとも、我が強い、つまりプライドが高いために素直にもらうことができない）」などという言い方もある。

福島県 あいづはいづも **じんぎしてばり**で、ほんとにいらいらする。

※「遠慮する」の意味の動詞「じんぎする」を使って意訳した。「じんぎする」こと自体には悪い意味はなく、一般に謙虚な行動としてとられるが、度を過ぎると嫌がられる。

茨城県 あの人は **ばががだく**て、ほんとにいら

 ❖関東から中国、四国まで「遠慮しー」が目立つ。

いらする。

※「ばがだい」は馬鹿に堅いことをいう形容詞。これと逆に、気さくで話しやすい人のことを形容詞で「さくい」「きざくい」という。

栃木県 あの人は **遠慮ばっかりして、** ほんとにいじやけっちったなー。

※「いじやける」は、単に「いらいらする」という感情を表現しているだけではなく、悪態語に匹敵する動詞であるといえる。「いじやける」の他に、「ごせやける」「ごせっぱらやける」も使われており、いらいらしている自分の感情を的確に表現しうる動詞として活躍している。自分の感情を吐露することによる、相手へのきわめつけの悪態である。

群馬県 あの人は **遠慮がすぎて、** よくねーやなー。あれじゃー **ばか遠慮** だいなー。／あれじゃ **遠慮がすぎっちゃう** なー。

埼玉県 あいつは **あとじさり／あとっちり／べべいたがり** で、ほんとにいらいらする。

千葉県 あいつは **わるがり** でよー、やきやきする。

東京都 あいつぁー／あの野郎は **引っ込み思案** で、ほんとにいらいらする。

神奈川県 あの人は **遠慮しー** で、ほんっといらいらするわ。

新潟県 あの人は **遠慮しー** で、ほんっにいらいらするいや。

富山県 ありゃ **遠慮しー** なもんで、いらいらしる。

石川県 ほんとにあんた、ものすごい **遠慮しー** やしー、いらいらする。

福井県 あの人ぁ **きーつかい** やで、こっちのほーがきーつかうわ。

※福井市での言い方。越前市では「あの人ぁ 遠慮しー やさけ、ほんといらいらしる／あの人ぁ うしろばっかさがって、ほんといらいらしる」と言う。

山梨県 あのしは **遠慮《えんりょ》っぺー／引《ひ》っけ／引《ひ》っけー／おくせんぼ／おくせんぼー** で、ほんこにいじれってー。

※「遠慮っぺー」は「遠慮する人」、「引っぺ」は「引っ込み思案」、「おくせんぼ」は「はにかみや」の意。

長野県 あいつは **気《き》ーばか使って、** ふんとに腹立つわ。

※「気ばかり使う」にあたる動詞形を用いて表現する。

岐阜県 あー はんちくたい。

※該当する表現はない。「はんちくたい」は「いらいらする」。

静岡県 あの人は **ひっこみじあん** だもんで、ほんとにいらいらする。

愛知県 **遠慮ばっかしやーす** で、ほんとにいらいらするわ。

三重県 あの人は **遠慮しー** で、ほんとにいらつわ。

※「いらつ」は「いらいらする」の意味。

滋賀県 あの人は **かす遠慮ばっかりして、** ほんまにいらいらするわ。

京都府 あの人は **遠慮しー** やさかい、ほんまいらいらするわ。

※「えんりょしー」自体は悪口ではない。「遠慮しーすぎて」などと言う。

大阪府 あの人は **遠慮しー** で、見とっていらいらするときあるわ。

兵庫県 あら **遠慮しー** やで、ほんまいらいらすらー。

奈良県 あの人は **遠慮しー** やさかいに、ほんまにいらいらするわ。

和歌山県 てきゃ **遠慮しー** やさけ、ほんまにいらいらすらー。

鳥取県 あの人は **遠慮深《ぶか》い** だけー、ほんにごーがわく。

島根県 あら **容赦深《よーしゃぶけ》** けん、ほんにいらいらすーわ。

岡山県 あのひたー **きがねしー／遠慮しー** で、ほんまにいらいらする。

広島県 ありゃー **きがねし** じゃけー、ほんまのことにいらいらする。

山口県 あの人は **遠慮しー** じゃけ、よいよいらいらするいね。

徳島県 あの人は **きがねしー／遠慮しー** で、ほんまにはがいたらしー。

香川県 あいとは **遠慮しー** やけん、はがいましておれん。

愛媛県 あの人は **遠慮しー** じゃけれ、ほんまにいらいらするわ。

高知県 あの人らよいよ **気兼ねし** やけんね。／よいよ **気兼ねする人** ら。／あこの人ら **くぼい** けんねえ。

※「くぼい」は「社交性がない、さばけていない」という意。

福岡県 あの人ぁ **斟酌《しんしゃく》する** けん、ほんにはがいか。

※「はがいか」は「はがゆい」。

佐賀県 あん人は **気がねさす** けん、ほんなごといらいらすっ。

長崎県 あん人は **えらい遠慮ばっかいして**／**遠慮しすぎ** で、ほんなこていらいらする。

熊本県 あんひた **しりくらべばっか** だけん、ほんなこついらいらすっ。

大分県 南部 あんしは **遠慮んじょーする** き、とっとしんきねーのー。

※「遠慮んじょーする」は「遠慮ばかりする」。「とっと」は「全く、本当に」。

中部 あん人は **遠慮すん** けん、ほんとにいらいらする。

宮崎県 北部 あん人は **遠慮がましもん** じゃ。

中南部 あん人は **遠慮がまし** じゃかい、なましんきなね。

鹿児島県 あん人は **よかぶい** やっで／**ぎいはいがきつか** で、ほんにいらっくる。

※「ぎいはい」は「義理を張る（義理関係を大切にする）」こと。

沖縄県 那覇 あれー **えんだじゅーさぬ** ちむあしがちしならん。

※「えんだじゅーさぬ」は「大人しすぎて」の意。

身体が大きいだけで役に立たない人

独活《うど》の大木で、（身体が大きいだけで役に立たない人）だ。

北海道 海岸部 でぐのぼー／うどの大木《たいぼぐ》だ。
内陸部 あの人、でくのぼーだ。

青森県 じゃまばりでったらで、役さ立だね。

岩手県 のっそりだ。

宮城県 うどの大木で、うさんぽ／のっつぉだ。

※「うさんぽ」には、ぼうっとしている様子の意味が、「のっつぉ」には中途半端な様子を表す意味がそれぞれ強い。

秋田県 あえだば 身体ばりおっきして、よったりなしだ。

※「よったりなし」は「用足りなし」。役に立たない人。

山形県 あいづだら 見だどごのわりに使いものにならね／図体《ずーたい》ばりでっかくてさっぱり役立《やぐ》だねなだ。

※名詞としては、「でぐのぼー」を使用することがある。

福島県 身体ばりずねくて、うどの大木《たいぼぐ》だ。

※「ずねー」は「大きい」の意味。

茨城県 うどの大木《たいぼぐ》で、おーでご南蛮《なんばん》／青大将《あおだいしょー》だ。

※「おーでご南蛮」は大きい唐辛子（南蛮）の意味。大きな唐辛子は辛味がなく役に立たない。「青大将」は蛇で、体は大きいが毒がなく恐れるに足りない。そのため、いずれの語も体が大きいだけで役に立たない人を指すときに使われる。

栃木県 飯ばっかり食いやがって、なんの糞《くそ》にもなんねー。

※「なんの糞にもなんねー」はかなりの強調である。役に立たなさ加減がきわめて腹立たしいという状況が醸し出される悪態の表現である。

群馬県 でっけー図体こきやがって、への役にも立たねー。／うすらでっけーなりーしやがって、役にも立たねー。／なりがでっけーくせー

 ❖各地で比喩による語が目立つ。

しゃがって、役にも立たねー。

※名称はなく、「でっけー図体こきやがって」「うすらでっけーなりーしやがって（意味もなく大きい姿をしやがって）」「なりがでっけーくせーしやがって」というような、説明的な表現で罵倒する。

埼玉県　うどの大木で、**でくのぼー**／**半鐘泥棒《はんしょーどろぼー》**だ。

※「半鐘泥棒」は半鐘を盗むくらいしか役に立たないということ。

千葉県　あいづは **でっか馬盗人《んまぬすと》**／**でぐのぼー** だ。

東京都　うどの大木で、**見かけ倒し** だ。／**うどの大木** だ。

神奈川県　うどの大木で、**でぐのぼー** だ。

新潟県　あいつぁうどの大木で、**でくのぼー** ら。

上越・下越　**えもがらたいぼく**

ありゃ **やくたいもん** じゃ。

富山県　うどの大木で、**でくのぼー** や。

石川県　うどの大木で、**いけーばっかり** や。／**うどの大木、からばかり。**

福井県

※前者は福井市、後者は越前市での言い方。後者は決まり文句。

山梨県　うどの大木《てーぼく》で、**木偶《でく》のぼー**／**木偶《でこ》のぼー**／**お木偶《でく》** どー。／**がけーばかでかくて役《やく》にやー立《た》たなー。**

※「身体ばかり大きくて役には立たない」の意。地口に「馬鹿のおーずか、利口もんのこずか」「馬鹿の大ずか、小馬鹿の小ずか」がある。「ずか」は足のことで、馬鹿は足が大きいの意である。単に「馬鹿の大ずか」とも言う。身体が大きい人は足も大きく、「独活の大木」に通じる表現である。

長野県　うどの大木だに、**役立《やくた》たず** だわ。

岐阜県　**背が高いだけで、役に立たん。**

※「いいとこへ来たか、背高使われる」という言い方がある。

静岡県　うどの大木で、**でくのぼー** だら。

愛知県　あぇーつは **うど** だでかんわ。

※「大柄」の意味では「おおどす」も使う。

三重県　うどの大木で、**ながはん**／**のっぽ** やに。

滋賀県　あの **のそ**／**でくのぼー** は、うどの大木やで。

※「のそ」は「のっそりした人」という意味なので、「役に立たない」という意味は無い。また、単に体が大きい人を「でかいぼ」と言うが、否定的なニュアンスはない。

京都府　うどの大木で、**でくのぼー** や。

大阪府　うどの大木や、**図体ばっかりでかい。**

兵庫県 **どんがらばっかりごっつーて、なんもでけん** やっちゃ。

奈良県 でかいだけで、**うどの大木** や。

和歌山県 うどの大木で、**でくのぼー** や。

鳥取県 うどの大木だけー、**でくのぼー** だ。

島根県 あら **うどの大木** だわ。

岡山県 うどの大木で、**見かけ倒《たお》し** じゃー。

広島県 うどの大木で、**役にゃー立たん**。

山口県 うどの大木で、**でくのぼー** じゃ／**役にゃ立たん**。

徳島県 うどの大木で、**おーげなし** じゃ。

香川県 どんがらが大きーだけで、**でくのぼー**／**どんがん**／**どっとこ** や。

愛媛県 図体《ずーたい》ぎりで、使いもんにならんのー。

あの **うどばか** は。

※「図体ぎり」は「図体ばかり」の意味。

高知県 ありゃ **でく**／**でくのぼー** じゃね。

福岡県 **太かばっかりで、役ぃ立たん**。

佐賀県 **うどの大木** やーけん、やきー立たん。

長崎県 うどの大木で、**でくんぼー**／**やったたい**／**へのつっぱりにもならん**／**いもがらぼくとー** ばい。

熊本県 うどん大木で、**うしたりもん**／**へなちょこりん** ばい。／**へのつっぱりにもならん**。

※「うしたりもん」「へなちょこりん」は「未熟者」の意。

大分県 南部 あんしゃ **みかけんじょー** じゃきのー、なかからっぽじゃ。

中部 あんしゃ **見かけ倒《だお》し** じゃ。

宮崎県 北部 あんやっちゃ **いもがらぼくと**／**うどがらぼくと**／**うどの大木**／**うーだろー** じゃやくせんがね。

※「いもがらぼくと」は芋がらで作った木刀。「うーだろー」は「大男」の意。

鹿児島県 中南部 **いもがらぼくと**／**うどの大木**

うどの大木で、**ばかふともん**／**やっせんぼ** やっど。

沖縄県 那覇 **うふげーなーが、役たたんぬー**。

態度に裏表のある人

あいつは（態度に裏表のある人）だから信用できない。

北海道 海岸部 まだうまいごど言って、あいつ **あんぱい** だがら信用できね。
内陸部 あいつ **裏表ある人** だから あてにならん。

青森県 あれ **人見で話す** はんで 信用できね。

岩手県 あいづぁ **いじくされ／けっちゃむぐれ** だがら 本当《ほんと》ぬ出来《でぎ》ねじゃ。

※「いじくされ」は性格が悪い人間。「けっちゃむぐれ」はすぐ逆のことをする人。なお、表面的に善人ぶる様子を表す動詞に「いっちゃぶる」がある。

宮城県 あいづぁ **陰日向《かげひなだ》** だがら あでにさえね。

秋田県 あえだば **うらへら** だがら 信用さえね。

※「うらへら」は、人の機嫌取りをする裏表のある人のこと。

山形県 あいづだら **調子ばりいくて／人前ばりいくて** 言《ゆ》ーごとなのさっぱり信じらんねなだ。

福島県 あいづは **腹黒** だがら 信用しらんに。

茨城県 あいづは **二枚舌** だがら 信用できねー。

栃木県 あいつは **裏があっ** からー いまひとつ信用できねんだよなー。

群馬県 やつはよく **ころころ変わる野郎** だからなー信用できねーやなー。

埼玉県 あいつは **しらばっくれ／あとであかんべー／畳反し《たたみげー》** だから信用できねー。

千葉県 あのやろ **裏表《うらおもで》があっ／陰日向《かげひなた》があっ** かんなー。なでおいてひっちぎるど。

東京都 あいつぁー／あの野郎は **裏表がある** から信用できねー。

神奈川県 あいつは、**かげひなたのある奴／裏表**

のある奴／内股膏薬《うちまたごーやく》だから信用できないよ。

新潟県 下越・佐渡 あいつぁ **きむら** らすけ 信用ならんないっや。

富山県 ありゃほんまに **腹黒いもん** で 信用できん。

石川県 あいつは **腹黒い** さけ 信用できん。

※「二重人格」も使う。

福井県 あいつぁ **腹黒** やで 信用できん。／あいつぁ **内股膏薬《うちまたごーやく》** やさけ 信用できん。

※前者は福井市、後者は越前市での言い方。

山梨県 あいつぁー **上臈《じょーろ》蝮《まむし》／底《そこ》つ冷《つべ》ちゃー／ももんがー／ももんじー／暗《くら》をする** から 信用でん。

※「上臈蝮」は雌蝮のこと。雌蝮は体は赤くきれいだが性質は恐いということからこのように言う。郡内地方で使う「底《そこ》っ冷《つべ》ちゃー」はうわべは親切そうだが実は冷淡な人のこと、「ももんがー、ももんじー」は妖怪で、転じて信用できない人、気を許せない人を意味する。「暗をする」のように動詞形の表現もある。「暗」は暗いこと、正当でないこと。「いんちきをしてごまかす人、だます人」の意。

長野県 あいつは **腹《はら》ぐれ** だに あてにならねわ。

※「腹《はら》ぐれ」は形容詞。「あいつは腹黒いから」の意。この言い方を使う。

岐阜県 あいつは **腹を見せん** で 信用できん。

静岡県 あいつは **ねーたらくわず** だもんで 信用できん。

※「煮えたら食わず」。自分では手を下さず、うまいところだけを持って行く人をさす。「煮えたら食おう」から来ているか。

愛知県 あぇーつは **態《たぇー》度《ど》がこっろころ変わる** で 信用はできんな。

※「猫かぶり」の意味で「くわせもん」という語も、尾張・三河両地方で聞かれる。

三重県 あいつは **きれーごと言《い》ー** やで 信用できへんわさ。／あいつは **陰日向《かげひなた》があるで** さなー、信用できやん。

滋賀県 あいつは **腹黒** やさかい 信用できひん。

京都府 あいつは **ねんしゃはん** やさかい あてにならんわ。／あいつは **裏表がある** さかい あてにならんわ。

※「ねんしゃはん」はあまり使われない。

大阪府 あいつは **言《ゆ》ーとることと思《おも》ーとることが全然ちゃう** からな 信用できひん。

兵庫県 あら **裏表のある** やっちゃで 信用でけん。

奈良県 あいつは **外づらがえー** さかいに 信用できんで。

和歌山県 てきゃ **腹黒** やさけ あてにならんわ。

鳥取県 あいつは **こっちで言っとることとあっちで言っとることと違う** だけー信用できん。

島根県 あら **たわぎの膏薬《こーやく》** だけん あてんならしえんわー。

岡山県 あいつぁー **人よし** じゃけー あてにならん。

広島県 あんなー **あっちで言《ゆ》ーこととこっちで言《ゆ》ーことが違う** けん あてんならん。

山口県 ありゃー **言《ゆ》っちょーことと思っちょーことが違う** けー 信用できん。

徳島県 あいつは **陰日向《かげひなた》がある**／**心《しん》と口《くち》とが違う** けん 信用できん。

香川県 あいつは **おてんき** やけん 信用でけん。

愛媛県 あいつは **陰日向《かげひなた》ある**／**表裏《おもてうら》ある** けれ 信用できん。

高知県 あいつは **言《ゆ》ーことん違う** けん 信用できん。

※本性を隠している人のことは「猫かぶり」「猫かぶっちょう」と言う。「あの人はほんとは虎やけど、猫かぶっちょうがよ」。

福岡県 あらぁ **裏表のある** けん 信用できん。

佐賀県 あいは **あっちで言うこととこっちで言うことの違う** けん あてにならん。

長崎県 あら **おてんきもんやけん**／**てんきややけん**／**裏表のある** けん 信用できん。

熊本県 あら **すれっからし** で あてんならん。

大分県 南部 あいたー **陰日向《かげひなた》** じゃきー 信用でけん。だまされなんなえ。

宮崎県 あいつは **陰日向《かげひなた》** じゃかい 信用ならん。

鹿児島県 あいは **ねそがわり**／**はらがわり** で信用がならん

沖縄県 那覇 あれー **ちらたーちゃー** やぐとぅ そーならん。

中身のない人

見かけだけは立派だが、（中身のない人）だ。

北海道 海岸部 見かけはすごいけど、**頭《あだま》からっぽ**だ。

内陸部 見かけは立派だけど、**見かけ倒し**／**えーかっこしー**だ。

青森県 みんぱばりで、**じぐなし**だね。

岩手県 見がげぁいーよんだんとも、**からっけつ**／**けねぇ奴《やづ》**だじぇ。

※「からっけつ」には「見かけ倒しな人」の意味も含まれる。「けねぇ奴」は下等な奴。

宮城県 見がげはいげんとも、**あんたらず**／**のーなす**だ。

※「あんたらず」は「(まんじゅうの) 餡足らず」で中身がないこと。「のーなす」は「能なし」。

秋田県 あえだば身体ばりおっきども、**よったりなし**だ。

山形県 みだどごばり／みだどごだど いいげんといいが、**中身《ながみ》なのさっぱりない**／**見がけ倒し**なだ。

福島県 見がげばり立派だげんちょ、**中身《ながみ》ねー**。

※「中身がない」の意味で意訳した。

茨城県 見がげだげは立派だげんども、**見がけ倒し**だ。

栃木県 なりはいーけど、**なかすっぽ**だ。

群馬県 なりベーよくって、**からっぽ**だ。

埼玉県 見かけだきゃー立派だが、**へーたらぼー**／**でくのぼー**／**からっぽ**／**空《から》っ樽**／**空桶《からおけ》**／**たねなしかぼちゃ**だ。

千葉県 あいづは見てくりがいーけっと、やらせでみたら**からっぺ**だ。

 ❖「見かけ倒し」「中がからっぽ」が各地にある。

東京都　見かけだけは立派だが、**からっぽ**だ。

神奈川県　見かけは立派だけど、**中身はすかすか**だからなー。

新潟県　見かけばっかし立派らろも、**中身はからっぽな人**ら。

富山県　ありゃ**しんたれ**じゃ。

※「しんたれ」はしみったれのこと。

石川県　見た目は立派やけど、**のーなし**ながや。

福井県　見かけだけは立派やけど、**外づらだけ**や。

※越前市での言い方。福井市では「見かけ倒し」を用いる。

山梨県　見面《みづら》だけはいーけんど、**銀流《ぎんなが》し／役《やく》なし／役立たず／薄っぺら**どー。

長野県　見たとかーいーが、**中身《なかみ》ゃーからっぽ**だわい。

岐阜県　見かけは立派やが、**せーがない**。

静岡県　見かけだけは立派だが、**あんもー**だな。

※「あんもー」は「餡入り餅」か。

愛知県　見たら立派だが、**中身はからっぽ**だて。

三重県　見かけは立派やけど、**かす**やな／**みーがない**のー。

滋賀県　見かけだけは立派やけど、**ただのえーかっこしー**やで。

京都府　見てくれだけは立派やけど、**うすっぺらい人／はったり野郎**や。

大阪府　見かけだけは立派なもんやけど、**すかみたいな**やっちゃ／**中からっぽ**や。

兵庫県　見た目はえーけど、**中はがらんどー**や。

奈良県　見かけは立派やけど、**すかすか**や。

和歌山県　見てくれだけは立派やけど、**見かけ倒し／中身からっぽ／ぷー**や。

※「ぷー」は「あっぽけぷー」の「ぷー」か。

鳥取県　見かけはえーが、**からっぽ**だが。

島根県　立派《りっぱ》に見えーだども、**箱だんさん**だけん。

※「だんさん」は格の高い家の主人のことで、身なりも立派で見かけはいいが、「箱」だけで中身がないからだとのこと。

岡山県　見かけだきゃーえーけど、**いーかげん／からっぽ**じゃー。

広島県　見かきゃーえーが、**中《なか》ーなんもつまっ**

とらん。

山口県 見かけはえーけど、**中身はからっぽっちゃ**。

徳島県 あれはかばち／かんばだけじゃ。見ばえはえーが、**中身がない**でよ。

※「かんば」は「外形」という意味。

香川県 見かけは立派なが、**すかんぴん**や。

愛媛県 見かけは立派じゃけんど、あのもげさくは**使いもんにならん**ぞな。

高知県 あいつは**見てくれだけ**よ。

※中身がからっぽの人間のことを、やや親しみを込めて「とうへんぼく」と言う。

福岡県 **見かけばっかり**。

佐賀県 見かけだきゃー立派かばってん、**なかみゃーすっからかん**ばい。

長崎県 見かけだけは立派かばってん、**中身のなか**／**人間の薄か**／**中身はなーんもなか**。

熊本県 見かけは立派かばってん、中身は**かんぽす**／**がんたれ**たい。

大分県 **南部** あんしゃ**見かけんじょー**じゃきのー、見かけは立派じゃ。

中部 あんしゃ**見かけ倒し**じゃ。

宮崎県 **北部** あいつは**がわばっか**じゃ。

※「皮だけ」の意。「かわばっか」とも。

中南部 **みばだけん人**じゃ。中身はねーわ。

※「そとがーばっかんひと」とも。

鹿児島県 見かけはよかどん、**ひんにゃごろ**／**やっせんぼ**／**よかぶい**やっど。

※「ひんにゃごろ」は「貧者五郎（貧乏人）」。見かけはこぎれいだが実は貧乏人のことで、中身がないことの意。「よかぶい」は格好をつける人。

沖縄県 **那覇** みーふぁー ちゅらさしが、**わーびちゅらー**るやる。

最後まで宴席にいる人

また、あの（最後まで宴席にいる人）が最後まで残ってる。早く帰ればいいのに。

北海道 海岸部 まだ、あの **ほいどこぎ** ずーだらべったり最後まで飲んで残《のこ》ってる。
内陸部 あいつ **つきあいよすぎる** もなー。早く帰ればいーのに。

青森県 まだ、あの **ほいどくされ** 最後までいだじゃ。早《はえ》ぐ戻ればいんず。

岩手県 まだ、あの **飲んべこたれ**／**飲みすけ**、まんだ座り込《こ》んでらじぇ。帰《け》ればいーのに。

宮城県 まだ、あの **すまぶり**／**すまぶり野郎**。さっさど帰《けえ》ればいーのに。

※「すまぶり」は「すまぶり卵」で、最後まで残されている「巣守り卵」の意味。

秋田県 まだ、あえ 最後までえだやー。早《はえ》ぐ帰《けぁ》れってな。

山形県 あの人、まだ最後まで残《のご》て飲んでだりやー。早ぐ帰てけっどいーんだげんとねー／早ぐ帰てけっど助かんだげんとねー。

※例文のように一回的なできごとではなく、最後まで残って飲むような性質を持っているという属性を述べる言い方として「あいづ、人の酒だど徹底的に飲む／なんぼでも飲む／いづまでも飲んでる」などと言う。「あの人長くてよー」などの言い方もある。

福島県 まだ、あいづ、最後まで残《のご》ってる。早《はえ》ぐ帰ったらじぇーのに。

茨城県 まだ、あの人、最後まで残《のご》ってる。早ぐ帰《けー》ればいーのに。

栃木県 また、あの **飲みすけ** が最後までいる。早く帰りゃーいーのに。

※マイナス評価の文脈では「飲みすけ」が上記のように用いられる。逆に、お酒を飲む人の中でも、宴席を愉しませてくれ

る人を「ざもちがいー（座持ちが良い）」と形容する。これはそのような人を褒めている表現である。

群馬県 **尻《けつ》がなげー野郎／尻《けつ》が重てー野郎** だなー、また最後まで残ってやがる。やっこさん、早く連れてがなけりゃー根が生えるでー。

※「尻が長い／重たい奴」で表現される。

埼玉県 また、あの **後引《あとっぴ》き／長《なが》っ尻《ちり》** が最後まで残ってやがる。はやく帰《けー》りゃいーんだけんど。

※「あとっぴき」は「後引き」、「ながっちり」は「長尻」。

千葉県 まーだ、あの **いやしか**、意地きたねーがら最後の最後まで食らってったわ。腰を上げるすっぺを知んねー。

※「いやしか」は、物欲しそうな様子の人。

東京都 また、あの **長《なが》っ尻《ちり》／いじきたねー野郎** が最後まで残ってやがる。早く帰っちまえばいーんだけど。

神奈川県 まーた、あの **長《なが》っ尻《ちり》** が最後まで残ってるよ。早く帰ればいーのにねー。

新潟県 また、あの **いつも残ってるもん** が最後まで残ってるいや。はよ帰ればいーがんに。

富山県 **尻に根がついて**、またしまいまで残っとる。はよ帰りゃいーがに。

石川県 また、**尻に根が生えて** 最後まで残っとる。はーよ帰ればいーがにもー。いつまでおるがいね。

福井県 あの人、後始末までいるんにゃわー。／あの人ぁ **けつぁ長い** のー。はよ帰《かい》ればいーのに。

※前者は福井市、後者は越前市での言い方。「けつぁ長い」は「尻が長い」の意。

山梨県 また、あの **長《なが》っ尻《ちり》／盆《ぼん》茣《ご》蓙《ざ(だ)》／盆《ぼん》茣《こ》蓙《ざ(だ)》かぶり** がしまいまで残っとー。早《は》く帰《けー》ればいーに。

※山梨方言ではザ行音とダ行音が混同するので、「ぼんござ」と「ぼんごだ」は同じものである。動詞形は「盆茣蓙《ぼんござ》ーはる」（最後まで宴席に残る）。

長野県 また、あの **酒《さけ》飲《の》み** が最後まで残ってるわ。早く帰《けー》りゃーいーだに。

岐阜県 なすびのへたが、**尻から根が出とる。**

はよ帰れ。

静岡県 また、あの **ござねぶり** が最後まで残ってる。早く帰ればいーのに。

愛知県 あぇーつは **おしみゃー** だで。

※「おしまい」を人を指す名詞として用いる。

三重県 また、あの **ぐーたらべー** が、最後まで残っとる。はよ帰りゃえーのに。

滋賀県 また、あの **尻長《しりなが》／長尻《ながしり》** が最後まで残っとるわ。早《は》よ帰ったらえーのに。

京都府 また、**長《なが》っ尻《ちり》** が最後まで残っとるわ。はよ帰ったらえーのになー。

※「長っ尻」は宴席に限らずなかなか帰らない人のことを指す。

大阪府 また、あの **くだまき** が最後まで残っとる。はよ帰ってほしーわ。

兵庫県 また、あの **長尻《ながじり》** がしまいまで残っとー。はよいんだらえーのに。

奈良県 また、あん人しまいまで残っとる。はよ帰ってくれたらえーのに。

和歌山県 また、残っちゃーる。はよ帰ったらえーのになー。

鳥取県 あの人まだおるでー。はよ帰りゃーえーのに。

島根県 また、あん **じーきたれ** が残っちょーわ。はよいにさがれ。けー。

岡山県 まーた、あの **飲みすけ／飲んべー** があとまで残っとる。はよー帰りゃーえーのに。

広島県 また、あの **ござねぶり** が遅ーまで残っとる。はよーいにゃーえーのに。

山口県 また、あの **よいたんぼー** が最後まで残っちょる。はよー帰りゃーえーのに。

※「よいたんぼー」は「酔っぱらい」の意。

徳島県 またあいつぐだぐだ飲んで残っとる／最後まで残っりょん。はよー帰ったらえーのに。

香川県 また、あの **長尻《ながじり》／長《なが》っ尻《ちり》** が残っとる。はよーいんだらえーのに。

愛媛県 また、あいつ 最後まで残っとる。はよーいんだらえーのに。

高知県 あの人は **座が長い** けん、いやよ。しゃんしゃんいんだらえーがに。

福岡県 また、あの **長尻**《ながじり》が最後まで残っとー。早《は》よ帰らよかったい。

佐賀県 また、最後まで残っとー。はよー帰りやよかとに。

長崎県 また、あん **飲んべー** が最後まで残っとる。はよー帰ればよかとに。意地のきたなか。

熊本県 まーた、あん **そーどがみ／山芋掘り** の最後までおる。はよ帰っとよかとに。

※「そーどがみ」は「騒動神」で「ことごとく騒ぐ人」のたとえ。「山芋掘り」は、山芋を掘っていて誤って傷つけたときなど「あいたしもた」などと独り言を言いがちになることから、いつまでもひとりでぶつぶつ言いながら酒を飲んでいる人のたとえ。

大分県 南部 あんしゃ **長**《なが》**つ尻**《ちり》 じゃきのー、いってん最後まで残っちょる。はよ帰らんね。

※「ちがじり」とも。「しりがなけー」は「長居をする」。

中部 あんしゃいつも最後まで残っちょる。はよー帰らいーに。

宮崎県 北部 あいつは **長尻**《ながじり》 じゃ。尻にやんもちがついたっちゃねか。

※「ながっちり」とも。宴会に限らず、人がその場から動かない様子を「尻にたけのこがはえる」「やんもちがつく（「やんもち」は「とりもち」）」と言う。

中南部 あん人は **長尻**《ながじり》 じゃがね、宿泣《やどな》かせじゃ。

※複数形は「ながじりどん」。「尻が長《なげ》ー」という言い方もある。交代でのんかた（飲み会）のために家を貸し出すことを宿前《やどまえ》と言い、「宿泣かせ」はその宿の人たちを困らせる人のこと。

鹿児島県 また、あん **飲んごろ／焼酎**《しょつ》**のん／飲んべ／つけもんの石** が最後まで残っちょっが。はよ帰ればよかとに。／あん人はほんに焼酎《しょつ》のんやっで、**しぃがなげ** が。さっさ帰ればよかとにね。

※「しぃがなげ」はなかなか立って帰ろうとしない人。

沖縄県 那覇 また、あぬ **酒**《さき》**くぇー** が、かーはとーさ。へーくけーれーしむるむんぬ。

※「酒くぇー」は「酒飲み」。

不潔な人

臭うような人だねえ。
（不潔な人）だ。

北海道 [海岸部] 臭《にお》うよーだ。**くせー奴**／**こきたねー奴** だね。
[内陸部] 臭《にお》うなー、**こきたない奴** だ。

青森県 くせ人だな。**きたね** な。

岩手県 くせー奴《やつ》だなー。**ねった**／**屁っぴり**／**だらぐ** だ。

※「ねった」は「粘土、泥、悪路」。「屁っぴり」は不潔な人の意味もある。「だらぐ」は「怠け者」とも意味が重なる。

宮城県 くせー人だ。**びしょなす**／**こきたね野郎**／**こきたねおなご** だ。

※「びしょ」は「不精」。

秋田県 くしぇかまりすなー。**しびじけね** な。

山形県 なんだが臭《にお》てくる／臭《くさ》いにおいしてくるみでな人だずねー。ほんてん、**きたね** ず。

※「ぴだれ」という名詞もある。

福島県 こいづは臭《にお》ーごど。とんでもねー **しょったれ**／**くさし**／**くさしたがり** だ。

茨城県 臭《にお》うよーな奴《やつ》だなー。**きたねー奴《やつ》**／**ばっちー奴《やつ》** だ。

※対応する方言形はない。これは「汚いやつだ」の意味。

栃木県 **こきたねー** なー、くせーや。

群馬県 くせーよーなやつだなー。**びしょったねー**／**こぎたねー**／**だらしがねー** なー。

※形容語で表現される。

埼玉県 くせー野郎だいなー。**へっぴり虫**／**びしょったねー**／**びしょーねー** だ。

※「びしょったねー」「びしょーねー」は女。

千葉県 こぎたねーなー。**ぶしょったかり** だ。

東京都 くせー野郎だな。**へっぴり虫**／**うすぎ**

❖東日本に「こぎたない」と、「こ」のついた語が目立つ。 358

たねー野郎／こきたねー野郎／むさい奴 だ。

※「むさい奴」は「嫌なやつ」。

神奈川県 臭ってくるよーな人だねー。**汚ねー**なー。

新潟県 くっさげな人らー。**しょったれ／しょーたれ** らいや。

富山県 なんやら臭《くさ》いよな **みぎたなし／こきたない人《しと》** じゃのー。

石川県 きたのーしとったらうじ虫がわく。**うざくらしー。**

福井県 臭《くさ》い人やのー。**こぎたねー。**

※越前市での言い方。福井市では「きたねーの」を用いる。

山梨県 臭《くさ》いしだねー。**無精《ぶしょー》なし／垢《あか》べっとーどー／しゃらっきたねー／しゃらむせー／しゃらっこびしょーもにゃー／無精《ぶしょー》ったい／無精《ぶしょー》ってー／こ無精《ぶしょ》ったい／うだっぽい／むさい／むせー／じじむさい。**

※「あかべっとー」は垢で汚れた人の意。形容詞による表現が多用される。

長野県 きたねー奴だ。**うすっきたねー野郎** だわ。

※「臭うような人」ということばは使われない。

岐阜県 **ぶしょー** なで、どーしょーもない。

静岡県 臭うよーな人だねー。あの人はほんとに **ぶしょったい** なー。

愛知県 あぇーつは **しみたれ** とる。

※「しみたれ」とは襦袢の袖口が垢じみたり、足袋の先が破れていたり、耳朶が垢で黒いなど不潔な様を表す。

三重県 臭《くさ》そな人やなー。**ぶしょーたれ／ぞーらく** やのー。

滋賀県 えらい **えぞくろしー人** やなあ。

※「えぞくろしー」は「うるさくて汚くて不快」という意味で、「不潔」だけを意味するわけではなさそうである。

京都府 臭《にお》うよーな奴やなー。**便所／じじむさい人** やわー。

※「じじむさい」は「だらしない」に近い。ズボンからシャツが出ているような状態。「爺」の意味はなくなっている。

大阪府 **きたない／むさい／じじむさい** やっちやで。

※「よごれ」という言葉があるが、実際に不潔なのではなく、不純な動機や考えをもつ者を（冗談めかして）言うことが多い。「あいつ、よごれやからな」。

兵庫県 なんど臭《にお》てきそーやな。**いじましー**やっちゃ。

奈良県 臭《にお》てくるみたいやでー、**きたない奴**や。

和歌山県 臭《にお》うよーな奴やなー。**きたない奴**やなー。

鳥取県 臭《くさ》いもんだなー。**きたない**なー。

島根県 臭《にお》うやなふとだねー。**きちゃんげなふと**だわ。

岡山県 なんか臭《にお》ーとるでー。**よごれ**／**しみったれ**じゃー。

広島県 臭《にお》うよーな奴じゃのー。**よごれ**じゃ。

山口県 臭《にお》うよーな人じゃねー。**かずーさん**じゃ。

※「かずーさん」は「勧進さん」からか。

徳島県 臭《くさ》い奴じゃー。**びんだれかき**／**ふたごーな奴**じゃ。

香川県 きたない奴やなー。**しょーたれ**／**ぞろい**／**ざまくい**や。

※「ざまくい」は讃岐西部で使用される。

愛媛県 あいつは臭《くさ》いのー。**こきさない奴**／**ふいじろ**／**びんだれ**／**びんだれかわき**じゃ。

※「こきさない」は「小汚い」の意味。

高知県 **しょーくれ**ちょー。

※「しょーくれる」は不潔でだらしないこと。

福岡県 臭《にお》うごたーねー。**びったり**ばい。

佐賀県 臭《にお》うごたー人たいねー。**不潔か**ばい。

長崎県 臭《にお》うごたる人ね。**よそわしか**ね／**よごれべす**ばい／**だんぼーじん**ばい。

熊本県 あやつは臭《くさ》かねー。**かんじん**のごたっ

歌舞伎にある罵倒表現①　歌舞伎十八番「助六由縁江戸櫻」より

助六が、意休の手下どもに向かって言うせりふに生きのいい罵倒語・罵倒表現があふれている。

源七「ヤイ、怪しい白酒、まちやアがれ」（卜新兵衛を

／**さんねんごけ** たい。

大分県 南部 くせーごたる人じゃ。**きさねー** のー。

※「きさねー」は「汚い」。ほかに「びったれ（整理ができないような人、特に女性）」「いびしー」「じりぎさねー」「うたちー」。

中部 臭《くさ》そーな人《ひど》じゃのー。**きさねー** のー。

※ほかに「うたちー」。

宮崎県 北部 かざがすんね、**なまきさねー** やっちゃ。

※「汚い」の意の形容詞。「きさねー」「きっさねー」「こきさねー」「うぜらしー」「えずらしー」「うぜくろしー」とも。「かざ」は「におい」の意。

中南部 あいつは **なまきさんげて**。

※「きさねー」「きっさねー」「なまきさねー」「なまきっさねー」「こきさねー」「こきっさねー」「きさんげて」とも。

鹿児島県 きっしゃねか。**よごれ** が。

沖縄県 首里 かじゃすんねーするっちゅやー。**ゆぐらー** やさ。

捕へる。お辰、うしろより）お辰「ヲヽ嬉し」（ト源七に抱付く）源七「エヽ、こりヤア何の真似だ」お辰「いつぞは、私《わた》しがこなさんに、言《いは》ふいはふと思つていた。一《ひ》と夜計《よばか》りは、抱て寝てくださんせ、ヲヽ、恥かし」次郎「イヤ、味《あぢ》なところへ、白酒が利《きい》たわへ」新兵「なんと、奇妙か〳〵」源七「置《おき》やアがれ。河童《かつぱ》め放しやアがれ」（トお辰を突倒す）お辰「なんじやの、姫ごぜを河童とは。モウ女子《をなご》の一分《ぶん》がすたツた。たゝぬわいの〳〵、モシ、私しやたてゝ貰はにやならぬわいナ」（トむしやうに抱付《だきつく》）源七「気が違つたか、木菟《みゝづく》め、退《の》きやアがれ〳〵」お辰「そんならこなさん」（ト次郎八へ抱付）次郎「鳶凧《とんびだこ》め。うるさい八」（ト突退《つきのけ》る。お辰、また、彌右衛門にだきつく）彌右「牡丹餅《ぼたもち》め、のきやアがれ」（トこれより、お辰、皆々に抱付き、ト〻、皆〳〵よつて、裸體《はだか》にする。お辰、これより皆々を追廻す）新兵「野ぶすまの生捕《いけどり》。銭は戻り〳〵」（ト見世物の鳴物になり、お辰を、皆〳〵踏みのめして、逃げては花道へは入る。お辰、小袖を抱へて立上り）お辰「男畜生《をとこちくしやう》、情けを知らぬかやい、ヲヽイ〳〵」（ト向ふへ、追欠《おつかけ》ては入る。新兵衛、跡見送つて）

男勝りの女

あいつは（男勝りの女）で、こわいよ。

北海道 海岸部 あいつ 男勝《おどごまさ》りで、おっかねー。

内陸部 あいつ 男勝りで、おっかない。

青森県 あれからきじで、おっかねじゃ。

岩手県 あいづぁ きかねおなご だがら、おっかねじぇ。

※「きかねおなご」は「気の強い女」。

宮城県 あいづぁ きかつこおなご／あねご で、おっかね。

※「きかつこ」は「聞かずこ」。

秋田県 あえだば 男《おどご》おなごで、おっかね。

山形県 あのへなこ、男《おどご》みでな でよー、ほんてんおかないず。

※「男勝《おどごまさ》り」（形容動詞）といった言葉もあるが、これは仕事ができる女性をいうほめ言葉。

福島県 あいづは きがね くて／きがず で／男《おどご》女《おんな》で、おっかねーぞ。

※「ちがねー」は「きかない」の意味の形容詞で男女の別なく気が強い者に対して使われる。

茨城県 あいづは はねっかえり／男女《おどごおんな》で、おっかねーよ。

※形容詞で「きがねー」ともいう。

栃木県 あのあまっちょ じゃじゃうま で、おっかね。

※「尼っちょ」は女性の蔑称。「男勝りの女」は評価されないということか。

群馬県 あのこは うでっこきで男ー負かすよーだ、おっかねーよ。

※女性を男性と比較して表現する場合には、「おっかねーよ」とは言っても、罵倒や悪態の表現ではなくほめる表現になる

ことが多い。

埼玉県 あいつは **うしがんのー／かかー天下《でんか》** で、おっかねーや。

※「うしがんのー」はカブトムシの雌。

千葉県 あそこのおっかーはよー、**男《おとこ》もかなーねー女／きかずの女** で、おっかねーよー。

東京都 あいつぁー／あの野郎は **男勝り** でおっかねーよ。

神奈川県 あいつは **はねっかえり** だから、こえーよ。

※「男勝り」とも言う。

新潟県 あいつぁ **きんま** で、こっえいて。

※きんま／てっか（下越）

富山県 ありゃ **男めろ** で、おとろしー。／あの嫁 **きゃーつおい** ぞ。

※「きゃーつおい」は「気が強い」。

石川県 あいつは **男勝り** で、おとろしー女や。

福井県 あいつぁ **男勝り** で、おとろっしゃ。

※越前市での言い方。福井市では「おとこんてな」を用いる。

山梨県 あいつぁー **男勝《おとこまさ》り／いーたま** で、おっかねーよ。

※特に「男勝りの女」にあたる語形がなく、「おてんば」にあたる語形をこの意味でも使う場合がある。「いーたま」は素行が悪いの意でも使われる。

長野県 あいつは **男勝り／気《き》ーつえー** だに、おっかねーや。

※「気《き》ーつえー」は「気が強い」の意。

岐阜県 あいつは、**でっちびんた** やで、おそがいな。

静岡県 あいつは **おてんば** だもんで、こわいよ。

愛知県 あのこは **おーちゃくあま** だで、おそぎゃーに。

三重県 あいつは **男おなご／すっぱ** やで、こわいわ。

滋賀県 あいつは **男女** やから、こわいで。

京都府 あいつは **男勝り／男女** で、こわいわ。

大阪府 あいつは **男みたいな** やっちゃ。

兵庫県 あら **男女** やで、おとろしーわ。

奈良県 あいつは **はちめろ** やさかいに、こわいなー。

※「はつさい」「はっさいめろ」「たけやしゃ」とも言う。

和歌山県 てきゃ **男勝り**／**男女** で、おとろしよ。

鳥取県 あの人は **男勝り** だけー、おとろしーだがー／こわいだがー。

島根県 あら **てんばさく**／**男にょーば** だけん、おぜわ。

岡山県 あいつぁー **男勝り**／**男女** で、きょーてーわー。

広島県 あんなー **まんかち** で、いびせーよのー。

山口県 ありゃー **男みたい** なけ、こわいんよ。

徳島県 あいつは **はっさい** じゃけんなー、おとろし。

香川県 あいとは **がいまつ**／**男ねしょー**／**男女** やけん、おとろし。

愛媛県 あれは **おなごばす**／**おなごばっさい** じゃけん、おとろしやのー。

高知県 ありゃ **はちきん** よ。

福岡県 あのおなごぁ、えずかばい。

※「えずか」は「こわい」の意。

佐賀県 あいは **男まさい** で、えすかばい。

長崎県 あいは **男女** で／**男よりはばしか** けん、えすかよ。

熊本県 あら **男おなご** んごとして、おそろしか。

大分県 南部 あんおなごは **男勝り** じゃきー、おじーなー。

宮崎県 中部 あいたー **男勝り** じゃのー。おじーのー。

北部 あんこは **男まさ** じゃかい、おじーな。

※「おとこおなご」とも。

鹿児島県 中南部 あんおなごんごは **男まさ** じゃ。

あいは **男おなご** で、こえどなー。

沖縄県 那覇 あれー **うぃきがまさいうぃなぐ** やくとぅ、うとぅるさんどー。

なよなよした男

あの(なよなよした男)は、頼りないねぇ。

北海道 [海岸部] あの **女の腐った** の、頼りなんねーわー。
[内陸部] あの **くねくねした奴**/**くにゃくにゃした奴**、頼りっけない。

青森県 あの **男《おどご》あねっこ**、頼りねな。

岩手県 あの **青瓢箪《あおびょーたん》**/**おなごびっき**/**がせっこなし男《おどご》**、役立《やぐた》だずだなぁ。

※「おなごびっき」は「おなご(女子)びっき(蛙)」。「がせっこなし男」は「がせ(力)のない男」。

宮城県 あの **おなご男《おどご》**、あでになんね。

秋田県 あの男《おどご》だば **なよなよして**、よったりなしだ。

※「よったりなし」は「用足りなし」で「役に立たない人」。

山形県 あの **青瓢箪《びょーたん》**/**女のくさたみでな野郎《やろ》**、さっぱり頼りならね。

福島県 あいづは **ふにゃらふにゃら**/**ごにゃらごにゃら** してで、頼りねーなー。

※「ふにゃらふにゃら」は「ふにゃふにゃ」している様子を悪く言う擬態語。「ごにゃらごにゃら」は言うことが「ごにゃごにゃ」してはっきりしない様子を悪く言う擬態語。

茨城県 あいづは **へなへなして** て、頼りねーなー。

栃木県 あの **女の腐ったみたいの**、頼りんなんない。

※評価されない男は、女よりも評価されないということを暗示している。男と女の評価は、お互いの比較によってなされており、それぞれの性がどうあるべきかを暗黙に語っている。

群馬県 あの野郎、**女の腐ったよーな野郎** で、頼りんなんねー。

※弱そうな男性をけなす場合、女性の中のさらに「腐ったような人」を想定することによって表現する。

 ❖九州に「おなご腐れ」類が目立つ。

埼玉県 あの **もやしっこ／びょーなっこ／ひよこ／しーなっこ／おやま** は、頼りねーな。
※「もやしっこ」「びょーなっこ」「ひよこ」は子供に対して使う。「しーなっこ」は実の入らない穀物の意。

千葉県 あのやろ、**女男** だな。へごしがねー。

東京都 あの **女の腐った野郎** は、頼りねーな。

神奈川県 あいつは **なよなよして** て、頼りないねー。

新潟県 あの **やくざ／へご／やくぞー／よわっかす** は、頼りないて。

富山県 ありゃ **かいしょなし** じゃ。／ありゃ **やくせん男** じゃ。
※「やくせん」は「役せぬ」で、役に立たないの意。

石川県 あいつは **めめしー** やっちゃ。

福井県 あの男ぁ **女のこじくれたんてな**、頼りねーのー。
※越前市での言い方。「女んてな」「くにゃくにゃしてる」も用いる。福井市では「こんにゃく」「女の腐ったんてなーの」を用いる。

山梨県 あの **じょなじょなした男衆《おとこし》／しんねりくんねりした男衆《おとこし》** は、頼りねーじゃんねー。
※「じょなじょな」は、男が女らしいしぐさをする擬態語。「しんねりくんねり」はとりとめがなくはっきりとしないさま。

長野県 あの **意気地なし** は、頼りねーなー。

岐阜県 頼りんならん。
※該当表現なし。

静岡県 あいつは **やごいもん** で、頼りないねぇ。
※柔らかいの「やわい」に由来する語。

愛知県 あの **しょぼくれ** は、頼りなぇーでかん。

三重県 あの **おんとめん／ねしょみて**、頼りないのー。

滋賀県 **せのないやっちゃ**、頼りないなー。
※「せのない」は「勢のない」。

京都府 あの **へたれ／あかんたれ** は、頼りないなー／ほいないなー。

大阪府 あの **女形《おんながた》** は頼りないでー。／あいつは **男女** やな。

兵庫県 あの **にやたいのん**、頼んないなー。

奈良県 あの **めんどしがり** は、頼りないなー。

※「めんどしがり」は「気が弱い」の意。

和歌山県 あの **へたれ／あかんたれ** は、頼りないなー。

※「へたれ」は最近の言葉。外見を指す言葉ではない。

鳥取県 あの **にやけ** は、頼りんならんなー。

島根県 あら **たわいがねー男** だけん、つまーしぇんわー。

岡山県 あの **女形《おんながたー》**、頼りねーなー。

広島県 あの **なめくじのよーなおとかー**、あてにゃーならんわいね。

山口県 あの男はなよなよしちょってから、頼りにならんね。

徳島県 あの **男女／おにゃー** は、頼りないのー。

※「おにゃー」は「女性っぽい男性」という意味。

香川県 あの **へなちょこ** は、頼りないのー／毒にも薬にもならん奴や。

愛媛県 あれは **とぼしー奴** じゃ。頼りないのー。

※該当する表現は特にない。

高知県

福岡県 あのおとこぁ、頼りなかねえ。

佐賀県 あの男はなよなよして、頼りなかねぇ。

長崎県 あのへなちょこは、**男のきゃー腐れたごたる** けん、頼りなかね。

熊本県 あん **おなごんきゃ腐れ** は、頼りんなかねー。

大分県 南部 あん **優男《やさおとこ》** は、頼りねーのー。**おなごんごたる** のー。

※「優男」はあまり使わない。

中部 あんしゃ **おなごみたいな奴** じゃのー。頼りねーのー。

宮崎県 北部 あん **腐れおなご** は、頼んねね。

※「おなごのけつ腐れ」「ひょーろくだま」とも

中南部 あんこは **おなごん腐れ** じゃね。

鹿児島県 あん **おなごんけっされ／やっせんぼ／ひっかぶい** は、だめやっどなぁ。

沖縄県 那覇 あれー **やふぁらびーら** っし、ちかいむのーならん。

遊び人

あの（遊び人）は、今日も飲みに行ってる。

北海道 海岸部 あの **遊び人**、今日も飲みに行ってる。

内陸部 あの **道楽者**《どーらくもん》、今日も飲みに行ってる。

青森県 あの **遊び人**、今日も飲みに歩いてらじゃ。

岩手県 あの **かまどけぇす**／**ぐーたら男**《おどご》／**飲んべこたれ**、今日も飲んだぐれやってら。

※「かまどけぇす」は「竈覆」で破産者の意。「飲んべこたれ」は「飲兵衛こたれ」。「こ」「たれ」は接尾辞。

宮城県 あの **すんしょーつぶす**／**ぶらづぎ男**《おどご》／**のんべたご**、今日も飲みびだりだ。

※「すんしょーつぶす」は「身上潰し」。「ぶらづぎ男」はぶらついている男。

秋田県 あえだば **からっぽやみ** で、今日も飲みに行《え》ってら。

※「からっぽやみ」は仕事をしない怠け者の意。

山形県 あいづだら、**遊んであらてばりいで**よー、今日もどごがさ飲み行ってすまたんだはー。

※類義の名詞には、「遊び人（仕事を長くはしていられない人）」「どーらぐやろー（するべきことをしないで遊んでいる人）」「よたこ」「うんか（夜出て歩くので、電灯に集まる虫のうんかに喩えて言う）」などがあるが、右のように言うのがふつう。

福島県 あの **のらか** は、今日も飲みさ行ってる。

※仕事をしない人を指す言葉。

茨城県 あの **ほーとーもん**／**遊び人** は、今日も飲みに行ってる。

栃木県 あの **遊**《あす》**び人**、今日も飲み行ってる。

群馬県 やつは **遊び人**／**銀流し**／**かなぶん** だかんなー、今日もまた飲みに出かけてった。

※「遊び人」という直接的な名称の他に、「銀流し」「かなぶん（ネオン街が好きな人）」という比喩表現も盛んである。

埼玉県 あの **よた／よたっこ／よたこー道楽もん／うっぽっぽ／うっぽっぽ野郎** は、今日も飲みにいってやがる。

※「うっぽっぽ」「うっぽっぽ野郎」は本当の意味の遊び人。ふわふわして遊び呆けている。

千葉県 あの **銀流し／雪駄履《せったば》き**、今日も飲みに行ってったわ。

※「銀流し」は、元来、銅や真鍮などに砥の粉を混ぜた水銀をすりつけて銀色にしたものを言ったが、そこから、派手な身なりをした遊び人の意になったものと思われる。

東京都 あの **よたもん／道楽もん／やくざ／なまくら／三下《さんした》** は、今日も飲みにいってやがる。

※「なまくら」は「どっちつかず、遊び人」、「三下」は「下っ端」。

神奈川県 あの **遊び人** は、今日も飲みに出かけてるよ。

新潟県 あの **遊び人** は、今日も飲み行ってるいて。

富山県 あの **みがらくもん** な、今日も飲みに行っとる。

※「みゃらくもん」とも。

石川県 あの **道楽者《どーらくもん》** が、今日も飲みに行ったがいて。

福井県 あの **遊びどら**、今日も飲みに行ってる。

※越前市での言い方。福井市では「あそんびにん」「どーらくにん」を用いる。

山梨県 あの **遊《あす》び人《にん》／遊《あす》んぼー／遊《あす》んぞー／遊《あす》んてー／暇人《ひまじん》／お暇人／極道《ごくどー》／極道者／ごろつき／後生楽《ごしょーらく》／道楽者《どーらくもん》／よどーされ／ほーつれもん／ほーれんぼー／遊歴《ゆーれき》** は、今日も飲みー行ってーる。

※「暇人」は中年層以下は「くだらないことを精出してやっている人」の意で使うことが多い。「ほーつれもん」以下は「遊び歩く人」の意。

長野県 あの **怠《なま》け者《もん》** は、今日も飲みに行ってるわ。

岐阜県 あの **どら**、今日も飲みに行っとる。

静岡県 あの **でべすけ／ぼっけー** は、今日も飲みに行ってる。

愛知県 あの **遊び人**、また今日も飲みに行っとらっせるげな。

三重県 あの **あすびて／いきなれもん／ごくたれ／ごくどぼし／どろさく／やぐぼし** は、今日も飲みに行っとるんやが。

滋賀県 あの **ごくたれ／でべすけ／はでしゃ** は、今日も飲みに行っとるわ。

※「でべすけ」は「出歩くのが好きな人」という意味で、遊び人とは少し異なる。「はでしゃ」は「つきあいが派手な人」という意味。

京都府 あの **ちゃらお／ちゃらい人／へげたれ** は、今日も飲みに行っとるわ。

※「ちゃらお」は男性のみを指す。若年層が使用。「へげたれ」はあまり使わない。

大阪府 あの **遊び人／よたもん／道楽もん** は、今日も飲みに行っとるわ。

※「よたもん」は「与太者」。

兵庫県 あの **極道《ごくどー》**、今日も飲みに行とら。

奈良県 あの **門徒坊主《もんとぼーず》**、今日も飲みに行っとる。

※「門徒坊主」は「五分刈りの人」のことも言う。「遊び人」は「羅漢さん」とも言い、これは痩身の人の悪口にも使う。

和歌山県 あの **ぐーたれもん** は、今日も飲みに行っちゃーらよ。

鳥取県 あの **すきもん** は、今日も飲みに行っとるで。

島根県 あん **たまたれ** が。けー、今日も飲み行っちょーずね。

岡山県 あの **遊び人／ふりょー** は、今日も飲みー行っとる。

広島県 あの **遊び人** は、今日も飲みー行っとる。

山口県 あの **遊び人** は、今日も飲みに行っちょる。

徳島県 あの **ごくどーされ／とてなし／道楽者《どーらくもん》**、今日も飲みに行っきょんなー。

香川県 あの **ぐーたら／ごくとれ／とびさく／とびさこ** は、今日も飲みに行っとるなー。

※「とびさく、とびさこ」は主に女性に対して用いられることが多い。「興味本位でどこにでも顔を出す人」という意味。「ご

くとれ」は讃岐西部で使用する。

愛媛県　あの **ごくどされ／ごくどれ／どーれん** は、今日も飲みに行ってやがる。

高知県　あの **道楽者《どーらくもん》** は、今日も飲みに行ちょらあえ。

福岡県　あらぁ、今日もそーつきまわりよる。

※「あいつは、今日もうろうろしている」の意。

佐賀県　あの **遊び人** は、今日も飲みに行っとー。

長崎県　あの **ちゃらんぽらん／おーどーもん／やっちゃん／道楽者《どーらくもん》** は、今日も飲みに行っとる。

熊本県　あん **どまぐれ** は、今日も飲みよる。

※「どまぐれ」は近世語の「戸惑れ」「度紛れ」で、度を外して遊びほうけること。

大分県　南部　あん **極道《ごくどー》** は、今日も飲みー行っちよる。

※「ごくどーもん」「ごくつぶし」とも。最近の言い方に「よたもん」がある。

中部　あん **極道《ごくどー》** は、今日も飲みー行っちょる。

※「極道」は遊び人に限らず、悪い人全般に使う。

宮崎県　北部　あん **ごくどされ**、また飲んじょっとよ。

※「ごくどれ」とも。「され」「れ」がつかない「ごくど」のみでは「やくざ」の意。

中南部　あん **ごくどれ**、今日も飲み行っちょる。

※「ごくどもん」「ずどれ」「ごくつぶし」とも。

鹿児島県　あん **あそっごろ／よったもん** は、今日も飲んかたやっど。

※「あそっごろ」は「遊び好きの人」。「よったもん」は「ふらふらしている人」（「よったよった」は「ふらふらすること」）。

沖縄県　首里　あぬ **あしばー** や、ちゅーんぬみーがんじょーん。

助べえ

あの（助べえ）は、女の尻ばかりおっかけてる。

北海道 海岸部 あの **女たらし**／**どすけべ**、女の尻ばがり追っかけでる。
内陸部 あいつ **すけべー** だから、女の尻ばかり追っかけてる。

青森県 あの **すけべ**、おなごのけつばりぼってらじゃ。

岩手県 あの **おなごたらす**／**どすけべ**、おなごけっつばりぼっかげでいっくれにしぇ。

宮城県 あの **すけべたがり**／**すけべやろー**／**女たらす**、おなごのけっつぼいすてる。

秋田県 あの **しぺさがり**、おなごの尻ばりぼっかげでら。

※「しぺさがり」は、女性を見て目尻が下がっている人の意。

山形県 あの **すけべ**／**すけべ男《おどこ》** だら、いづでも女のけっつばり追かげでんなだ。

福島県 あの **こっつぁがなし** は、女のけつばり追っかげでる。

茨城県 あの **どすけべ** は、女のけづばっかり追っかげでる。

栃木県 あの **すけべ野郎**、女のけつばっかり追っかけやがって。

群馬県 やつは **すきもん**／**すけべー**／**すけべーさん** だいなー、女のけつべー追っかけてる。

※「すけべーさん」は女性が使うことが多い語。

埼玉県 あの **すけべー**／**たらし**／**女ったらし**／**にやけ**／**にやけ男** は、女のけつべー追っかけてやがる。

千葉県 あの **女たらし**、女のけつばーし追っかけてったわ。いぎすかねー野郎だよ。

❖「すけべ」が全国に見られる。

東京都 あの **すきもん／すけべ野郎** は、女のけつばっかり追いかけてやがる。

神奈川県 あの **すけべ／すけべえ** は、女の尻ばっか追っかけているよ。

新潟県 上越 あの **はなったらし** は、女んけつばっか追っかけてるいや。

富山県 あの **どすけべ** な、女の尻ばっかりぼうとる。

石川県 あの **すけべ** が、女の尻ばっかり追っかけて。

福井県 あの **すけべぁ**、めろのけつばっか追っかけてる。

※越前市での言い方。また、「女どら」は男のすけべ、「男どら」は女のすけべを言う。福井市では「どすけべ」「女ったらし」を用いる。

山梨県 あの **いんだら／すけ／すけべ／すけべー／どすけべ** は、女のけつばかおっかけて。

長野県 あの **すけべ** は、女のけつばっかおっかけてるわ。

岐阜県 あの **すけべー** は、女の尻ばっか追いかけとる。

※美濃地方では「どすけべ」がよく使われる。

静岡県 あの **どすけべ／どっすー** は、女の尻ばかり追っかけてる。

愛知県 あぇーつは **裾貧乏**《すそびんぼー》 だで、女のけつばっか、ぼっとるに。

※「裾貧乏」は好色家のこと。

三重県 あの **あか／いろずき／すきしゃ／すきもん／すけ／裾張**《すそば》**り** は、おなごのけつばっか追っかけとんなー。

※「すきしゃ」「すきもん」はともに「好き者」。「裾張り」は着物の裾が横に開いていること。特に女性で性欲が強いことをいう。

滋賀県 あの **どすけべ** は、女のけつばかり追っかけとる。

京都府 あの **すけべ／えろ** は、女のけつばっかり追いかけとる。

大阪府 あの **色男／すけべえ／女好き** は、女の尻ばっかり追いかけとる。

兵庫県 あの **どすけべ**、おなごのけつばっかいおわえまわっとー。

奈良県 あの **いろ** は、女の尻ばっかりおーとる。

※「目力一ヽヽ《てんてん》の十（「助平」の字になる）」「目力二」とも言う。「すけべづら」は「好色に見える男」、「あかちゃん」は「好色家」。

和歌山県 あの **すけべ** は、女のけつばっかり追いかけちゃーる。

※「むっつりすけべえ」は「だまりすけべえ」。

鳥取県 あの **すけべー** は、女のけつばーっかり追っかけとる。

島根県 あの **にょーばずき** が。けー、女の尻ばつか追いかけちょー。

岡山県 あの **すけべー／女たらし** は、女の尻ばーおよーる。

広島県 あの **ねこさく／くそすけ** が、女のけつばっかり追いかけとる。

山口県 あの **すけべー** は、女の尻ばっかり追いかけよる。

徳島県 あの **すかべ／つびしこ** は、おなごのけつばっかり追いかけよる。

香川県 あの **いろじんけ／のどっせくらい／のぞっせくらい／すけべ** は、おなごの尻ばかり追いかけとる。

愛媛県 あいつは **おなごばか／腎《じん》張《ば》り／ねちゃこい** やつじゃ。おなごのけつぎり追いかけて。

※「腎張り」は精力旺盛で好色なことをいう。

高知県 あの **すけべ** は、女の尻ばっかり追いかけちょらえ。

福岡県 あの男は、**やらし** か。女の尻ばっかり追うてまわりよる。

佐賀県 あん **すけべー** は、おなごの尻ばっかい追っかけよー。

長崎県 あの **すけべー** は、おなごん尻ばかり追いかけよる。

熊本県 あん **おなごずき** は、おなごん尻ばかっちーてさらきよっ。

※「むっつりすけべ」のことを「だまりすけべ」という。

大分県 南部 あん **すけべー** は、おなごんけつんじょー追《お》ーちょる。

※「女たらし」とも。

中部 あん **女ったらし** は、おなごん尻じょーおーち歩きよん。

※「すけべー」「女たらし」とも。

宮崎県 あん **どすけべ**、おなごの尻ばっか追っかけちょる。

※北部では「女ったらし」「たねうま」とも。中南部では「すけべ」とも。

鹿児島県 あん **すっごろ／まんじゅしごろ** は、おなごん尻ばっかい追っかけちょっが。

※「すっごろ」は「好き者」。「まんじゅしごろ」は「女好き」。

沖縄県 首里 あぬ **いらー** や、うぃなぐびけーじめーしそーん。

歌舞伎にある罵倒表現② 歌舞伎十八番「助六由縁江戸櫻」より

皆から笑われて騒いでいる門兵衛に、饂飩箱をかついだ米吉がぶち当たる。それに腹を立てた門兵衛が罵倒する。

皆々「わあい〳〵」(トはやす) 門兵「うぬらは笑つたな。イヤ、笑ひ清め奉《たて》まつつたな。もうゆるされぬ」(ト滅多無常《めつたむしやう》にさわぐ。皆〳〵、これを留《とめ》る。この騒ぎの中へ、向ふより福山のかつぎ米吉、饂飩箱《うどんばこ》をかつぎ、例の形《な》りにて出て来り、門兵衛につき当る) 門兵「ア丶、痛い〳〵い、野郎めまちやアがれ」 米吉「アイ〳〵、これはおゆるしなされませ〳〵」 門兵「なんだ、お免《ゆる》しなされませふ。うなアけんどん箱をぶつゝけて、御免なさいとは、ここな蕎麦粕《そばかす》やらうめ、たれ味噌野郎の、出《だ》しがらやらうめ。うなア己《をれ》が目の玉へいらねへか、うなア〳〵」(ト胸倉をとつて、こずき廻す) 米吉「ごめんなされませ。女郎さん方、お詫《わび》なされて下さりませ〳〵」 女皆々「門兵衛さん、堪忍《かんにん》してやらしやんせいなア〳〵」 門兵「イヽや、ならねへ〳〵」

田舎者

（田舎者）だから、相手にできないよ。

北海道 海岸部 **田舎者**《いながもん》だがら、相手にしね。
内陸部 **田舎者**《いなかもん》だから、相手にしない。

青森県 **じゃいご衆** だはんで、相手にさいね。

岩手県 **じぇんごたろ** だがら、話にもならねじゃあ。

※「じぇんご」は「在郷」。

宮城県 **じぇんごたろ** だがら、相手《あいで》になんね。

秋田県 あえだば **じゃんごもん** だがら、相手《あで》さえね。

※「じゃんご」は「在郷」で田舎の意。

山形県 あいづ、**ざいごくさく** て／**ざいごたろべー** で／**ざいごしゅ** で／**さっぱり垢抜《あが》げねく**て、相手なしてらんねなだ／はづがすくていっしょにな遊ばんねなだ。

福島県 **ざいごっぺ** だがら、相手しらんによ。

茨城県 **田舎っぺ** だがら、相手にでぎねーよ。

栃木県 あいつは **田舎者**《いなかもん》だから、わかんないんじゃねん。

群馬県 おらー **かっぺ**／**田舎者**《いなかもん》／**おのぼりさん** だから、相手にもされなかった。

埼玉県 **やぼ**／**やぼてん**／**やぼっちー**／**へーもくぞー** だから、相手にできねーやい。

※「へーもくぞー」は「役立たず」の意。

千葉県 あの百姓っぺがよ、**田舎者**《いなかもん》だがら、相《えー》手《で》になんねーだわ。

東京都 **ぽっと出**／**いなかっぺ** だから、相手にできねーよ。

※「ぽっと出」は「田舎からぽっと出てきただけ」の意。

神奈川県 あいつは **田舎者**《いなかもん》だから、相手にできないね。

※「いなかもの」「いも」「いもねーちゃん」「いもにーちゃん」「いなかざむらい」「いなかのこ」も使う。

新潟県 **ざいごっぱ／ざいごもん／ぜーごしょ／ぜーごもん** らすけ、相手にしてらんねいや。

富山県 **ざいごのもん** じゃで、相手にできんわ。

石川県 **田舎者《いなかもん》** やさけ、相手にできんがや。

福井県 **田舎者《いなかもん》** やさけ、相手にできんて。

※越前市での言い方。福井市では「いなかもん」「ざいごくさい人」を用いる。

山梨県 **田舎者《いなかもん》／辺鄙《へんぴ》の者《もの》／山家《やまが》の者《もの》** で、相手にでんわ。

※「田舎者」にあたる語形は特にない。「辺鄙」「山家」は田舎を意味する。

長野県 **田舎者《いなかもん》** だに、相手してらんねわ。

※「田舎者」にあたる語形は特にない。

岐阜県 **ざいごさ** やで、相手にできん。

※「ざいご」は「在郷」で田舎を指す。「さ」は「さん」。美濃地方では「ごっつ」が見られる。

静岡県 **田舎っさー** だから、相手にできねーよ。

※「いもにい」（男性）、「いもねえ」（女性）という言い方もある。

愛知県 あぇーつは **ごんじゅー** だで、相手《あぇーて》にはできんな。

三重県 **田舎っぺ／こっつあん／ごんせ／ざいご／ざいけ／ざいしょもん／ぼっとで** やでさ、ごっつくさいで相手にできやんに。

滋賀県 **ざいのぼうた** やさかい、相手にできひんわ。

京都府 **田舎者《いなかもん》** やさかい／**いもやろー** やさかい／**がさい** さかい、相手にできひんわ。

※「がさい」は「粗野な」の意味で、「田舎者」とは少し違う。あまり使わない。

大阪府 **田舎者《いなかもん》** やから、つきおーとれんわ。

※いなかくさいことを罵って「いも」「いもい」と言う。「いもい」は「芋」を形容詞にしたもの。

兵庫県 **おのぼりさん** やで、相手にでけんわ。

奈良県 **田舎者《いなかもん》** やさかいに、相手してられへんわ。

※「くにもん」とも言う。

和歌山県 **田舎者《いなかもん》／田舎っぺ／かっぺ／いも** やさけ、相手にできへなよー。

鳥取県 **田舎者《いなかもん》** だけー 相手にできんだが。

島根県 **ざいごたれ** だけん、相手んできんわね。

岡山県 **田舎者《いなかもん》** じゃけー、相手にならんわー。

広島県 **ざいごべー** じゃけん、相手にゃーならんわいね。

山口県 **田舎者《いなかもん》** じゃけ、相手にゃできん。

徳島県 **ざいごもん／おいだし** じゃけん、相手にできん。

※「おいだし」は「田舎から出てきたばかりの者」。

香川県 **田舎者《いなかもん》／ざいごべ** やけん、相手にできん。

愛媛県 **すねぐろ／ざいごべ** じゃけん、相手にできん。

高知県 **くぼい** けんね。

※「くぼい」は「社交性がない、さばけていない」という意。

福岡県 **田舎者《いなかもん》** やけん、うておーとられんばい。

※「うてあう」は「相手にする」の意。

佐賀県 **田舎者《いなかもん》** やーけん、相手にされん。

長崎県 **いなかとんぼ／いなかぞー／田舎者《いなかもん》** やけん、相手にできんよ。

熊本県 **じゃーご／じゃごんべえ** だけん、相手されんばい。

※「じゃごんべえ」は「在郷兵衛」。

大分県 南部 あいたー **いなかぼ** じゃきー、わけわからせんわ。相手んならん。

中部 あいたー **田舎者《いなかもん》** じゃけん、相手んすんな。

宮崎県 北部 あん **いなかぞ**、相手んならんが。

※「ぜごにたれ」とも。

中南部 あれはじごろで **いなかず** じゃ。相手んならんが。

※「じごろ」は「土地の生え抜きの人」。

鹿児島県 **田舎者《いなかもん》／田舎ごろ／田舎ごんせ／田舎じん** やっで、相手にできん。

沖縄県 首里 **いなかー** やくとぅ、はなしぇーならん。

◉参考文献一覧

【全国方言辞典】

『全国方言辞典』東條操編　東京堂出版　一九五一年
『日本方言大辞典』徳川宗賢監修　徳川宗賢・佐藤亮一編　小学館　一九八九年
『現代日本語方言大辞典』平山輝男編　明治書院　一九九二年
『最新　一目でわかる全国方言一覧辞典』江端義夫ほか編　学習研究社　一九九八年
『辞典　新しい日本語』井上史雄・鑓水兼貴編著　東洋書林　二〇〇二年
『都道府県別　全国方言小辞典』佐藤亮一編　三省堂　二〇〇二年
『標準語引き　日本方言辞典』佐藤亮一監修　小学館辞典編集部編　小学館　二〇〇三年
『都道府県別　全国方言辞典』佐藤亮一編　三省堂　二〇〇九年

【罵詈雑言関連】

『罵詈雑言辞典』奥山益朗編　東京堂出版　一九九六年
『賞賛語《ほめことば》・罵倒語《けなしことば》辞典』長野伸江著　小学館　二〇〇五年
『全国アホ・バカ分布考―はるかなる言葉の旅路』松本修著　太田出版　一九九三年（新潮文庫　一九九六年）
『かがやく日本語の悪態』川崎　洋著　草思社　一九九七年

◉編者略歴

真田信治（さなだ・しんじ）

一九四六年富山県に生まれる。東北大学大学院修了。文学博士（大阪大学）。大阪大学大学院教授を経て、現在、奈良大学教授・国立国語研究所客員教授。編著に『方言学』（朝倉書店）、『方言の日本地図　ことばの旅』（講談社＋α新書）、『越境した日本語』（和泉書院）、『地方別方言語源辞典』（共編、東京堂出版）などがある。

友定賢治（ともさだ・けんじ）

一九四八年岡山県に生まれる。大阪教育大学大学院修了。広島文教女子大学、鳴門教育大学などを経て、現在、県立広島大学教授。編著に『全国幼児語辞典』（東京堂出版）、『奥出雲のことば』（共著、渓水社）、『育児語彙の開く世界』（和泉書院）、『関西方言の広がりとコミュニケーションの行方』（共編、和泉書院）、『地方別方言語源辞典』（共編、東京堂出版）などがある。

県別　罵詈雑言《ばりぞうごん》辞典

二〇一一年九月三〇日　初版印刷
二〇一一年一〇月二〇日　初版発行

編　者　真田信治（さなだ・しんじ）
　　　　友定賢治（ともさだ・けんじ）

発行者　松林孝至

発行所　株式会社東京堂出版
〒一〇一-〇〇五一
東京都千代田区神田神保町一-一七
電話〇三-三二三三-三七四一
http://www.tokyodoshuppan.com/
振替〇〇一三〇-七-二七〇

DTP　松倉浩・株式会社明昌堂
印刷・製本　図書印刷株式会社

ISBN978-4-490-10807-1 C0581